新编21世纪经济学系列教材

城市经济学

第二版

Urban Economics

周　文　编著

中国人民大学出版社
·北京·

作者简介

周文，中国人民大学经济学院副教授，经济学博士，加州大学圣迭戈分校访问学者。1993年开始从事经济学教学与研究，讲授“城市经济学”“政治经济学”“经济学基础”等课程，获得“中国人民大学十大教学标兵”和“中国人民大学优秀教学奖”。主持完成国家社会科学基金项目“城市集中度对经济增长的影响研究”（05CJL008），出版专著《城市集中度对经济发展的影响研究》（中国人民大学出版社）。在《中国人民大学学报》、《教学与研究》、《经济科学》、《经济学动态》、《政治经济学评论》、《经济社会体制比较》、《经济体制改革》、《经济问题探索》和《城市问题》等杂志上发表论文30余篇，参与编写《马克思主义经济学与西方经济学比较研究》、《中国高校哲学社会科学发展报告：1978—2008经济学》、《面向21世纪的中关村经济》、《中国经济学著作导读》和《创新的空间》等，翻译著作《经济思想史》与《垄断竞争理论》。

内容简介

本书以城市为研究对象，首先从理论和历史的角度考察了城市的起源和发展。鉴于土地是城市赖以依托的载体，为了表明城市形态的演进，本书介绍了从单中心到多中心城市土地利用模式的变革。家庭与厂商是城市的微观经济主体，城市政府是城市的宏观经济主体，面对城市土地资源的稀缺，前者必须做出在哪里选址的决策，后者则必须对城市土地使用进行管理和控制，同时力争使地方公共物品供给实现最优，本书详细探讨了这些相关话题。本书还研究了城市规模分布即城市大小和数量问题，对于现阶段我国城市群建设具有一定的理论指导意义。“城市病”是城市面临的最大问题，其医治效果决定着城市的健康程度，因此也是本书关注的重点，本书分两章考察了住房、交通、污染、贫困、犯罪等城市问题。

资料卡是本书的一大特色，所选内容以案例和列举为主，与正文有不同程度的关联性，且较为接地气，能够起到扩充读者知识面、引发阅读兴趣的作用。本书各章开始部分均设有导读，帮助读者从宏观上把握该章的结构和主要内容，达到提纲挈领的效果。同时，各章结束部分都对本章进行了小结，列出了参考文献与补充阅读，对于一些较难理解的术语和理论，则通过附录的形式做出解释。

目 录

导言

导读

本章分为两节：第一节介绍城市经济学的诞生、主要流派以及全书的结构和内容，第二节说明中国、美国对城市的界定。

0.1 关于城市经济学

经济思想史上众多学者对区位和空间问题的研究，为城市经济学的诞生奠定了坚实的理论基础，城市经济学问世于20世纪60年代，存在着主流经济学、保守经济学及当代马克思主义经济学三大思想流派。

一、城市经济学的诞生

城市经济学是经济学的一个分支学科，它以城市土地利用、城市主体的区位选择、城市问题等为主要研究对象。相比较已有两百多年历史的经济学来说，城市经济学是一门年轻的学科，然而在经济思想史上，亚当·斯密、大卫·李嘉图、约翰·冯·杜能、阿尔弗雷德·韦伯、阿尔弗雷德·马歇尔、贝蒂尔·奥林、奥古斯特·勒施等人都曾从不同角度对区位和空间问题进行过研究，他们的研究成果对城市经济学的形成和发展产生了深远影响。

例如，杜能在《孤立国同农业和国民经济的关系》（1826）中描述了农业生产区位，韦伯在《工业区位论》（1909）中阐述了个别工厂的区位选择，两者都属于对特殊区位的分析和研究。奥林在《地区间贸易和国际贸易》（1933）中赋予生产要素流动性，取消了运输费用为零的假设，开创了一般区位理论。勒施的《经济空间秩序》（英译本名为《区位经济学》，1939)，既对个别工厂的区位选择进行了分析，又从一般均衡的角度考察了整个工业的区位。

又如，马歇尔在《经济学原理》(1890) 上卷第四篇第十章“工业组织（续前）；专门工业集中于特定的地方”中，描述了集中于某些地方的工业即“地方性工业”的原始形态。马歇尔所说的地方性工业，就是具有分工性质的工业在特定地区的集聚，马歇尔把这些特定的地区称作“工业区域”，工业区域内集中的是大量产品种类相似的小型企业。英国斯塔福德郡的陶器生产、贝德弗德郡的草帽生产、白金汉郡的椅子生产、谢菲尔德的利器生产，都是典型的地方性工业。马歇尔认为，自然条件如气候和土壤的性质、附近的矿山和石坑、交通的便利，是地方性工业的一个主要起源，因此，金属工业一般都集中在矿山附近或燃料便宜的地方。地方性工业的另一个起因是，宫廷的统治者为了满足他们对高级物品的需求，有意识地将技术熟练的工人集合在一起，因此，古都的发展大多依靠为宫廷服务的专门工业。地方性工业之所以能够在工业区域内集聚，除了自然条件和宫廷的奖掖外，在马歇尔看来，获取外部规模经济则是根本原因。具体来说，协同创新的环境、辅助性工业的存在、对具有专门技能的劳动的需求与供给、劳动需求结构的不平衡、区域经济的健康发展、顾客的便利等因素都促使工业为追求外部规模经济而集聚。马歇尔的工业区域学说为城市经济学中城市起源的研究奠定了理论基础。

20 世纪 20 年代，随着土地经济学的问世和《土地经济学杂志》的公开发行，经济学家们借助新的平台开始着眼于城市的土地使用、环境、房地产市场研究。同一时期，有些学者对纽约大都市区的经济问题进行专门研究，研究注意到市区内存在明显的地价差异，地价差异影响经济主体的选址布局，最终决定企业选址决策的成败。50 年代，美国国内开展了一系列对纽约大都市区经济问题的实证研究，包括经济主体的选址、都市区内工业和金融业的发展、地价与居民通勤费用的关系等，这些研究极大地推动了城市经济学的诞生。60 年代，三位美国学者的著作相继出版：1961 年洛顿·温戈的《交通与城市土地》、1964 年威廉·阿朗索的《区位和土地利用——地租的一般理论》、1965 年威尔·汤普森的《城市经济学导论》。学者普遍认为，这几部有影响力著作的问世，标志着城市经济学的诞生。

自城市经济学问世以来，代表人物层出不穷，著名的有威廉·阿朗索、理查德·穆斯、埃德温·米尔斯、罗伯特·斯特兹等。阿朗索与穆斯是城市经济学发展早期的两位代表人物。阿朗索的最大贡献在于他提出把空间分析与微观经济理论联系起来，给研究个体选择行为的微观经济学模型注入明确的空间内容。他构建了一个通勤费用和土地价值关系的理论模型，利用模型解释居民选址模式，这样就在微观层面上赋予了城市经济学坚实的行为基础，同时，在宏观层面上证明了将个体决策吸收到城市结构的研究中来是可能的。穆斯提出了“零边际区位成本原则”，认为在均衡状态下，区位成本的边际变化是一个常数，此外，穆斯还在相当程度上研究了城市住房价格的构成和影响因素。米尔斯的贡献主要体现在对城市人口空间分布的研究上，他设计出了一套用以研究人口密度的方法，提出了负指数密度函数，扩展并证实了全球范围的郊区化倾向。城市经济学模型的建立广泛地采用了增长理论中常用的技术——变量的微积分，用距离代替时间作为连续变量，斯特兹最早借助于这一工具研究了交通拥堵和道路问题。

二、城市经济学的三大思想流派

思想流派对经济研究的影响是巨大的，从规范经济学的角度看，不同的思想流派代表着不同的道德标准和价值判断，从实证经济学的角度看，思想流派的不同会影响到数据的获取、事实的认定、模型的建立及利用。正因为有多种思想流派的存在，相互具有竞争性的经济模型才能同时存在，也只有明确了模型提出者所属的思想流派后，模型结论才更容易被人们理解。因此，研究某一学科的思想流派是很有意义的。从大的方面看，城市经济学领域存在着有显著区别的三大思想流派：主流经济学流派、保守经济学流派以及当代马克思主义经济学流派。

多数专门研究城市经济学的学者都属于主流经济学思想流派，该流派认为资源的配置问题可以通过市场较好地解决，但是，不排除垄断、外部性、公共物品以及分配的公平性等问题对政府干预的要求，赞同政府使用货币政策和财政政策在短期内稳定经济。微观经济学是这一流派深厚的理论基础，因此，在大多数城市经济学家的研究中，行为主体所追求的是有限资源约束条件下利润或效用的最大化，所依据的基本理论主张是边际收益（价格）等于边际成本。主流经济学思想流派对城市经济学的研究大多集中在两个方面：一是厂商和家庭的区位选择问题，即厂商在何处设立工厂、办公室、商店，家庭在何处居住、上班；二是应对各种城市问题诸如住房、交通、污染、贫困、教育、犯罪等的公共政策。尽管研究内容非常庞杂，但经济学中最为基本的成本-收益分析是这些主流城市经济学家所共用的方法。

保守经济学思想流派的研究较多集中在城市经济中私人市场运转较好而政府政策效果不佳的事务上，如分区制、公共住房、城市更新等，其中一些研究结论目前尚存争议。例如，针对分区制是否成功的问题，该流派的学者认为，典型的分区制（公害分区）其目的是保护公众的健康与福利，为实现这一目的，通过市场办法即企业缴纳立体排污费比通过政府行为即实行工业分区更有效率，因此，政府介入的效果并不理想，分区制并不成功。

当代马克思主义经济学思想流派的研究较多集中于城市中因土地利用和提供城市公共服务而引发的阶级冲突上。例如，该流派认为寡头企业选址时，不再青睐于古老的高密度的城中心，而是看中新兴的密度较低的郊区甚至国外，这就导致城中心居民的就业机会受损、城中心政府财政收入减少以及其他一些社会问题，容易引发矛盾冲突。又如，随着中高收入家庭搬至郊区居住，城中心的老房屋留给低收入家庭居住，加上工作郊区化，势必引起城市土地使用的重新分配，围绕城市更新会引发政治斗争和阶级冲突。

简言之，主流城市经济学家总是要认识问题，他们的第一要务是弄清楚城市经济的运转，有时也会提出一些政策建议，毫无疑问，这些政策建议的收益必定大于成本。保守经济学家对政府执行政策的能力持怀疑态度，崇尚个体的自由，因此，保守的城市经济学家通常研究为什么市场作用的结果就是最好的结果。当代马克思主义经济学试图通过揭示资本主义的各种危机来主张社会主义革命，许多当代马克思主义经济学家都认为资本和劳动之间不可避免的阶级斗争已经在美国的中心城市爆发。

三、本书的结构和主要内容

美国学者阿瑟·奥沙利文的《城市经济学》教材在美国的大学中普及面较广，也是本书所借鉴的主要对象，按照奥沙利文的观点，城市经济学是地理学与经济学的交叉学科。经济学探讨面对资源稀缺人们如何进行理性选择，地理学研究事物如何在空间上进行配置并说明人类活动的起源地。城市经济学将两个学科融合在一起，侧重研究家庭效用最大化和厂商利润最大化条件下的区位选择。本书认为，鉴于城市经济学自问世以来发展时间不长，难以建立起一套有别于传统经济学的理论体系，所以从目前来看，城市经济学仍然停留在用传统经济学原理解释与城市相关联问题的阶段上。与传统经济学的区别在于，城市经济学不去考察经济主体在消费、投资、进出口等方面的最优决策，而是将空间因素纳入分析范畴，侧重研究经济主体的空间选择。具体来说，“什么”（what）、“多少”（how many）、“如何”（how）不是城市经济学关注的话题，“在哪里”（where）则成为城市经济学侧重考虑的问题。

本书的内容结构秉承了传统经济学研究过程中所遵循的内在逻辑：

第一，历史——正如人类从事经济活动有其悠久历史一样，城市的起源和发展也是一部历史，对城市化历史的简单梳理，不仅有助于理解历史上的城市，而且有助于更准确地定位今天的城市。本书第一章涉及城市的产生与发展，包括：运用经济学原理中的绝对优势、比较优势和规模经济理论，解释市场型城市和工业型城市的产生；简要介绍西方城市化发展历史，总结相关启示；回顾新中国成立以来我国的城镇化进程。

第二，载体——城市是一个空间概念，其赖以依托的载体是土地，从经济学的角度考察土地必然涉及土地的价格问题，因此，本书第二章首先介绍地租理论。城市的演进从本质上说是城市土地利用模式的变革，由单中心城市到多中心城市的过程就是郊区化的过程，在某个历史阶段上，郊区化以城市蔓延的形式存在。所以，第二章还考察了城市土地利用模式。本章研究内容包括：探讨土地价格的影响因素；建立以位置为自变量、单位地租为因变量的地租函数；介绍单中心城市的土地利用模式；以大伦敦规划、美国郊区次中心、北京和上海的多中心为例，直观说明城市由单中心向多中心的转变；分析郊区化的历史原因；探究城市蔓延的前因后果。

第三，微观——面对城市土地资源的稀缺，家庭与厂商这两类微观经济主体必须做出在哪里选址的决策。家庭要考虑在哪里居住、在哪里上班，厂商要考虑在哪里建工厂、商店、写字楼。本书第三章是城市经济学的微观篇，包括家庭和厂商的区位选择。具体内容有：介绍运输导向型与地方投入导向型工厂的区位选择；建立以位置为自变量、单位房租为因变量的住房价格曲线；运用消费者选择理论解释家庭区位选择过程；总结影响家庭区位选择的因素。

第四，宏观——任何一个城市都少不了城市政府，促进城市经济增长是城市政府的宏观任务，作为一级地方政府，提供地方公共物品是城市政府在市场经济中所扮演的角色。本书第四章研究城市就业与经济增长、城市政府的职能、城市政府对土地的控制和利用。涉及的话题包括：运用劳动市场模型考察城市就业变动；运用经济基础法预测城市总就业量的变动；运用投入产出法预测城市经济增长；探讨城市政府的经济职能；运用蒂伯特模型说明城市政府如何确定公共物品最优供给量；运用鲍莫尔模型解释城市政府支出增长的原因；考察所得税与财产税的转嫁问题；借助预算约束线了解政府间转移支付；介绍分区制等城市政府对城市土地使用的一系列管理和控制办法。

第五，结构——当城市规模达到一定程度时，城市规模的分布也就是城市的数量和结构问题，就成为决定城市化水平的一个关键因素。本书第五章从定量和定性的角度介绍城市规模分布问题，主要包括：介绍城市规模分布的测定指标和相关法则；分别从人均需求和集聚经济的角度，解释城市存在规模与数量差异的原因；探讨影响城市规模分布的各种因素。

第六，外部性——虽然外部性有正负之分，然而，与城市相关的外部性通常体现为房价高企、交通拥堵、空气污染等负外部性，不仅如此，贫困人口增加、犯罪率升高等也日益成为城市尤其是大城市普遍存在的问题。本书第六、第七两章集中探讨城市问题，包括城市住房、城市交通、城市污染、城市贫困、城市犯罪。涵盖的内容有：住房与其他商品的不同之处；住房政策问题；如何缓解城市交通拥堵；消费者出行方式选择；城市交通安全问题；如何减轻城市污染；城市贫困的经济与非经济原因；城市犯罪成本分析；运用经济学方法考察哪些人容易犯罪；评价针对犯罪的各项措施。

“城市经济学是一门发散性、辐射性很强的学科，学科边界不明显。具有不同学术背景、不同着眼点的学者对城市经济的研究，会使多样化的城市经济现象得到更加清楚的解释。”这是埃德温·米尔斯 1974 年在《城市经济学杂志》首刊上说的话，当时他是该杂志的主编。发散性、辐射性强，学科边界不明显是城市经济学的重要特征，区域经济学、经济地理学、城市规划与管理等学科，或多或少都对城市经济学的某些研究内容有所涉及。城市经济学的这一特征，有利于不同学科就相同的话题从不同角度进行比较和碰撞，使城市经济学不断得到丰富和完善。

0.2 关于城市的界定

不同国家对“城市”有不同的界定方法，城市经济学研究中的“城市”更有其特定的含义。

一、我国对城市的界定

我国在城市建设和发展方面的第一部法律是 1990 年 4 月 1 日开始实施的《中华人民共和国城市规划法》，该法第三条明确规定：“本法所称城市，是指国家按行政建制设立的直辖市、市、镇。”因此，在我国城市是直辖市、市、镇的统称，其中“市”按照行政建制又可分为地级市（包括副省级市）和县级市。根据国家统计局年度数据，截至 2016 年，我国共有 657 个县级及以上城市，其中，直辖市 4 个、地级市 293 个（其中包括 15 个副省级市）、县级市 360 个，建制镇 20 883 个。2016 年我国县级及以上城市的地区分布如表 0－1 所示。

表 0-1　　2016 年我国县级及以上城市地区分布

地区	直辖市	副省级市	地级市	县级市
北京	1			
天津	1			
河北			11	19
山西			11	11
内蒙古			9	11
辽宁		2	12	16
吉林		1	7	20
黑龙江		1	11	19
上海	1			
江苏		1	12	21
浙江		2	9	19
安徽			16	6
福建		1	8	13
江西			11	11
山东		2	15	27
河南			17	21
湖北		1	11	24
湖南			13	16
广东		2	19	20
广西			14	7
海南			4	5
重庆	1			
四川		1	17	16
贵州			6	7
云南			8	15
西藏			5	
陕西		1	9	3
甘肃			12	4
青海			2	3
宁夏			5	2
新疆			4	24
合计	4	15	278	360

资料来源：国家统计局城市社会经济调查司. 中国城市统计年鉴—2017. 北京：中国统计出版社，2017.

我国的城市分类如图 0－1 所示。

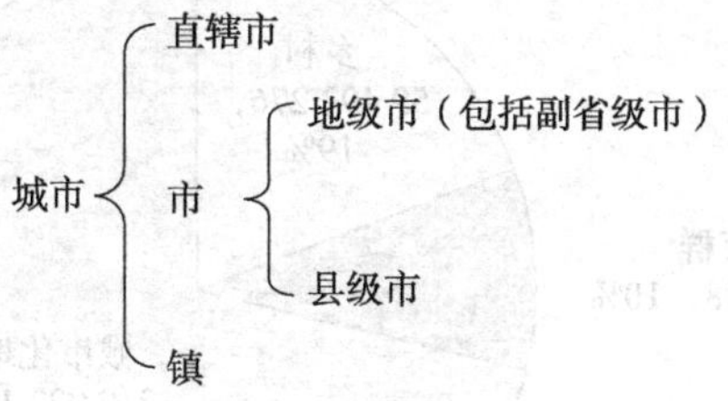

图 0－1　我国的城市分类

资料卡

副省级市

副省级市在行政区划上属于地级市。我国有 15 个副省级市，分别是：沈阳、大连、长春、哈尔滨、南京、杭州、宁波、厦门、济南、青岛、武汉、广州、深圳、西安、成都。

城市化率是一国城市人口数与该国人口总数的比率，用于衡量一国的城市化程度。考察我国的城市化率时需注意两点：第一，由于我国的城市包含镇，所以，在我国城市化率也称作城镇化率，是城镇人口数与全国总人口数的比率。第二，如果作为分子的城镇人口既包括城镇当地户籍人口，也包括在城镇生活半年以上的流动人口，计算出的城镇化率称作常住人口城镇化率。如果作为分子的城镇人口只包括城镇当地户籍人口，计算出的城镇化率称作户籍人口城镇化率。2011 年年底我国城镇人口数为 69 079 万人，乡村人口数为 65 656 万人，城镇人口首次超过乡村人口，常住人口城镇化率达到 51.27%。

二、美国对城市的界定

美国人口普查局通常将城市地区描述为：与农村地区相对应，围绕居住、商业及其他非居住土地使用而密集开发的区域。随着十年一度人口普查的进行，自 20 世纪 50 年代以来，美国界定城市地区的具体标准不断发生变化。2010 年的人口普查将城市地区分为两类："城市化地区"（urbanized areas，UAs）和"城市群"（urban clusters，UCs），规定前者人口超过 50 000 人，后者人口不少于 2 500 人且不超过 50 000 人。根据 2010 年人口普查，美国本土总人口为 308 745 547 人，其中城市化地区人口为 219 922 123 人，数量为 486 个，城市群人口为 29 331 148 人，数量为 3 087 个。因此，2010 年美国城市人口为 249 253 271 人，城市化率约为 80.7%，2010 年美国人口地区构成如图 0－2 所示。

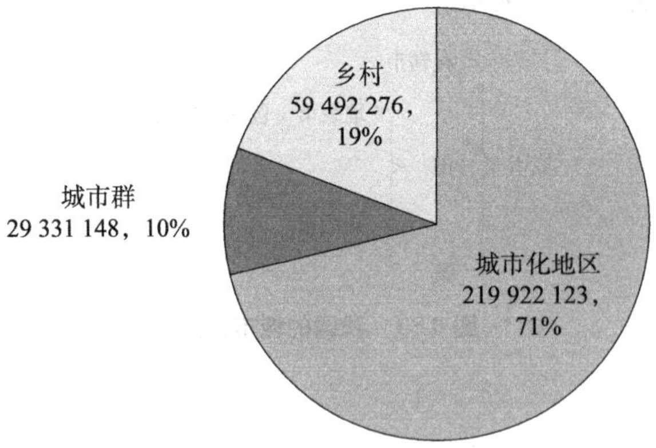

图 0－2　2010 年美国人口地区构成

资料来源：美国人口普查局网站，www. census. gov。

三、城市经济学中的城市

在城市经济学研究中，城市是一个泛指的抽象概念。如果某一地理区域在相对小的面积上居住了大量人口，换句话说，如果某一地理区域拥有相对高的人口密度，那么，该区域就被称作“城市”（urban）。本书在这一含义上使用城市这一概念。

本章小结

1. 城市经济学产生于 20 世纪 60 年代的美国，从目前来看，城市经济学仍然停留在用传统经济学原理解释与城市相关联问题的阶段上，“在哪里”（where）是城市经济学的研究重点。发散性、辐射性强，学科边界不明显是城市经济学的重要特征。

2. 城市经济学领域存在有显著区别的三大思想流派：主流经济学流派、保守经济学流派以及当代马克思主义经济学流派。

3. 本书的内容和结构如下：历史——城市的产生和发展；载体——地租与城市土地利用模式；微观——微观经济主体家庭与厂商的区位选择；宏观——城市经济增长与城市政府；结构——城市规模分布；外部性——各种城市问题。

4. 在我国，城市是直辖市、市、镇的统称，城市化率也称作城镇化率，2011 年年底，我国城镇人口首次超过乡村人口，城镇化率超过 50%。在美国，城市包括“城市化地区”（UAs）和“城市群”（UCs）两类，城市化率超过 80%。本书中的城市是指拥有高人口密度的地理区域。

思考题

1. 城市经济学研究有哪些流派？
2. 城市经济学的主要研究内容是什么？
3. 中国和美国分别怎样界定城市？

参考文献与补充阅读

1. 约翰·冯·杜能. 孤立国同农业和国民经济的关系. 北京：商务印书馆，1986.

2. 阿尔弗雷德·韦伯. 工业区位论. 北京：商务印书馆，1997.

3. 贝蒂尔·奥林. 地区间贸易和国际贸易（修订版）. 北京：首都经济贸易大学出版社，2001.

4. 奥古斯特·勒施. 经济空间秩序. 北京：商务印书馆，2010.

5. 阿尔弗雷德·马歇尔. 经济学原理. 北京：华夏出版社，2005.

6. Lowdon Wingo. Transportation and Urban Land. Hopkins Press for Resources for the Future Incorporated，1972.

7. 威廉·阿朗索. 区位和土地利用——地租的一般理论. 北京：商务印书馆，2007.

8. 阿瑟·奥沙利文. 城市经济学. 6 版. 北京：北京大学出版社，2008.

9. Alan W. Evans. 城市经济学在 20 世纪的发展. 经济资料译丛，2006（3）.

10. 历年《中国城市统计年鉴》。

11. 相关网站链接

中国统计年鉴——全部地级及以上城市数，见 www. stats. gov. cn/tjsj/ndsj。

国务院批转民政部关于调整设市标准报告的通知，见 www. pkulaw. cn。

美国人口普查局，见 www. census. gov。

第一章

城市的产生和发展

导读

本章第一节分别从生产率差异和规模经济的角度解释了市场型城市和工业型城市的产生。第二节以历史的视角考察了西方城市化发展和新中国成立后的城镇化进程。可遵循第一批城市—古希腊古罗马城市—中世纪城市—产业革命之后的城市这一脉络来学习西方城市化历史，新中国成立以来我国的城镇化进程则大体分为三个阶段。

1.1 城市产生的经济学解释

在城市经济学中，城市被界定为人口密度相对较高的一个地理区域，因此，考虑城市的产生和形成时，应当首先思考在什么假设条件下不会有城市，换句话说，在什么假设条件下人口在整个地理区域内均匀分布，然后放松这些假设，当人口不再均匀分布而是相对集中时，城市便产生了。所以，从经济学的角度解释城市的产生需要经过两个步骤：第一，考察自给自足-人口均匀分布模型，目的是提炼导致人口在某一地理区域内均匀分布的假设条件；第二，放松相关假设条件，分别引出市场型城市和工业型城市的产生。

一、自给自足-人口均匀分布模型

在奥沙利文的《城市经济学》中，自给自足-人口均匀分布模型被称作“农村地区模型”，模型以 11 世纪诺曼征服之前的英格兰农村为背景。据史料记载，11 世纪末 12 世纪初，英国约有 150 万人口，其中只有 5%居住在城市，绝大多数人口都在农村，农业是当时英国的主要产业。模型假设如下：

第一，某一地理区域内只有家庭一种经济主体，身兼生产者和消费者两个角色，自给自足，主要生产和消费两种产品——小麦和毛料。

第二，家庭生产小麦和毛料的要素投入包括劳动和土地，所有家庭面临相同的劳动生产率和土地生产率。

第三，家庭在生产小麦和毛料的过程中，不会出现产量越大生产率越高的情况，即不存在生产的规模经济。

第四，所有家庭在区域内的通行方式和速度相同。

根据模型假设，考虑两个关键问题：区域内是否会发生产品交换行为？区域内是否存在工厂生产？上述四个假设可以简单概括为：自给自足＋相同的生产率＋不存在生产的规模经济＋相同的通行时间。其中，“相同的生产率”和“不存在生产的规模经济”是最为重要的两个假设，也是解决问题的突破口。

社会分工是生产者之间进行产品交换的一个重要条件，而社会分工存在与否，又主要取决于生产者的生产率是否存在差异。“相同的生产率”使区域内的家庭之间不具备生产的绝对优势或相对优势，因此也就不存在分工以及产品交换，贸易不仅无利可图，当考虑到通行成本时还会得不偿失，所以，区域内不会发生产品交换行为。相对于分散的家庭生产而言，工厂生产集中且规模大，只有存在生产的规模经济，集中生产才能显示出成本低的优势，工厂生产才有可能存在，“不存在生产的规模经济”必然使区域内没有工厂生产。

进一步地，如果区域内没有贸易和工厂生产，将会形成怎样的人口分布？由于区域内的每户家庭都是自给自足，家庭成员在自己家里从事生产活动，所以，区域内没有集市，没有工厂，必然也就没有因集市和工厂而引发的人口集聚，考虑到相同的土地生产率，区域内的人口将呈均匀分布。

自给自足-人口均匀分布模型虽然简单，但模型本身具有重要价值：第一，模型提出了导致人口在某一地理范围内均匀分布的假设，为其后放松这些假设，解释城市的产生奠定了理论基础。第二，模型的分析重点是生产率和生产的规模经济，由“相同的生产率”假设得出区域内没有产品交换的结论，由“不存在生产的规模经济”假设得出区域内没有工厂生产的结论，由此提炼出生产率差异和生产的规模经济在解释城市产生上的重要作用。第三，模型着眼于贸易交换和工厂生产来探究城市产生，一定程度上指明了影响市场型城市和工业型城市产生的核心要素。

当然，模型也存在一定的不足：一方面，模型没有考虑社会资本的影响。如果区域内的家庭之间紧密联系、相互信任、密切合作，会形成一种无形的资本，可能会带来生产率的提高，从而使模型的结论发生改变。另一方面，模型没有考虑土地的有限性。在人口较少、土地资源相对丰裕的条件下，模型才更现实，只有在此条件下，鉴于相同的土地生产率，家庭才有可能在区域内的任何地方落户，并且是无差异的。

二、放松模型假设

（一）放松“相同的生产率”假设——市场型城市的产生

在自给自足-人口均匀分布模型中，假设“家庭生产小麦和毛料的要素投入包括劳动和土地，所有家庭面临相同的劳动生产率和土地生产率”。现在，放松这一假设，即家庭面临的劳动生产率和土地生产率有所差异。

首先，基于绝对优势原理考察生产率差异。为简单起见，把区域内的家庭分为北部家庭与南部家庭，假设北部家庭在毛料生产上具有较高的生产率，南部家庭在小麦生产上具有较高的生产率，设置数值如表 1－1 所示。

表 1－1　北部家庭与南部家庭的生产率差异（每人每小时的产量）

	小麦（公斤）	毛料（码）
北部家庭	8	6
南部家庭	12	1

表 1－1 显示，在小麦生产上南部家庭有绝对优势，每人每小时的产量为 12 公斤，超过北部家庭；在毛料生产上北部家庭有绝对优势，每人每小时的产量为 6 码，超过南部家庭。根据绝对优势原理，北部家庭和南部家庭进行分工，北部家庭专门生产毛料，南部家庭专门生产小麦。

其次，基于比较优势原理考察生产率差异。假设南部家庭在两种产品的生产上都具有较高的生产率，设置数值如表 1－2 所示。

表 1－2　北部家庭与南部家庭的生产率差异（每人每小时的产量）

	小麦（公斤）	毛料（码）
北部家庭	8	1
南部家庭	12	6

表 1－2 显示，无论是在小麦生产上，还是在毛料生产上，南部家庭的生产率都较高，在两种产品上都拥有绝对优势，此时，基于绝对优势原理将无法在两类家庭之间进行分工。然而，借助机会成本的概念，能够找出北部家庭和南部家庭分别具有比较优势的产品。利用表 1－2 中的数据，构造表 1－3 如下。

表 1－3　北部家庭和南部家庭生产小麦和毛料的机会成本

	小麦	毛料
北部家庭	1/8 码毛料	8 公斤小麦
南部家庭	1/2 码毛料	2 公斤小麦

从表 1－3 可以看出，对于北部家庭来说，生产每公斤小麦的机会成本是 1/8 码毛料，生产每码毛料的机会成本是 8 公斤小麦；而对于南部家庭来说，生产每公斤小麦的机会成本是 1/2 码毛料，生产每码毛料的机会成本是 2 公斤小麦。由此可见，在小麦生产上，北部家庭的机会成本较低，具有比较优势，在毛料生产上，南部家庭的机会成本较低，具有比较优势。根据比较优势原理，北部家庭和南部家庭实行分工，北部家庭专门生产小麦，南部家庭专门生产毛料。

无论是绝对优势还是比较优势，都将导致北部家庭与南部家庭实行分工，相互交换产品，发生贸易，并从中获益。以表 1－2 中的数据为例，北部家庭与南部家庭基于比较优势进行分工，在不考虑运输成本的条件下，如果北部家庭与南部家庭的产品交换比例为

4 公斤小麦=1 码毛料，那么，北部家庭单位时间的人均净收益为 1 码毛料，南部家庭单位时间的人均净收益为 12 公斤小麦，双方均能从中获益。

可见，如果放松“相同的生产率”假设，区域内将会发生贸易，在不考虑运输成本的前提下，区域内的家庭将从贸易中获益。进一步地，当考虑运输成本时，情形将会怎样？运输成本包括运输投入品和产成品的成本，为简单起见，忽略投入品的运输成本，假设北部家庭花费 2 小时的交通时间到达交易地点，拿 8 公斤小麦与南部家庭的 2 码毛料相交换。已知在不考虑运输成本的条件下，北部家庭单位时间的人均净收益为 1 码毛料，现在，如果将 2 小时的交通时间考虑进去，北部家庭的贸易净收益将降为负数。相反，如果交易地点距北部家庭只需半小时的交通时间，其他条件不变，北部家庭的贸易净收益仍将为正数。

由此可以得出两个结论：第一，只有考虑了运输成本之后的贸易净收益为正数时，放松“相同的生产率”假设才会导致区域内贸易的发生。第二，在运输方式既定的前提下，运输成本的大小取决于交易地点（市场）的位置，能够使运输成本尽可能低的地点（市场）将受到贸易者的青睐。

人类历史上很早就有了产品交换，随着两次社会大分工的完成，交换得到了长足发展，伴随着交换的不断扩大，出现了专门用来交换的劳动产品——商品，商品生产反过来进一步促进了交换的发展。随着贸易的日趋频繁，市场规模扩大，交易品种增多，一些人开始专门从事商品交换活动，即所谓的商人。这些商人通过组建贸易公司，利用运输的规模经济，大量收购、运输、销售商品，以此获利。为了便于收购、运输、销售商品，贸易公司通常会在诸如港口、河流入海口、河流交叉口、运河边、铁路枢纽等交通运转点选址，从而使得这些地方发展为市场。一旦在这些地方形成市场，又会进一步吸引更多的贸易公司在此选址。久而久之，这些交通运转点的人口因市场交易活动的增多而大量增加，人口密度高于其他地区，最终发展为城市。由于这些交通运转点是因市场交易活动导致人口集聚，从而形成城市的，因此这一类型的城市通常被称作“市场型城市”。

总之，生产率差异使贸易成为可能，生产者权衡贸易收益与运输成本之后，贸易才最终成为现实。随着商品经济的发展，商人和贸易公司的出现，以及收购、运输、销售商品活动的日益频繁，一些因交通运输条件便利而被贸易公司看中的区域，商业活动越来越兴盛，人口越聚越多，逐渐演变为市场型城市。可见，市场型城市的产生必须具备一定的条件，概括起来说，包括：第一，从生产者的角度讲，生产率差异足够大，足以补偿运输成本，带来贸易净收益，从而产生贸易。第二，从商人的角度讲，贸易公司能够实现规模经济，大量采购、运输、销售的成本较低，专门从事贸易活动有利可图。第三，从农业的角度讲，农业生产力足够高，农业剩余足以养活城市中的贸易者。

资料卡

美国的市场型城市举例

15 世纪美洲大陆被发现后，怀揣着黄金白银梦远赴美洲的欧洲商人，无意中被北美丛林中大量的毛皮所吸引。当时，欧洲正流行毛皮服饰，敏感的商人们抓住商机，就此开始了与美洲的毛皮贸易。美国的两大港口城市纽约和新奥尔良，在历史上都曾是销往欧洲的毛皮的中转点。作为市场型城市的代表，两个城市的地理位置极其有利于商品运输。伊利运河连接纽约和五大湖，新奥尔良则位于密西西比河河口，可见，两个城市都具有便捷的交通运输条件，适合贸易公司选址。

资料卡

我国古代的市场型城市举例

从龙山文化时代黄河中下游地区一系列初期形态的城址，到隋唐时期世界上最大的城市长安，再到作为六朝古都的北京城，我国古代有很多著名的城市，然而，这些城市作为政治中心和军事要塞的职能更为突出，与商品交换的关联性相对来说并不强，较少体现出贸易中心的性质。唐朝有“扬一益二”的说法，用来形容扬州和成都作为当时全国最繁荣工商业城市的地位。我国市场型城市的兴起是在宋代以后，随着江南地区商品经济的发展，用于交换的农产品和手工业品生产逐渐兴盛，一些基于贸易的市场型城市开始萌芽。到了明清时期，长江三角洲地区出现了一批具有商业中心性质的市场型城市，如苏州、杭州、南京、常州等。以苏州为例，清代有“天下财货莫不聚于苏州，苏州财货莫不聚于阊门”的说法，其中的阊门即苏州古城的西门，临近运河。便捷的交通使阊门一带万商云集，成为人口聚集地。清朝孙嘉淦《南游记》中“居货山积，行人流水，列肆招牌，灿若云锦”描述的就是阊门。

（二）放松“不存在生产的规模经济”假设——工业型城市的产生

生产的规模经济是一个经济学概念，它是指由于采用了先进的生产技术或实行了专业化分工，从而大大增加了产量，使之超过投入的增加量，当要素价格不变时，随着产量的增加，平均成本下降的现象。举例来说，毛料生产具有存在规模经济的可能性，原因在于：如果实行劳动分工，每人只从事毛料生产过程中的一道工序，劳动的专业化将会大大提高毛料产量。同时，毛料生产中所需的纺线机、织布机、染缸等在短期中属于不变投入，不随毛料产量的变化而变化，并且具有最小规模的要求（如果不变投入要素过少，生产将会没有效率）。因此，当毛料产量增加时，总不变成本并不增加，平均成本反而下降，换句话说，生产设备得到了最大程度的利用。实际经济中，先进生产技术的采用、劳动分工的实行、机器设备的有效利用、大批量采购原材料等，都能够形成生产的规模经济，从而可以放松“不存在生产的规模经济”的假设。

当存在生产的规模经济时，意味着随着产量的增加，平均成本下降。因此，以工厂为单位的大规模集中生产与家庭小规模分散生产相比，成本更低，利润更高。如果扣除工人在工厂与住所之间的通勤成本后，工厂生产仍然有利可图，区域内势必出现毛料厂，取代以家庭为单位的毛料生产。工人们为节省通勤费用，居住在离工厂很近的地方，为工人及其家属生活服务的产业随之兴起，毛料厂周边的人口越来越多，形成人口集聚，使工厂周边的人口密度高于其他区域，从而出现城市。因为这类城市是因工厂生产的出现而形成的，所以被称作“工业型城市”。

工业型城市通常出现在哪些地理区位上？换句话说，工厂是如何进行选址决策的？这是一个较大的话题，不同类型的工厂在生产方式、成本构成、产品特征等方面都有所不同，因此很难笼统地回答这个问题。关于工厂的区位选择问题，将在本书的第三章第一节着重阐述。但是，可以肯定地说，工业型城市的产生必须具备两个条件：第一，从生产者的角度讲，工厂生产的规模经济显著，平均成本足够低，即使考虑到工人的通勤费用也有净收益；第二，从农业的角度讲，农业生产力足够高，农业剩余足以养活城市中的工人。

资料卡

英国的工业型城市举例

11世纪诺曼征服之前，英国的毛料生产属于自给自足的家庭手工生产，自然也就没有因毛纺业而著称的工业型城市。到了12世纪，尽管毛料生产仍处于手工生产方式阶段，但出现了有劳动分工的工厂生产，从而产生了英国历史上最早的毛纺织业城市，著名的有林肯、约克等。英国毛纺织技术在13世纪发生了一场革命，即水力漂洗机替代人力完成毛呢生产过程中的漂洗环节。由于水力漂洗必须借助水流，所以这一时期的毛纺厂都靠近有水力的乡村，传统毛料生产型城市逐渐衰落。18世纪下半叶到19世纪中后期的工业革命使蒸汽机成为万能的原动力被广泛运用，其中也包括毛纺织业。同一时期，电力织布机取代了手工织布机，生产率大为提高，规模经济显著，直接导致较大的工业型城市的产生，著名的有利兹、布拉德福德等，利兹被称作英格兰北部的心脏，布拉德福德位于英国中部，一度以“世界羊毛之都”闻名于世，有着英国第一座蒸汽动力毛纺织厂。

资料卡

加尼埃的“工业城市”

加尼埃的“工业城市”是城市规划中的一项著名理论，也是西方建筑史上的一个典型代表。1901年，30岁出头的法国青年建筑师加尼埃根据工业发展的需要，将工业型城市的要素进行了明确的功能划分，提出了“工业城市”的设想和规划方案：城市人口为3.5

万人，城市中央为市中心，建有集会厅、博物馆、展览馆、图书馆、剧院等公共设施，生活居住区紧连市中心，呈长条形，居住区东南方向是工业区，火车站位于工业区附近，城市北部向阳面是疗养及医疗中心，各功能区之间通过绿化带加以隔离，城市配备有地下铁路和快速干道。加尼埃的“工业城市”方案适用于小规模城市的生活空间配置，对现代工业型城市的整体布局和规划具有较大影响。

资料卡

马克思主义经济学对城市的研究

主要文献：《德意志意识形态》(1845—1846 年)、《1857—1858 年经济学手稿》、《英国工人阶级状况》

总体思路：生产力发展—社会分工—城乡分离

基本主张：1. 前资本主义是农业文明社会，其间已经产生了城市，但只起从属作用，处于乡村统治之下。2. 城市化是资本主义大工业的必然产物。3. 城市孕育了无产阶级和资产阶级，两大阶级的对抗引发了城市革命运动。

著名论断：“物质劳动和精神劳动的最大的一次分工，就是城市和乡村的分离。城乡之间的对立是随着野蛮向文明的过渡、部落制度向国家的过渡、地方局限性向民族的过渡而开始的，它贯穿着全部文明的历史并一直延续到现在”。“现代的［历史］是乡村城市化，而不像在古代那样，是城市乡村化”。“城市的建造是一大进步”等。

1.2 城市化发展简史

西方城市的历史可追溯到公元前 3000 年左右，真正的快速城市化则出现在产业革命之后，从美国的经验中能够看到西方城市化发展的一些规律。新中国成立以来，我国的城镇化经历了三个阶段，第一阶段平稳发展，第二阶段起伏波折，第三阶段稳步上升。

一、西方城市化的发展

市场型城市的产生必须具备的一个条件是农业生产力足够高，农业剩余足以养活城市中的贸易者，工业型城市的产生也要求农业生产力足够高，农业剩余足以养活城市中的工人。可见，无论是市场型城市还是工业型城市，农业生产出现剩余都是城市产生和发展的先决条件。由此断定，农业先于第一批城市的出现而存在，同时，农业也与第一批城市的出现密切相关。普遍推测，最早的城市是基于防卫和宗教的目的而出现的，从类型上说属于防卫型城市和宗教型城市。其中，防卫型城市的出现与农业密切相关，其中的基本逻辑是：农业有剩余产品后，势必要对剩余物进行储存和保护，与每个家庭单独储存比较起来，集中储存会因为规模经济的缘故而更有效率。所以，人们通过兴建各种储藏工事，集中储存与保护农业剩余物。在储藏工事的周边区域，人口集中，密度较高，该区域逐渐发展为防卫型城市。同样，第一批宗教型城市的出现也是因为宗教活动中存在规模经济的缘故。

根据奥沙利文的《城市经济学》，世界上第一批城市出现在公元前3000年左右，较著名的有位于今天伊拉克境内的乌尔城、两河流域苏美尔地区的埃利都，以及尼罗河流域的古埃及城市孟菲斯等。考古学家在第一批城市的遗址中发现了防卫性的储藏工事以及大圣殿遗迹，据此推测，第一批城市的产生与防卫和宗教活动有关。

以乌尔城为例，古巴比伦的苏美尔人在乌尔定居后，经历了大约上千年的历史，在公元前3000年左右建成乌尔城。整个城市被近十米高的城墙所环绕，城中心是若干塔庙和神殿，四周是广场，建有附属神庙以及祭司的住房，再向外就是民房和店铺。贵族和僧侣居住的圣城与平民和奴隶的居住区分隔开。乌尔城以塔庙和神殿为中心，吸引着越来越多的人口，在公元前2300年前后达到繁荣全盛时期，当时人口3万余人。

古希腊、古罗马时期，雅典和罗马是两个具有代表性的城市。

古希腊时期，城邦是一种典型的国家形态，它通常以一个城市为中心，包括附近的若干村落。著名的古希腊城邦有斯巴达、雅典、科林斯、阿各斯等。雅典人热衷于自由贸易，用橄榄和手工艺品换取其他王国的食物和原料，造就了雅典早期的繁荣。雅典卫城是雅典的宗教政治中心，建于公元前580年，卫城的希腊语是“阿克罗波利斯”（akropoli），意为“高处的城市”。雅典卫城位于山冈高地上，三面都是悬崖峭壁，城市四周建有坚固的城墙，是战时绝好的避难之地，也体现了早期城市的军事防御功能。卫城内有众多神庙和宗教建筑，如雅典娜神庙、帕特农神庙等，因此，除了军事要塞外，雅典卫城也是著名的朝拜圣地。希波战争结束后，雅典城邦成为全希腊的盟主，全盛时期的人口达到20万～30万人。

“世界上有很多美好的词汇，可以分配给欧洲各个城市，例如精致、浑朴、繁丽、畅达、古典、新锐、宁谧、舒适、崎岖、神秘、壮观、肃穆……其中不少城市还会因为风格交叉而不愿意固守一词，产生争逐。只有一个词，它们不会争，争到了也不受用，只让它静静安踞在并不明亮的高位上，留给那座唯一的城市。这个词叫伟大，这座城市叫罗马。”这是著名学者余秋雨在其散文集《行者无疆》中的一段话。相传罗马古城建于公元前753年，因建在七座山丘之上，也被称作“七丘之城”。罗马城见证了古罗马从君主制到共和制再到帝国的一千多年历史，城市本身也不断完善壮大。建城初期，古罗马城布局混乱，其后陆续修建了城墙、桥梁，以及神殿、教堂、市政厅等建筑，并且将公共活动区域与生活区域分隔开。到了320年，古罗马城的城墙长20多公里，人口约100万人，古罗马斗兽场、万神殿、君士坦丁凯旋门等是城中具有代表性的建筑。与雅典不同，罗马属于典型的寄生体制，主要依靠征服与索取贡品来维持城市的生存，这在一定程度上导致了帝国的灭亡。

中世纪的西方城市经历了封建社会的形成、发展和繁荣，也经历了城市自身的演变。

应当说，中世纪之前，城市主要作为政治、军事、宗教中心而存在，依附于农业社会的自给自足经济，很少有因生产和流通活动而聚居形成的工商业城市。关于中世纪城市兴起的原因，学术界长期存在着争议，较为知名的有“商业起源论”和“手工业起源论”。约翰·巴克勒、贝内特·希尔、约翰·麦凯合著的《西方社会史》中说：“中世纪的欧洲社会是传统的、农业的、乡村的。和这些相异的一个新阶层的出现导致了一场社会革命。这个新阶层就是商人和手工业者。他们来自农民，他们或者是大家庭中没有继承到土地的次子们，或者是被战争和饥荒从土地上赶出来，去寻找新的生存机会的人，或者是充满冒险精神、喜欢新生活的人。”这段话形象地描述了中世纪欧洲商人和手工业者的来源，随着商人和手工业者阶层的出现，工商业城市才逐步形成。可见，经济因素是中世纪欧洲城市形成的主要动力，与同一时期我国古代城市相比，中世纪欧洲城市的经济功能已经超越其政治、军事、宗教功能。

城市规模小而数量多是中世纪早期西方城市规模分布的主要特点。从 10 世纪起，欧洲人口逐渐增加，大量农奴涌向城市，尽管如此，在当时的欧洲，一般城市的人口也不过约为 5 000 人。作为英格兰最大城市的伦敦，在 11 世纪时，人口只有 1.6 万人。意大利是中世纪时期城市最发达的国家，著名的城市有米兰、威尼斯、那不勒斯、佛罗伦萨、巴勒莫、热那亚、波伦亚、罗马等。中世纪早期，威尼斯、佛罗伦萨等城市的人口规模也都不超过 1 万人。中世纪中后期，随着欧洲经济全面稳步发展，城市商业和手工业更加繁荣，以市场为基础的城市不断出现，城市人口大增。15 世纪，欧洲最大的城市巴黎人口达到 27.5 万人。总之，整个中世纪时期，颇具规模的大城市数量有限，通常不足城市总数的 5%，绝大多数城市仍是小城市。

表 1-4 列举了 1000 年和 1400 年欧洲十大城市及其人口规模，从中能够对中世纪欧洲城市人口有一个较为直观的了解。

表 1-4　1000 年、1400 年欧洲十大城市及其人口数量

1000 年		1400 年	
城市	人口（千人）	城市	人口（千人）
君士坦丁堡	450	巴黎	275
科尔多瓦	450	米兰	125
塞维利亚	90	布鲁日	125
巴勒莫	75	威尼斯	110
基辅	45	格拉纳达	100
威尼斯	45	热那亚	100
雷根斯堡	40	布拉格	95
塞萨洛尼卡	40	卡弗	58
阿马尔菲	35	塞维利亚	70
罗马	35	根特	70

资料来源：阿瑟·奥沙利文. 城市经济学. 4 版. 北京：中信出版社，2003：83.

资料卡

威尼斯与塞维利亚

从表1-4中可以看到，在1000年和1400年欧洲十大城市中都有威尼斯和塞维利亚，这是两个怎样的城市呢？

威尼斯位于意大利东北部，由百余座小岛构成，素有“水上都市”、“百岛城”、“桥城”和“西方苏州”之称。始建于453年，10世纪开始发展，14—15世纪达到全盛时期，是整个地中海地区最著名的港口城市和水上都市，商业、旅游业兴盛。

塞维利亚位于西班牙西南部，城市始建于公元前43年，13世纪中期逐渐开始繁荣。美洲大陆被发现后，西班牙王室在塞维利亚设立了“印度群岛（即美洲）交易之家”，掌控着整个西班牙的海外贸易。16世纪，作为西班牙全国的经济中心，塞维利亚处于发展的鼎盛时期。

16世纪开始，西方发展最快的城市大多是皇家城市，即王室所在地，这与15世纪政治权力的集中密切相关。当时，由王室出资装备的职业军人凭借先进的军事武器不断挫败封建领主，促使权力集中在王室手中，从而催生了集行政与军事功能于一身的皇家城市。同一时期，航海技术进步引发了远程贸易的兴盛，促进了港口城市的兴旺。因此，16—17世纪，皇家城市与港口城市得到快速发展，17世纪时，既是皇家城市又是港口城市的伦敦人口达到55万人。

西方城市化真正快速发展是在产业革命之后，伴随着家庭手工业向机器大工业生产方式的转变，小城镇逐渐发展为大工业城市。18世纪的产业革命使工厂能够通过利用新能源和新机器来扩大生产规模，出于对集聚经济的追求，工厂倾向于集中选址，由此产生了日益增多的工业型城市。工厂规模扩大进一步带动了商业、服务业的发展，促使城市规模不断扩大。1900年，欧洲前十大城市是：伦敦、巴黎、柏林、维也纳、圣彼得堡、曼彻斯特、伯明翰、莫斯科、格拉斯哥、利物浦，其中，曼彻斯特、伯明翰、格拉斯哥、利物浦都是由小城镇发展起来的，人口都达到了100万人左右。

城市化与工业化携手并进，相互影响，产业革命对城市化的促进作用会通过三次产业的变革得到实现。首先，就第一产业来说，产业革命导致农业机械化生产替代农民手工劳动，一方面提高了农业生产率，增加了农作物产量，另一方面减少了农业就业人数，增加了农村剩余劳动力。农作物产量增加和农村剩余劳动力增加，使人口由农村向城市流动具备了可能性与必然性。城市化过程本身就是农业活动向工业、服务业活动的转换，实现工业化并大力发展服务业，势必将农村人口拉向城市。产业革命引发的农业劳动生产率的持续提高，加快了西方国家早期城市化的步伐。

其次，就第二产业来说，机器大生产使制造业生产的平均成本快速下降，规模经济凸显，各个企业对规模经济的追求促进了就业和生产的集中，造就了众多大工业城市。就第二产业中的建筑业而言，如果没有产业革命，就没有建筑物钢铁框架对砖瓦框架的替代，就没有电梯的运行，也就不会有一幢幢摩天大楼的出现，这样一来，不仅城市失去了代表性符号，而且城市的规模也会大为减小。

最后，就第三产业来说，产业革命使蒸汽船和火车得到广泛应用，降低了运输成本，生产更加集中于交通发达的河湖沿岸或铁路干线，港口和沿线城市得以发展。从城市内部交通来看，运输业技术进步使城市通勤方式由步行和四轮马车逐渐变为卡车、电车、小汽车，随着代步工具的不断更新，城市地理半径一步步得到扩大，城市规模随之增大。

总之，产业革命为城市的快速发展提供了必要条件，在一浪接一浪的工业化高潮影响下，城市人口迅猛增加。从世界城市化进程来看，19 世纪初期，城市人口占世界总人口的比重即世界城市化率为 3%，1900 年，这一比重上升到 13%，100 年的时间提高了 10 个百分点，2000 年，世界城市化率为 47.4%，同样是 100 年的时间，提高了近 35 个百分点。

资料卡

美国城市化发展及其启示

1850 年，美国的城市化率只有 15%，与我国改革开放之初的水平大体相当。经过 100 年的发展，到 1950 年，美国城市化率上升为 64%，100 年间上升了近 50 个百分点。如果将美国 1800 年以来的城市化过程分为三个阶段，那么，第一阶段（1800—1930 年）的显著特征是工业城市发展迅速，制造业的发展推动了城市人口大量增长，芝加哥、底特律、洛杉矶等都是当时典型的工业城市。第二阶段（1930—1950 年）受到经济危机、大萧条及战争的影响，美国的城市化进程大大放慢了脚步。第三阶段（1950 年至今），美国的城市化率虽然在不断提高，但提高的速度趋于减缓。

考察美国城市化的发展历史，可以得出几个结论：第一，美国城市化在 19 世纪中后期以及 20 世纪初期得到迅猛发展，最重要的推动力来自工业革命，商业型的港口城市逐步让位于生产型的工业城市。第二，从美国的经验来看，当城市化率超过 70%之后，其上升的步伐明显减缓。第三，个别时期特殊原因的存在可以让城市化裹足不前，甚至后退，比如 20 世纪 70 年代美国城市化率停滞不前，表面原因是非城市人口增长超过了城市人口增长，深层原因则是制造业就业分散化、农业就业减少的速度相对放慢、户外娱乐活动和退休人员增加等。第四，20 世纪八九十年代以来，美国的城市化率以比较平稳的低速度增长，产业结构也表现出明显的高度化，制造业就业大量流向服务业，美国经济经历显著的结构调整，生产型的工业城市让位于服务型的后工业城市。

二、新中国成立以来的城镇化进程

新中国成立以来，我国的城镇化进程基本上可以分为三个历史阶段：新中国成立至

1957 年为第一阶段，1958—1978 年为第二阶段，1979—2016 年为第三阶段。表 1-5、表 1-6、表 1-7 分别列举了这三个阶段我国的城镇化率。

表 1-5　　1949—1957 年我国的城镇化率

年份	城镇化率（%）
1949	10.6
1950	11.2
1951	11.8
1952	12.5
1953	13.3
1954	13.7
1955	13.5
1956	14.6
1957	15.4

资料来源：国家统计局. 中国统计年鉴—1984. 北京：中国统计出版社，1985.

表 1-6　　1958—1978 年我国的城镇化率

年份	城镇化率（%）
1958	16.2
1959	18.4
1960	19.7
1961	19.3
1962	17.3
1963	16.8
1964	18.4
1965	18.0
1966	17.9
1967	17.7
1968	17.6
1969	17.5
1970	17.4
1971	17.3
1972	17.1
1973	17.2
1974	17.2
1975	17.3
1976	17.4
1977	17.6
1978	17.9

资料来源：国家统计局. 中国统计年鉴—1984. 北京：中国统计出版社，1985.

表 1-7　　1979—2016 年我国的城镇化率

年份	城镇化率（%）
1979	18.96
1980	19.39
1981	20.16
1982	21.13
1983	21.62
1984	23.01
1985	23.71
1986	24.52
1987	25.32
1988	25.81
1989	26.21
1990	26.41
1991	26.94
1992	27.46
1993	27.99
1994	28.51
1995	29.04
1996	30.48
1997	31.91
1998	33.35
1999	34.78
2000	36.22
2001	37.66
2002	39.09
2003	40.53
2004	41.76
2005	42.99
2006	44.34
2007	45.89
2008	46.99
2009	48.34
2010	49.95
2011	51.27
2012	52.57
2013	53.73
2014	54.77
2015	56.10
2016	57.35

资料来源：1979—2011 年数据见《中国统计年鉴—2012》；2012 年及以后年份数据见国家统计局年度数据。

数据显示，1949—1957 年，我国的城镇化平稳发展，1949 年的城镇化率为 10.6%，1957 年上升到 15.4%，8 年时间提高了 4.8 个百分点，平均每年提高 0.6 个百分点。其间，除了1955年较1954年略有下降外，其余年份都比上年有所提高。第一阶段我国城镇化水平的平稳发展，归因于三年国民经济恢复以及第一个五年计划时期正确的经济发展路线和巨大的经济建设成就。

为了配合优先发展重工业的工业化道路，以及通过建立新的工业基地改变工业生产布局不合理状况的区域经济均衡发展战略，这一阶段重点进行了城市规划建设。1954年6月召开了全国第一次城市建设会议，提出了城市建设的方针，即“城市建设必须贯彻国家过渡时期的总路线、总任务，为社会主义工业化、为生产、为劳动人民服务，采取与工业建设相适应的重点建设、稳步前进的方针”。会议明确了这一时期城市建设的重点是141个重要工业项目所在地的重点工业城市，对于大型工业项目不多的城市，进行必要的改建或扩建，只有小型或地方工业的城市，在经济条件许可的情况下进行局部改扩建，一般中小城市不进行建设，只进行维修。可见，这一阶段我国城市建设辅助大型工业建设项目的特征非常明显。

这一时期的城镇化建设成就体现在城市数量和布局上：一方面，城市数量有所增加，1949年，50万人口以下的城市有98个，1957年增加到140个；另一方面，城市的空间布局有所调整，中西部地区兴起了一系列新兴工业城市，如包头、兰州、西安、太原、郑州、株洲、成都、乌鲁木齐等。

在我国城镇化进程的第二个阶段中，城镇化率经历了三起两落的变化过程：三次上升的时期分别是1958—1960年、1963—1964年以及1972—1978年，两次回落的时期分别是1960—1963年和1964—1972年，见图1-1。

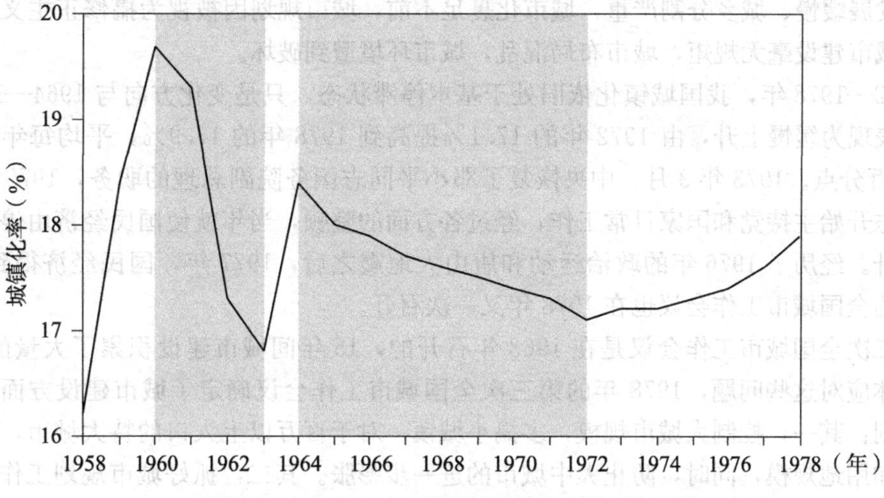

图1-1 1958—1978年我国城镇化率的三起两落

1958—1960年，我国城镇化率由16.2%上升到19.7%，每年上升1.75个百分点，几乎是1949—1957年平均速度的3倍。显然，1958年开始的“大跃进”是这一快速而短暂城镇化的根本原因，当年提出的口号“用城市建设的‘大跃进’来适应工业建设的‘大跃进’”充分印证了这一点。

1960—1963年，城镇化率连续下降，由19.7%下降为16.8%，平均每年下降近1个百分点。其中，1961—1962年下降最为明显，城镇化率直接下降了2个百分点。引起这三年城镇化水平倒退的因素是多方面的，主要包括：其一，“大跃进”错误路线的后果在此期间开始显露，国民经济主要比例关系失调，农业、轻工业减产，市场供应紧张，城市发展受到经济发展的限制。其二，面对经济困难，1961年6月中央出台了减少城镇人口、压缩城镇粮食销量的九条办法，并进一步提出精简城镇职工的要求。根据中央要求，1961年至少要减少1 000万城镇人口，1962年至少减少800万，三年内必须比1960年年底减少2 000万人以上，应当说，这是1961—1962年城镇化率陡然下降的直接原因。其三，针对城市规划中出现的“四过”现象（规模过大、占地过多、求新过急、标准过高），以及背离科学规划的“快速规划”法，1960年的全国计划会议决定“三年不搞城市规划”，城市规划建设因此受到较大影响。

1963—1964年，城镇化率短暂回升，且幅度较大，提高了1.6个百分点。最根本的原因是1963年7月中央决定基本结束精简城镇职工的工作，并在同年9月召开了第二次城市工作会议，从工业生产、商业服务、城郊农业生产、房屋和市政设施建设等方面明确了城市工作的主要任务，有利于城市的健康发展，推动了城镇化率在此期间的短暂回升。

1964—1972年，我国城镇化率稳步小幅下降，从1964年的18.4%下降到1972年的17.1%，平均每年下降约0.16个百分点，基本处于停滞状态。纵观这八年我国的经济大事记，基本上没有与城市建设相关联的内容，“文化大革命”造成的政治动乱导致这一时期生产发展缓慢、城乡分割严重，城市化裹足不前，城市规划因被视为搞修正主义而遭到废弃，城市建设毫无规矩，城市布局混乱，城市环境遭到破坏。

1972—1978年，我国城镇化依旧处于基本停滞状态，只是变化方向与1964—1972年相反，表现为缓慢上升，由1972年的17.1%提高到1978年的17.9%，平均每年提高约0.13个百分点。1973年3月，中央恢复了邓小平同志国务院副总理的职务，1975年，邓小平同志开始主持党和国家日常工作，经过各方面的整顿，当年就使国民经济由停滞下降转向回升。经历了1976年的政治运动和唐山大地震之后，1977年，国民经济得到恢复，久违了的全国城市工作会议也在1978年又一次召开。

第二次全国城市工作会议是在1963年召开的，15年间城市建设积累了大量的问题，为了具体应对这些问题，1978年的第三次全国城市工作会议确定了城市建设方面的三个主要原则：其一，控制大城市规模，多搞小城镇。对于百万以上人口的特大城市，不再扩大人口和用地规模，同时，防止大中城市的进一步膨胀。其二，抓好城市规划工作。规定直辖市、省会城市及50万人口以上城市的总体规划报国务院审批。其三，加速住宅及市政公用设施建设。除了国家准备平均每年拿4亿元用于城市职工住宅建设外，规定从1979年起47个城市每年从上年工商利润中提取5%，用于城市维护和建设。

1958—1978年，我国城镇化率三起两落，20年间基本上在原地踏步，应当说，经济的、政治的、自然的因素，人为的、客观的原因，共同解释了我国城镇化第二个阶段的起伏波折。

资料卡

我国2012年年末人口数及其构成

2011年我国城镇人口首次超过乡村人口，城镇化率过半。2012年，“年末全国大陆总人口为135 404万人，比上年末增加669万人，其中城镇人口为71 182万人，占总人口比重为52.6%，比上年末提高1.3个百分点”。——《中华人民共和国2012年国民经济和社会发展统计公报》

在我国城镇化进程的第三个阶段中，城镇化率呈不断上升的单一变化趋势，只是在不同年份上升的程度有所差别而已。根据这种差别可以将这一阶段的城镇化进程大致分为两个时期：1979—1995年为第一个时期，城镇化率平均每年提高约0.63个百分点；1995—2016年为第二个时期，城镇化率平均每年提高约1.35个百分点，后一时期城镇化率的提高速度是前一时期的两倍多。改革开放以来，我国经历了世界历史上规模最大、速度最快的城镇化进程，城市发展波澜壮阔，取得了举世瞩目的成就。

从改革开放的大环境看，1979—1995年，我国的经济体制改革经历了重大的调整，从“计划经济为主，市场调节为辅”，到“有计划的商品经济”，再到“社会主义市场经济体制”，市场化改革的目标日益明确，改革的力度也逐渐加大。应当说，这期间我国城镇化率的不断提高是经济体制改革不断深化的必然结果。下述几方面的改革措施对此期间城镇化进程的稳步上升具有重要的影响：第一，以家庭联产承包责任制为代表的农村改革，极大地提高了农民的生产积极性和农业劳动生产率，一方面，农业生产大幅增加，为城市的扩张奠定了物质基础，另一方面，农村剩余劳动力的出现为城镇化的发展提供了推动力。第二，20世纪80年代中期开始，我国经济体制改革的重点由农村转向城市，包括工业、商业、教育、科技等各行业在内的改革，加快了城市中工业和第三产业的发展，吸引了农村剩余劳动力的流入，为我国城镇化的发展提供了坚实的拉动力。第三，伴随着经济体制改革的不断深化，我国的对外开放也飞速发展。一些对外开放时间较早、开放程度较高的城市，通过利用外资，鼓励外企发展，成为农村剩余劳动力的主要目的地，一定程度上加快了我国城镇化进程。“打工仔”、“打工妹”和“民工潮”这些词汇的出现，充分印证了这一现象。

除了受到改革开放外部环境的影响之外，这一时期我国的城镇化进程也在很大程度上取决于城市自身的发展方针和政策。1980年10月召开了全国城市规划工作会议，提出了控制大城市规模、合理发展中等城市、积极发展小城市的城市发展方针。此外具体规定：大城市和特大城市原则上不再安排新建大中型工业项目；利用中等城市有选择地安置一些工业项目，注意不要使其发展成为新的大城市；新建项目优先在设市建制的小城市和资源、地理、交通、协作条件好的小城镇选厂定点，小城市和卫星城的人口规模一般以一二十万为宜。在这一城市发展战略方针的指导下，撤县改市的政策随之出台，1986年4月与

1993年5月，国务院先后正式公布实行新的设市标准。新的设市标准以及撤县改市，使城市数量尤其是中小城市的数量急剧增加，20世纪90年代初期成为新中国成立后城市数量增加最快的一个时期。如表1-8所示，1986—1995年，我国城市数量以平均每年约32个的速度在增加。建制镇的数量在这一时期也大量增加，1984年，我国的建制镇为6 211个，1995年增加到15 043个。建制镇的增多与乡镇企业的发展密不可分，经济体制改革以来，农业生产力的提高导致农村剩余劳动力问题凸显，面对严格控制大城市规模的城镇化发展方针，农村剩余劳动力只能流向中小城市或者建制镇。乡镇企业的异军突起，既接纳了大量农村剩余劳动力，又符合我国城镇化的发展方针。

表1-8　　1986—1995年我国城市数量增加情况

年份	城市数量（个）	比上年增加个数（个）
1986	353	29
1987	382	29
1988	434	52
1989	450	16
1990	467	17
1991	479	12
1992	517	38
1993	570	53
1994	622	52
1995	640	18

资料来源：历年《中国城市统计年鉴》。

1949年，我国的城镇化率为10.6%，一直到1980年都徘徊在20%以下，1981年，上升到20%以上，城镇化水平从10%到20%，用了32年的时间。1995年起，我国城镇化水平持续迅猛发展，稳步攀升，1996年迈入30%，从20%到30%，用时15年。2003年跨入40%，从30%到40%经历了7年，2011年进入50%，从40%到50%用了8年，15年里从30%飞跃到50%以上。1995年以来，我国城镇化迅猛发展的原因是多方面的，工业化推动城镇化的力量依旧存在，同时，产业结构的高度化、投资以及一些政策因素等都极大促进了城镇化的加速。

首先，来自工业化的力量。工业化对城镇化的影响可通过制造业、运输业以及建筑业加以传导，这一时期，无论是制造业生产规模的扩大和生产能力的提高，还是运输设施的完善及运输能力的增强，以及房屋建筑的大量交付使用，都从不同方面为我国城镇化的加速提供了物质基础和保障。

其次，来自产业结构高度化的力量。产业结构是指国民经济各部门之间的联系和比重，根据产业结构发展变化的总体趋势，随着经济发展水平的不断提高，第一产业的比重逐渐下降，第二产业的结构不断优化，第三产业的比重则逐步上升，这一趋势也称为产业结构的高度化。从1995年到2016年，我国第三产业就业人员构成由24.8%稳步上升到43.5%，城市商业、住宿、餐饮、居民服务、文化、体育、娱乐等行业为农村剩余劳动力提供了大量就业机会。

再次，来自投资的力量。1995 年，我国城镇固定资产投资为 15 643.7 亿元，2016 年达到 596 500.8 亿元，其中，房地产开发企业完成投资额由 1995 年的 3 149.0 亿元增加到 2016 年的 102 580.6 亿元。城镇固定资产投资的激增，催生了城镇建设项目和房地产开发的蓬勃发展，从而带动了城镇基础设施开发与建设的高涨，为城镇化的加速提供了直接的拉动力。长期以来，城市制造业与建筑业合计使用的农村劳动力人数占城镇单位使用的农村劳动力总数的绝大多数。此外，这一时期外商投资的大量增加，也在一定程度上提升了城镇化水平。

最后，政策因素。20 世纪 90 年代后半期正好是我国“九五”“十五”计划时期，“九五”时期，各地掀起了开发区热，全国共建有近 7 000 个各式各样的开发区，大大推动了城镇化的加速。21 世纪之初，“十五”计划提出“要不失时机地实施城镇化战略”，在对该战略片面解读的背景下，很多地区不顾城市自身的资源条件和经济能力，盲目扩大城市规模，进行了一些大手笔的城市建设和投资。一些地方政府为了显示政绩，通过做大城市来增加地方 GDP。农村土地征用价格与土地市场出让价格之间的巨大利差，也诱使地方政府大量圈地。2005 年，党的十六届五中全会确定了“坚持大中小城市和小城镇协调发展，提高城镇综合承载能力，按照循序渐进、节约土地、集约发展、合理布局的原则，积极稳妥地推进城镇化”的城镇化战略，在科学发展观思想指导下，我国的城镇化开始有条不紊地健康发展。2012 年 11 月，党的十八大召开，提出走中国特色新型城镇化道路的发展战略。2014 年颁布的《国家新型城镇化规划（2014－2020 年）》明确指出要“优化城镇规模结构，增强中心城市辐射带动功能，加快发展中小城市，有重点地发展小城镇，促进大中小城市和小城镇协调发展”。近些年，地方政府不断完善对城市外来人口的社会保障，医疗、养老、失业、工伤等保险制度日益完备，同时，工资、住房、子女教育方面的待遇也逐步得到落实，外来人口工作和生活条件的改善，极大推进了我国城镇化进程。

资料卡

我国城市化的特征

1978 年经济体制改革以来，城镇化成为我国经济连续高速增长的动力来源之一。国内大量文献总结概括了新中国成立以来我国城镇化发展的历史及特征，已取得的共识主要包括：

第一，我国城镇化发展所依托的背景框架是城市与农村分割的二元经济社会结构。城乡之间巨大的利益落差，导致农村剩余劳动力具有向城市流动的内在冲动，同时又不得不面对向城市流动的障碍。

第二，城镇化的发展状况与我国国民经济整体发展状况密切相关。每当国民经济健康、稳定发展时，城镇化就呈良性态势，相反，每当国民经济冒进或调整时，城镇化发展就跟着冒进或受阻。

第三，改革开放以来，随着市场化进程的不断深入，城镇化的速度加快，城镇化道路发生了转变，从控制大城市，鼓励中小城市发展，在世纪之交转变为坚持大中小城市与小城镇协调发展。

第四，在城镇化过程中，我国以一个较低的城市人口增长速度带动了较高的经济增长率。韩国、印度尼西亚在其经济快速发展时期，城市人口年均增长率为5%～6%，同期经济增长率为5%～7%，相比之下，我国的经济增长明显较快，而城市人口增加速度却偏慢。

第五，我国城镇化过程中的城市规模分布体现为“过少的人，过多的城市”。意思是说，数量占比较大的城市，其人口规模占比却相对偏小。在我国，占城市数量比重最大的是小城市，占人口比重最小的也是小城市，数量上过多的城市，居住了过少的人口。

第六，我国城镇化过程中不断壮大的城市体系，具有明显的行政等级特色。上级城市监管着下级城市，高级别城市能够获得更多的优惠，如更大的自主决策权、更多的财政投入、更多的预算外收入等。

第七，我国的城镇化具有较为突出的地区差异性。2016年，上海的城镇化率与西藏的城镇化率相差了58.3个百分点。

本章小结

1. 自给自足-人口均匀分布模型有两个关键假设：所有家庭面临相同的劳动生产率和土地生产率，家庭在生产过程中不存在规模经济。在这两个假设下，区域内没有贸易和工厂生产，人口均匀分布，没有城市。

2. 放松生产率相同的假设，如果考虑了运输成本之后的贸易净收入为正数，区域内将出现贸易。随着商人和贸易公司的出现及活动的频繁，围绕贸易公司和市场形成人口集聚，贸易公司的选址点逐渐演变为市场型城市。

3. 放松不存在生产的规模经济的假设，工厂生产具有低成本优势，人口围绕工厂集聚，工厂的选址点逐渐演变为工业型城市。

4. 普遍推测，最早的城市是基于防卫和宗教目的而出现的，属于防卫型城市和宗教型城市。世界上第一批城市出现在约公元前3000年。古希腊、古罗马时期，雅典和罗马是具有代表性的城市。

5. 中世纪之前，城市主要作为政治、军事、宗教中心而存在，依附于农业社会的自给自足经济，很少有因生产和流通活动而形成的工商业城市。中世纪时期，随着欧洲商人和手工业者的出现，工商业城市才逐步形成。城市规模小而数量多是中世纪西方城市规模分布的主要特点。皇家城市与港口城市在16—17世纪得到快速发展。

6. 西方城市化真正快速发展是在产业革命之后，产业革命对城市化的促进作用，通过农业、制造业、建筑业、运输业的变革得到实现。产业革命极大地促进了世界城市化进程。

7. 新中国成立以来的城镇化进程可分为三个历史阶段：新中国成立至1957年，我国的城镇化平稳发展，城市建设辅助大型工业建设项目的特征非常明显；1958—1978 年，我国城镇化经历了三起两落的变化过程，经济的、政治的、自然的因素，主观的、客观的原因，共同解释了这种起伏波折；1979—2016 年，城镇化率呈不断上升趋势，与经济体制改革相伴随的经济增长、结构调整以及城市发展战略的完善，使我国城镇化率在 2011 年突破 50%。

思考题

1. 如何由自给自足-人口均匀分布模型推导出市场型城市和工业型城市的产生？
2. 解释中世纪时期欧洲工商业城市的形成。
3. 产业革命怎样促进了城市化发展？
4. 美国城市化发展有什么相应的启示？
5. 新中国成立后我国的城镇化经历了怎样的发展进程？
6. 我国的城镇化过程有哪些特征？

参考文献与补充阅读

1. 阿瑟·奥沙利文. 城市经济学. 4 版. 北京：中信出版社，2003.

2. 马克思，恩格斯. 德意志意识形态//中央编译局. 马克思恩格斯全集：第一卷. 2 版. 北京：人民出版社，2002.

3. 马克思，恩格斯. 1857—1858 年经济学手稿//中央编译局. 马克思恩格斯全集：第三十卷. 2 版. 北京：人民出版社，1995.

4. 房维中，等. 中华人民共和国经济大事记（1949—1980 年）. 北京：中国社会科学出版社，1984.

5. 历年《中国统计年鉴》。

6. 历年《中国城市统计年鉴》。

7. 陆大道，等. 2006 中国区域发展报告——城市化进程及空间扩张. 北京：商务印书馆，2007.

8. 朱宇. 51.27% 的城镇化率是否高估了中国城镇化水平：国际背景下的思考. 人口研究，2012，36（2）：31-36.

附录

1. 规模经济

规模经济也称规模收益递增，是指产量增加快于投入增加，平均成本随产量增加而下降的情形。如果将长期平均成本随产量的变化描述为 U 形曲线，即长期平均成本经历了一个递减—最低—递增的过程，那么，递减—最低阶段就是对规模经济的形象描述。

规模经济的形成主要来自技术方面。当企业各生产环节或是关键性生产环节采用了先进的技术设备和工艺，并且各环节之间以及各环节上的机器与人之间能够有效连接时，必将大大提高劳动生产率，在相同时间内生产出更多数量的产品，使企业的长期平均成本下降，获得规模收益。除了技术方面的原因外，纯粹的规模增大也能够使企业获得规模收益，例如，运输企业大批量运送货物时，由于运费的节省可获得规模收益；商家大批量购买厂家的产品时，由于价格折扣也可获得相应的规模收益。如果规模的增大伴随着技术水平的提高、设备组合及工艺过程的优化，将更有助于规模经济的形成。

2. 机会成本

经济学认为资源是有限的，如果利用一定的资源去做A事情，就不可能利用相同的资源去做B事情，而做B事情是有收益的，这个收益就是做A事情的机会成本。例如：时间资源是有限的，某学生如果利用上午的时间学习，就不能利用同一时间锻炼身体，从锻炼身体中获得的好处，就是学习的机会成本。又如：劳动者如果享受闲暇，就不能提供劳动，劳动的好处（工资），就是闲暇的机会成本。

表1-2显示，北部家庭每人每小时生产小麦8公斤或毛料1码。如果北部家庭用1小时生产小麦，就不能在这1小时中生产毛料，1小时生产的毛料数量1码就是北部家庭生产8公斤小麦的机会成本，因此，对北部家庭而言，每公斤小麦的机会成本是1/8码毛料，按照同样的思路，可以得出每码毛料的机会成本是8公斤小麦。

3. 绝对优势与比较优势学说

以两种商品、两个国家模型来说明，两种商品——X、Y，两个国家——A、B。如果A国能够以低于B国的成本生产X，B国能够以低于A国的成本生产Y，那么，两国进行专业化分工，A国专门生产X，B国专门生产Y。两国各自用本国生产成本较低的产品去交换生产成本较高的产品，这种交换对双方来说都是有利的，双方都将从贸易中获益。这就是绝对优势学说，由亚当·斯密提出，是其国际贸易理论中的一个重要主张。概括来说：如果一国在一种商品的生产上拥有绝对优势，另一国在另一种商品的生产上拥有绝对优势，通过专门生产那些生产成本最低的商品，各国都能获益。

当一国在两种商品的生产上都较另一国更有成本优势时，绝对优势学说便失去了作用。大卫·李嘉图将绝对优势学说加以扩展，提出了比较优势原理。在其名著《政治经济学及赋税原理》中，李嘉图以19世纪初的英国与葡萄牙为例，谈论对外贸易，他所建立的比较优势模型脍炙人口。两个国家：英国与葡萄牙；两种商品：毛呢与葡萄酒；四项成本：英国生产某数量的毛呢需要100人一年的劳动，酿造某数量的葡萄酒需要120人一年的劳动，葡萄牙生产同样数量的毛呢需要90人一年的劳动，酿制同样数量的葡萄酒需要80人一年的劳动。结论：虽然英国在两种商品的生产上都不占绝对优势，而葡萄牙在两种商品的生产上都占绝对优势，但英国在毛呢生产上具有相对优势，葡萄牙在葡萄酒生产上具有相对优势，因此，如果双方以相对优势为原则进行专业化分工，再通过贸易互通有无，对双方都将是有利的。李嘉图对此的解释是："虽然葡萄牙能够以90人的劳动生产毛呢，但它宁可从一个需要100人的劳动生产毛呢的国家输入，因为对葡萄牙说来，与其挪用种植葡萄的一部分资本去制造毛呢，还不如用资本来生产葡萄酒，因为由此可以从英国换得更多的毛呢。"

第二章

地租与城市土地利用模式

导读

本章包括两节内容，第一节阐述地租理论，第二节介绍城市土地利用模式。城市经济学中不严格区分地租与土地价格，而是将研究重点放在影响地租或土地价格的因素上，通过建立地租函数、绘制地租函数曲线来表明土地位置对于城市用地地租的重要性。20世纪之前城市的主流形式是单中心城市，产业活动集中在城中心，一系列问题的出现促使单中心城市向多中心城市转变，郊区化与城市蔓延都是转变过程中的典型现象。

2.1 地租理论

不加严格区分的话，可将地租理解为土地要素的价格。土地肥力和地理位置是影响地租高低的最主要变量，地租函数曲线形象地反映了土地位置对地租的影响。

一、地租与土地价格

阿尔弗雷德·马歇尔在其《经济学原理》上卷第四篇“生产要素——土地、劳动、资本和组织”第一章“绪论”中说：“生产要素通常分为土地、劳动和资本三类。土地是指大自然为了帮助人类，在陆地、海上、空气、光和热各方面所赠与的物质和力量。”经济学上有两个概念与土地的价值相关联，一个是土地租金（简称地租），一个是土地价格。

地租是指土地所有者将土地使用权交由他人时收取的租金，肥沃土地的稀缺性加上收益递减规律，决定了地租的存在。在早期的古典经济学家如李嘉图看来，可利用的土地数量是固定的，具有完全无弹性的或垂直的供给曲线。在竞争性农作物市场上，地租并不决定农作物价格，而是被农作物价格所决定，形象地说，谷物的高价格不是由高地租决定的，反倒是高地租是由高的谷物价格决定的。李嘉图是把全社会作为一个整体来考察地租，此时，土地不存在机会成本，既然土地数量是固定的，当农作物价格较高，对土地的需求增加时，必然导致较高的地租。因此，地租的高低由农作物价格决定，地租不是生产成本，也不是决定农作物价格的因素。

如果不是从社会整体的角度而是从社会个体的角度来看，结论就不同了。由于土地资源是稀缺的，优质土地更加稀少，那些在生产过程中需要使用土地的人，或者那些打算利用优质土地肥力价值或位置价值获利的人，都有可能面对来自其他人的竞争。此时，为了获得土地或保留优质土地，使用土地的人就必须向土地所有者进行支付，地租也就因此成为一项生产成本，从而成了农作物价格的决定因素。在这种情况下，某块土地的地租数量取决于该块土地的机会成本，即将土地用于可替代的其他用途时能够获得的收益。

到了马歇尔时代，对地租的认识更加全面。马歇尔认为，在某些情况下即使从社会整体的角度来看，地租也是决定农作物价格的因素。他以拥有大量未开垦土地的 19 世纪的美国为例，认为在这样的经济体中，土地供给曲线并不是垂直的，而是向右上方倾斜，其含义是地租越高，越多的土地将得到开垦。原始拓荒者开垦边缘地区的土地种植农作物，不仅会获得种植收益，还会因拓荒行为而导致土地增值。土地增值是对拓荒者艰苦生活的补偿，是一种社会成本，构成农作物供给价格的一部分，从而使地租成为决定农作物价格的因素。

土地价格是指土地所有者出让土地所有权时的价格，土地所有者出售土地时，实际上出售的是凭借土地获得地租的权利，因此，土地价格也可以说成地租收入的资本化。地租收入的资本化是用机会成本的思路和方法来确定土地价格，举例来说，某人拥有一块土地并打算出售，这块土地的价格该怎样确定呢？出售者与购买者心里都在权衡比较：一方面，出售者按某一价格出售土地后，可获得一笔收入，这笔收入存入银行后能够得到一定数量的利息；另一方面，购买者按某一价格购买土地后，可以凭借土地所有权获得一定数量的地租。当地租越高，银行存款利率越低时，愿意出售土地换取现金的人就越少，而愿意用现金换取土地的人则越多，此时，土地价格必然较高。因此，土地价格就与地租成正比，与银行存款利率成反比。按照地租收入的资本化思路考虑土地价格时，可通过计算土地年租金的现值来确定土地价格。

城市经济学中通常对地租与土地价格这两个概念不加以严格区分。

二、地租的影响因素

土地肥力与土地位置是影响地租的决定性因素。

（一）土地肥力

土地肥力指土地的肥沃程度，农业生产中土地越肥沃，相同投入获得的产量就越多，平均成本就越低。假设现在有位置相同、面积相同、肥力不同的两块土地，分别称作 G 地块和 B 地块，G 地块的肥力高于 B 地块，两块土地用于种植相同的农作物，并且非土地投入即用于化肥、农药、种子、劳动、运输等方面的费用相等。如果将农作物市场视为完全竞争的市场，图 2－1 显示了两块土地的不同地租量。

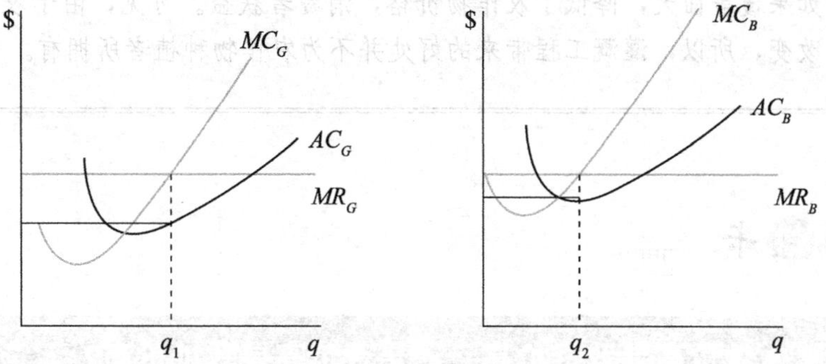

图 2-1　土地肥力决定地租

图中横坐标 q 为农作物产量，纵坐标 $ 表示金额。左图为 G 地块，右图为 B 地块。*MR* 是农作物的边际收益也即单位价格，在完全竞争市场上体现为平行于产量轴的一条直线，并且两块土地上农作物的 *MR* 相等。*MC* 为农作物的边际成本，即农作物产量增加 1 单位时非土地成本的增加量，由于 G 地块的肥力高于 B 地块，所以，在相同产量上，G 地块农作物的 *MC* 低于 B 地块。根据 $MR=MC$ 的原则，G 地块的利润最大化产量是 q_1，B 地块为 q_2。图中 AC_G 与 AC_B 分别代表地块 G 和地块 B 上农作物的平均成本，注意同样是指非土地成本，不包括土地成本即地租。显然，由于地块 G 的肥沃程度优于地块 B，所以，相同产量上的 AC_G 小于 AC_B。在完全竞争市场的均衡状态下，由于相互竞争，农作物种植者的经济利润为零，即总收益与总成本相等。换句话说，图中总收益与非土地成本的差额部分，并不归农作物种植者所有，而是作为土地成本以地租的形式归土地所有者所有。

比较 G 地块与 B 地块上农作物的总收益与非土地成本的差额，可以明显看到，G 地块的差额较大，也就是说，土地越肥沃，农作物总收益与非土地成本的差额就越大，地租也就越高。地租决定的这一思想被称作“剩余原理”，所谓“剩余”，可理解为总收益与非土地成本的差额，在完全竞争市场的均衡状态下，剩余就成为地租，土地肥力越高，剩余越大，地租也就越高。

资料卡

政府免费提供灌溉，谁将从中获益？

地方政府兴修水利，免费为农作物种植者提供灌溉，谁将从中获益？可运用地租决定的剩余原理来思考这个问题。首先，免费灌溉相当于提高了土地肥力，将降低农作物的平均成本和边际成本（均指非土地成本）。其次，农作物非土地平均成本下降，引起剩余增加，地租增加，这意味着土地所有者将从中获益。再次，农作物非土地边际成本下降，会使利润最大化产量增加，从而引起农作物供给增加，价格下降，这意味着农作物的消费者将从中获益。最后，通常认为，如果灌溉工程覆盖的地理面积较小，则基本不影响农作物价格，土地所有者获益；如果覆盖面大，降低了农作物价格，消费者获益。可见，由于农作物市场的完全竞争性没有改变，所以，灌溉工程带来的好处并不为农作物种植者所拥有。

资料卡

地价高导致谷价高，还是谷价高导致地价高？

这似乎是一个鸡生蛋还是蛋生鸡的问题，无论从哪个角度讲好像都有道理。认为地价高引起谷价高的人通常这样考虑：地价是生产谷物的一部分成本，成本高价格就高，所以地价高导致谷价高。这种想法存在一定的问题，谷物市场通常是完全竞争的，谷物价格由市场供求决定，谷物种植者只是价格的接受者，不同肥力土地的地租差异，不会对谷物价格产生影响。相反，由于需求增加或供给减少等原因，导致谷物价格提高后，会引起谷物的边际收益增加，总收益与非土地成本的差额增大，从而引起地租提高。

（二）土地位置

土地位置是指土地的地理位置，也称可达性，即土地所在区位的交通便捷程度。一般情况下，市场、火车站、高速公路入口都可作为参照点来表明土地的位置是否优越。显然，土地越靠近这些地点，投入品和产成品的运输成本就越低，这样的土地就越具有吸引力，从而地租也就越高。

下面以大白菜和家具生产为例，通过建立地租函数来考察土地位置对地租的影响。

例一，某农民种植大白菜，投入分为两类：化肥、农药、种子、劳动等非土地投入和土地投入，前者体现为非土地成本，后者体现为土地成本即地租。农民从土地所有者那里租种了A、B、C三块肥力相同、面积相同的土地，因此每块土地上的生产成本相同、产量相同。三块土地的差异体现在地理位置上：假设A地块离农贸市场最近，C地块离市场最远，B地块介于两者之间。大白菜市场为完全竞争市场，均衡状态下农民的经济利润为零，总收益与非土地成本的差额体现为地租。设置具体数据如表2-1所示。

表2-1　农业用地位置对地租的影响

地块	距离市场（公里）	地块面积（亩）	总收益（元）	生产成本（元）	运输成本（元）	剩余（元）	单位面积地租（元）
A	1	1	500	100	100	300	300
B	2	1	500	100	200	200	200
C	3	1	500	100	300	100	100

表中数据显示，三块地的面积相同，均为1亩；因为产量相同，所以总收益相同，均

为500元；大白菜的生产成本相同，均为100元。三块地的不同体现在运输成本上，距离市场最近的A地块运输成本最低，为100元，最远的C地块运输成本最高，为300元，B地块为200元。因此，三块地的非土地成本分别为：A地块200元、B地块300元、C地块400元。总收益与非土地成本的差额也即地租分别是：A地块300元、B地块200元、C地块100元。由于三块地面积均为1亩，所以，单位面积地租也分别是：A地块300元、B地块200元、C地块100元。可见，越靠近市场，土地的可达性越好，单位面积地租就越高。据此可以建立农产品的地租函数，函数自变量设为X，表示地块到市场的距离，因变量设为R，表示地块的单位面积地租，函数关系式如下：

$$R=(PQ-TC-tQX)/A \tag{2-1}$$

式中，P为产品单价；Q为产品产量；PQ为总收益；TC为生产成本；t为单位产量每公里运费；tQX为运输成本；A为地块面积。

注意到函数的斜率为$-tQ/A$，负号表明R与X之间相反方向的变化关系，即地块到市场的距离越近（地块的可达性越好），单位面积地租就越高；地块到市场的距离越远（地块的可达性越差），单位面积地租就越低。

例二，家具生产厂商投入木材、设备、劳动、土地等要素生产家具，厂商分别在距离高速公路入口10公里、20公里、30公里处选址，租用占地面积均为10亩的厂房，生产完全相同的家具，各厂址上生产的家具总收益相等，均为5 000元，生产成本也相同，均为1 000元。运输成本取决于厂址到高速公路入口的距离，10公里处的厂址上运输成本为1 000元，20公里处为2 000元，30公里处为3 000元。将家具市场视为完全竞争市场，均衡状态下厂商的经济利润为零，地租体现为总收益与非土地成本的差额。最终计算出10公里处的厂址上单位面积地租为300元，20公里处为200元，30公里处为100元。具体数据如表2-2所示。

表2-2　制造业用地位置对地租的影响

距高速公路入口（公里）	厂房占地面积（亩）	总收益（元）	生产成本（元）	运输成本（元）	剩余（元）	单位面积地租（元）
10	10	5 000	1 000	1 000	3 000	300
20	10	5 000	1 000	2 000	2 000	200
30	10	5 000	1 000	3 000	1 000	100

同理，可以建立如式（2-1）所示的地租函数，函数斜率为负值，表明厂址到高速公路入口距离越近（可达性越好），单位面积地租越高；厂址到高速公路入口距离越远（可达性越差），单位面积地租越低。

总之，土地肥力与土地位置是影响地租的两个最关键的因素。其他条件相同时，土地越肥沃，单位面积地租越高，反之亦然；土地越靠近市场或交通枢纽，单位面积地租越高，反之亦然。土地肥力主要影响农业用地的地租，土地位置则对城市用地地租的影响较大。

资料卡

马克思主义政治经济学中的地租理论

马克思主义政治经济学认为，资本主义农业中存在三个阶级：土地所有者、农业资本家、农业工人，其中农业工人创造的剩余价值，一部分以平均利润的形式归农业资本家所有，一部分则以地租的形式归土地所有者所有。级差地租是与土地等级相关的地租，所谓等级主要体现为土地肥沃程度和地理位置，优等土地和中等土地上才有级差地租。级差地租的形成条件是土地有肥沃程度和地理位置的差别，形成原因是农业资本家对土地的垄断经营，形成源泉是优中等土地上农业工人的剩余劳动。绝对地租是指由于土地私有权的存在，租种任何土地都必须缴纳的地租。简言之，绝对地租的形成条件是农业资本有机构成偏低，形成原因是土地所有者对土地私有权的垄断，形成源泉是农业工人的剩余劳动。

三、凸性地租函数曲线

（一）制造业地租函数曲线

城市土地主要用于制造业、办公业、商业、服务业、居民住房等，通过表 2－2 可以看到制造业用地位置对地租的影响，为了直观起见，将表 2－2 中的数据绘制成图形，如图 2－2 所示。

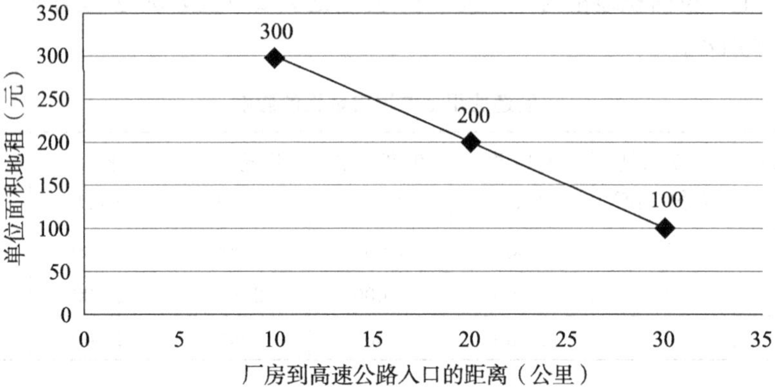

图 2－2　制造业线性地租函数曲线

图 2－2 中横坐标为厂房所在地到高速公路入口的距离，纵坐标为土地单位面积租金。由该图可知，随着厂房离高速公路入口越来越远，地租呈下降趋势，并且每离开高速公路入口 1 公里，地租减少的数量相等，图形显示为直线，称作线性地租函数曲线。实际经济中，当厂商面对较高的地租时，会进行要素替代，即用非土地投入替代土地投入，减少土地占用面积。这样一来，就会导致不同位置上的土地被占用的面积不同，越靠近交通枢

纽，地租越高，厂商占用的土地越少。

下面以制造业为例，考虑存在要素替代时土地位置对地租的影响，由此引出凸性地租函数曲线。修改表 2-2 中的数据，如表 2-3 所示。

表 2-3　存在要素替代时制造业的地租

距高速公路入口（公里）	厂房占地面积（亩）	总收益（元）	生产成本（元）	运输成本（元）	剩余（元）	每亩地租（元）
10	2	5 000	3 000	1 000	1 000	500
20	5	5 000	2 000	2 000	1 000	200
30	10	5 000	1 000	3 000	1 000	100

表 2-3 反映了如下情形：第一，考虑到不同位置上地租水平不同，厂商进行要素替代，位置好的土地，由于单位面积地租较高，厂商减少厂房占地面积，因此，距高速公路入口 10 公里、20 公里处的厂址上，厂房占地面积由 10 亩分别减少为 2 亩、5 亩。第二，假设各厂址的总收益相同，这一点与表 2-2 相比没有变化。第三，在厂房占地面积减少的情况下，为了得到与 30 公里处的工厂相同的产量，10 公里、20 公里处的工厂必然要向更高层的空间发展，增加资本支出，从而导致生产成本增加。第四，各厂址由于位置和产量没有发生改变，因此运输成本没有变化。总收益减去非土地成本（＝生产成本＋运输成本）后的剩余即总的地租量，除以厂房的占地面积就是单位面积地租。

将表 2-3 中的数据绘制成曲线，如图 2-3 所示。

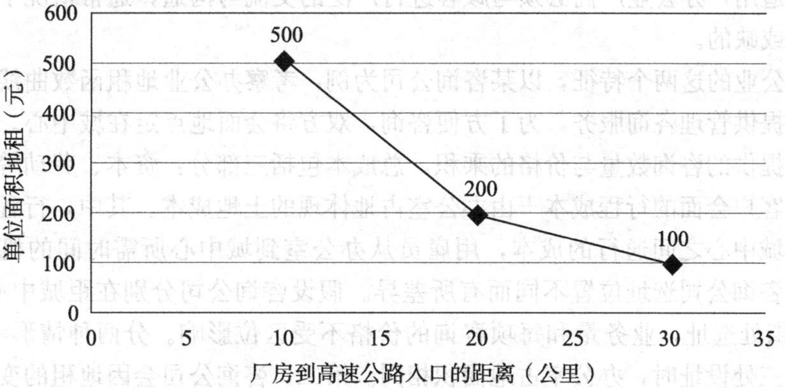

图 2-3　制造业凸性地租函数曲线

图 2-2 与图 2-3 都形象地反映了土地位置对地租的影响，向右下方倾斜的曲线充分表明，土地位置或可达性越好，单位面积地租越高，反之亦然。如果不同位置上的厂房占地面积相等，换句话说，如果不存在其他要素对土地的替代，那么，制造商面对的是线性地租函数曲线；如果随着地租上升，厂商用非土地投入替代土地投入，则表现为凸性地租函数曲线。两条曲线的斜率均为负数，区别在于线性地租函数下，每靠近高速公路入口 1 公里，地租增加量相同，凸性地租函数下，每靠近高速公路入口 1 公里，地租增加量不等，并且增加量呈递增趋势。

资料卡

为什么制造业大多坐落在郊区？

表 2-3 反映出的情形只是一种假设，实际经济中，制造业生产的必要投入包括厂房、仓库、机器设备、原材料、劳动等，其中，厂房、仓库建在一定面积的土地上，并且必须是宽大的单层建筑，这样才能保证叉车、流水线的正常使用，这就意味着要占用较大面积的土地。换句话说，制造业生产向高层空间发展的可能性较小，非土地投入替代土地投入的可能性较小。既然制造业生产必须占用较大面积土地，由于郊区土地相对便宜，所以，制造业大多坐落在郊区。在郊区选址可以节省土地成本，但同时增加了运输成本，因此，只有当运输方式较为先进，运输成本大大下降之后，为节省土地成本，制造业厂商才大量在郊区落户。

（二）办公业地租函数曲线

办公业是指以厂商为主要服务群体，以信息为交易对象，运用脑力劳动提供具体服务的行业，包括投资公司、银行、设计公司、咨询公司、会计师事务所、律师事务所等等。形象地说，办公业的产品不在厂房和仓库而在大脑和公文包里。尽管办公业厂商提供的服务种类不尽相同，但有两点是相同的：其一，办公业厂商需要广泛、迅速地收集和处理信息，根据对大量信息的分析，生成诸如点子、建议、方案一类的产品。其二，为了使服务更加合理、适用，办公业厂商必须与顾客进行广泛的交流与沟通，通常情况下，面对面的接触是不可或缺的。

基于办公业的这两个特征，以某咨询公司为例，考察办公业地租函数曲线。该咨询公司向某客户提供管理咨询服务，为了方便咨询，双方将会面地点定在城中心。咨询公司的总收益为所提供的咨询数量与价格的乘积，总成本包括三部分：资本、劳动等成本＋咨询公司雇员与客户会面的行程成本＋由办公室占地体现的土地成本。其中，行程成本是雇员在办公室与城中心之间通行的成本，用雇员从办公室到城中心所需时间的机会成本来计算，它会因咨询公司选址位置不同而有所差异。假设咨询公司分别在距城中心 1 条街、2 条街、3 条街处选址，业务量和每项咨询的价格不受区位影响。分两种情形考察：第一，咨询公司在三处设址时，办公室占地面积相同。第二，咨询公司会因地租的变化而进行要素替代，即在位置好的地址上减小办公室占地面积。同时假设，咨询公司所处行业为完全竞争行业，均衡状态下厂商经济利润为零。设置数据如表 2-4 所示。

表 2-4　　办公业用地位置对地租的影响

到城中心的距离（街）	办公室占地面积（亩）	总收益（元）	资本、劳动成本（元）	行程成本（元）	单位面积地租（元）
1	1	10 000	2 000	500	7 500
2	1	10 000	2 000	1 000	7 000
3	1	10 000	2 000	1 500	6 500

表 2－4 表明，咨询公司三处办公地点上的办公室占地面积相同，总收益相同，所投入的资本、劳动成本相同，唯一不同的是三处办公地点到城中心的距离，从而导致雇员的行程成本有所差异，离城中心越近，完成相同业务量的行程成本越低。总收益减去资本、劳动成本，再减去行程成本，就是总土地成本，除以占地面积就是单位面积地租。将表 2－4中的数据绘制成曲线，如图 2－4 所示。

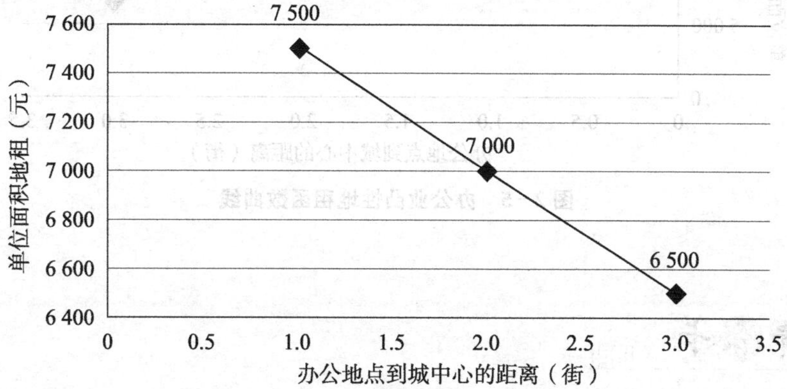

图 2－4　办公业线性地租函数曲线

图 2－4 中横坐标为咨询公司办公地点到城中心的距离，纵坐标为土地单位面积租金，由该图可知，随着咨询公司离城中心越来越远，地租呈下降趋势。

表 2－5 体现了咨询公司随地点不同改变办公室占地面积的情形，注意到离城中心越近，由于单位面积地租越高，导致咨询公司减小办公室占地面积，其中两种情形的占地面积由 1 亩分别减小到 0.2 亩、0.5 亩。为了保证总收益不变，距城中心近的办公地点势必向更高的空间拓展，致使相同业务量的资本成本增加。通过非土地投入对土地投入的替代，最终导致单位面积地租不同于表 2－4。

表 2－5　　存在要素替代时办公业的地租

到城中心的距离（街）	办公室占地面积（亩）	总收益（元）	资本、劳动成本（元）	行程成本（元）	单位面积地租（元）
1	0.2	10 000	6 000	500	17 500
2	0.5	10 000	4 000	1 000	10 000
3	1	10 000	2 000	1 500	6 500

将表 2－5 中的数据绘制成曲线，如图 2－5 所示。

由于存在要素替代，咨询公司向城中心靠近时，将使用更少的土地投入和更多的非土地投入，地租函数曲线呈凸性。凸性地租函数曲线表明，每向城中心靠近 1 条街，地租增加量不等，并且增加量呈递增趋势。

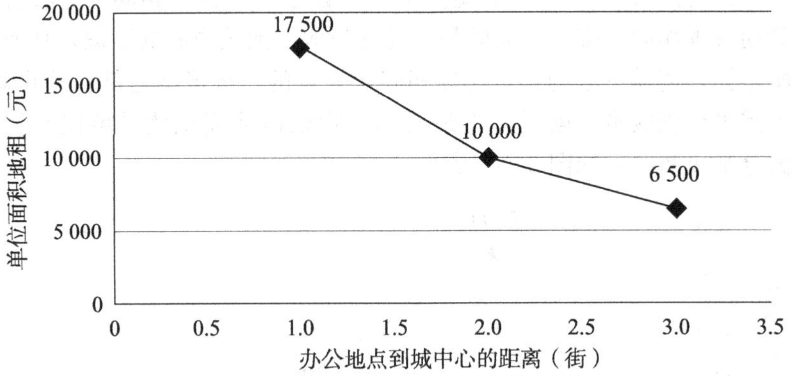

图 2-5　办公业凸性地租函数曲线

资料卡

为什么越靠近城中心建筑物楼层越高？

与乡村广袤无垠的田野比较起来，城市的形象多是鳞次栉比的高楼大厦，而且越往城中心，楼层越高。可以借助城市经济学中凸性地租函数曲线的概念对这一现象进行解释。根据办公业凸性地租函数曲线，越靠近城中心，单位面积地租越高，而且提高的幅度越大。厂商为了减少地租支出，就要减少占地面积，而为了保持原有的办公面积不变，只能向高层空间发展，导致越靠近城中心建筑物楼层越高。

2.2　城市土地利用模式

相对于乡村而言，城市本身就意味着在相同的土地面积上聚集了较多的人口。然而，即使在高密度的城市内部，对土地的利用也不是均衡的，有的区位上人口密度更高，形成所谓的“中心”。只有一个中心的城市即所谓的单中心城市，单中心城市中制造商、办公业、零售商云集在 CBD，有限的土地上承载了过多的产业活动，长此以往，会引发一系列问题，促使城市土地利用模式发生改变，多中心城市逐渐成为主流。

一、单中心城市土地利用模式

20 世纪之前，单中心城市是城市的主流形式，今天，很多中小城市也仍然是单中心城市。所谓单中心，顾名思义即城市只有一个中心，该中心内产业集聚，人口密度明显高于其他区位，被称作中央商务区（central business district，CBD）。20 世纪前的单中心城市通常呈现出下列特征：

第一，从运输方式来看，与19世纪的交通运输技术相适应，商品在市内的运输方式是四轮马车，在城市之间的运输方式是铁路，卡车和小汽车尚不普及，城市居民的通行方式是乘坐电车。

第二，从产业活动来看，城中心通常是火车站所在地，制造业、办公业、商业倾向于在CBD选址，因此，CBD产业活动集中。制造业产品用四轮马车由工厂运到火车站，再通过铁路运往其他城市；办公业雇员与客户在城中心会面；零售商基于销售量和顾客易达性的考虑，选择在城中心核心地带集聚。

第三，从居民通勤来看，城中居民上下班通勤和购物时，步行或乘坐电车由居住区到达城中心，电车系统呈轮毂辐条状。

尽管目前世界上大多数城市都已由单中心转变为多中心，单中心城市已不再是主流形式，然而，考察单中心城市的土地利用仍然具有重要的意义。一方面，必须首先了解单中心城市的土地利用状况，这样才能由此延伸扩展，探索传统的单中心城市如何向现代的多中心城市转变，从而进一步研究多中心城市的土地利用，而且，由单中心城市得出的一些结论也同样适用于多中心城市。另一方面，尽管单中心城市在今天已非主流，然而，无论是国内还是国外仍然有一些中小城市是单中心城市，因此，对单中心城市土地利用的研究也具有现实意义。

（一）CBD的土地如何在制造业和办公业之间进行分配

由式（2-1）的地租函数$R=(PQ-TC-tQX)/A$可知，单位面积地租R是距离X的函数，函数的斜率为$-tQ/A$。就$-tQ/A$来看，负号表明土地位置越好，比如土地越靠近城中心，到城中心的距离越近，单位面积地租就越高。tQ/A是单位里程的运输成本与土地面积之比。所谓单位里程的运输成本，就制造业而言是指产品运输单位距离例如1公里所需的费用，就办公业而言是指雇员行走单位距离例如1条街所需时间的机会成本。比较制造业和办公业单位里程的运输成本，在Q相同的前提下，由于制造业的运输对象是货物，办公业的运输对象是人，因此，办公业单位里程的运输成本较高。由此推断，当制造业与办公业使用相同面积的土地时，就同一位置（X）上地租函数斜率的绝对值tQ/A而言，办公业比制造业大。

根据这一判断，绘制制造业和办公业的凸性地租函数曲线，并据此考察CBD的土地分配，如图2-6所示。图中O点代表单中心城市中CBD的中心位置，横坐标X表示选址地点到O点的距离，纵坐标R为单位面积地租。向右下方倾斜的两条地租函数曲线分别为制造业和办公业凸性地租函数曲线，两条曲线相交，交点所对应的位置为X_0。

假设CBD呈圆形，半径为OX_1，可以看出，在O点到X_0点的区间内，就同一位置上的土地而言，办公业愿意支付的单位面积地租高于制造业愿意支付的单位面积地租，按照土地出租给出价高者的市场原则，办公业将获得这一区间的土地。而在X_0点至X_1点的区间内，就同一块土地，制造业出价高于办公业，根据市场原则，这一区间的土地使用权由制造业获得。因此，半径为OX_1的整个CBD被分为两部分：办公业区和制造业区，前者占据更靠近中心点的位置，即图中半径为OX_0的圆，后者位于办公业区的外围，即X_0至X_1的环状地带。

单中心城市中各产业都会向城市中心集中，然而，由于各产业运输成本的差异，使得对同一位置土地的出价不尽相同，运输成本相对较高的办公业，越向中心位置靠近，运输成本节省得越多，愿意支付的地租也就越高，从而更有可能获得土地。现实经济中，CBD并不一定是规则的圆形，CBD土地在制造业和办公业之间的分配，也并非完全如图2－6所示，图形的价值在于：其一，对凸性地租函数曲线加以运用，体会曲线斜率的经济含义即单位里程的运输成本与土地面积之比；其二，当土地面积相同时，通过比较制造业与办公业单位里程的运输成本，推断曲线斜率大小，并在图中加以体现；其三，根据市场原则即土地由出价高者获得，得出制造业与办公业的用地范围。

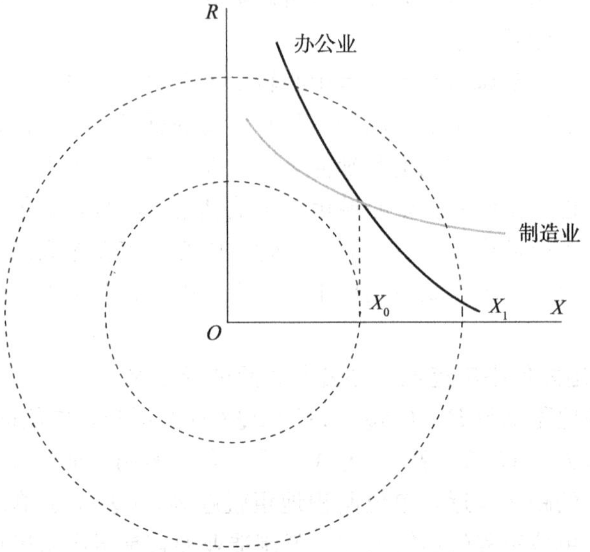

图2－6　CBD土地在制造业和办公业之间的分配

（二）单中心城市中零售业的区位

零售业厂商通常依据其市场区大小进行选址，所谓市场区是指零售商产品的销售范围，或者说零售商所服务的区域面积。

一定时期一定区域内零售商市场区的大小受三个变量影响：商品销量、区域人口密度、商品的人均需求量。其中，商品销量是指能够使零售商实现规模经济的销量，即零售商平均成本最低时的销量；区域内的人口密度通常用每平方公里上的人数来表示；商品的人均需求量是一个历史经验数据，不同时期、不同区域会有所差异。如果分别用q、e、d表示商品销量、区域人口密度、商品的人均需求量，则市场区大小就等于$q/(ed)$。

以销售CD为例，假设某区域面积大小为100平方公里，居住人口5 000人，区域内有若干家CD销售商，每家销售商实现规模经济时的月销量均为1 000张，区域人均CD需求量为每月4张。根据这些数据，可计算CD销售商的市场区大小。因为$q=1\ 000$张，$e=5\ 000/100=50$人/平方公里，$d=4$张/人，所以，$q/(ed)=5$平方公里，即CD销售商的市场区大小为5平方公里，区域内应设有20家CD销售商，才能满足整个区域对CD的需求。

单中心城市中零售商如何根据市场区大小进行选址？举例来说，假设某区域中鞋店的市场区为整个区域，换句话说，一家鞋店实现规模经济时的销量，就可以满足整个区域对鞋的需求，同时假设袜子店的市场区为 1/2 个区域，即整个区域内需要两家袜子店。这一家鞋店和两家袜子店将在何处选址呢？对于鞋店来说，由于市场区的大小就是整个区域，所以，必然在市场区的中心位置选址。对于袜子店来说，如果两家袜子店把整个区域分成两个相等的市场区，各自在每个市场区的中心选址未尝不是一种选址办法。然而，考虑到购物的正外部性，袜子店选择同鞋店集聚，这将会降低销售成本，因此，两家袜子店也会在区域中心选址。

单中心城市中，交通系统呈轮毂辐条状，CBD 位于轮毂处，顾客分布在城市的各个位置上，沿着辐条乘坐电车出入城中心，CBD 对任何区位而言都容易到达。交通的便利加上购物的正外部性使得 CBD 也成为商业活动的首选。所以说，在单中心城市中，鉴于轮毂辐条状的交通系统，零售商倾向于选择在城中心核心地带选址并集聚，形成商业区。

资料卡

购物的正外部性

在城市商业区内集聚着众多的商店，这些商店相互之间会产生一定的影响，包括选址方面的影响。当一家零售商在某处选址落户后，使当地其他零售商的销量增加时，就产生了购物的正外部性。什么情况下会出现购物的正外部性？或者说哪些产品容易产生购物的正外部性？通常来说，在两种情况下可能出现购物的正外部性：一种是比较购物，另一种是一站式购物。服装、化妆品、电子设备等产品，由经济学中所称的垄断竞争厂商提供，属于有差别的同类产品。消费者在购买这一类产品时，通常要经过仔细比较和挑选。提供同类产品的商店如果集聚在一起，将会便于消费者比较、挑选，降低购物成本，并进一步吸引更多顾客前来光顾，增加销售量，从而产生购物的正外部性。衣服和裤子、鞋子和袜子一类的商品属于互补品，购买这一类商品时，消费者通常会采取一站式购物的方式，即在一次购物过程中将互相补充的商品全都买回。因此，衣服店挨着裤子店，袜子店靠近鞋店，这无疑会增加销量，产生购物的正外部性。

二、从单中心城市到多中心城市

单中心城市在发展过程中逐渐暴露出一系列问题，这些问题主要集中在城中心，由于中心单一，承载过多的人口和产业，因而出现了人口密度过大、产业数量过多、空间开放不足且分布不均、交通拥堵、通勤时间长、空气污染严重、环境质量下降、犯罪率高、社会治安状况差等等一系列问题。从 19 世纪中后期开始，法国、英国、美国、苏联等国家的大城市纷纷由单中心向多中心转变，其中，伦敦、巴黎、洛杉矶、莫斯科等国际化大城市的转变取得了一定的成效，也提供了宝贵的经验。在城市由单中心向多中心转变的过程中，郊区化和城市蔓延是两个较为突出的现象。一方面，随着交通运输技术不断进步，人口和产业由城中心向郊区迁移，城市开始郊区化，并逐渐滋生出新的中心。另一方面，在城市大幅向外扩展的过程中，个别时期出现失控与城市蔓延的倾向，分散化、低密度、区域功能单一、严重依赖汽车是城市蔓延的主要特征。

围绕从单中心城市到多中心城市的转变，首先介绍英国的大伦敦规划、美国的郊区次中心和边缘城市，以及我国北京、上海两城市的多中心，接着探讨郊区化的历史原因，最后分析城市蔓延的前因后果。

（一）英国的大伦敦规划

为了研究和解决伦敦人口过于密集而引发的一系列问题，1937 年英国政府成立了以巴罗爵士为首的专门委员会——巴罗委员会。委员会调查了工业和人口地理分布的原因和影响因素，分析了各种影响因素未来可能的变化，并于 1940 年发布了《皇家委员会关于工业人口分布的报告》，即通常所说的《巴罗报告》。《巴罗报告》认为，19—20 世纪工业区位选择发生了一系列变化，工厂选址时，先是靠近原材料、燃料供应地，然后转向靠近通航水域，随着交通运输技术的日新月异，运输成本不断下降，交通枢纽的吸引力越来越弱，相反，工人的劳动技能和熟练程度，以及各种专业化服务，反倒显得更为重要。因此，工厂选址时更多地倾向于靠近非常大的人口中心，这里不仅有庞大的市场，还有多种多样的劳动力和专业服务。报告表明，第一次世界大战到第二次世界大战期间，无论是英国的人口增长还是工业增长，都集中在英格兰的南部和中部地区，尤其是伦敦周边。《巴罗报告》还调查分析了大城市中心存在的问题，包括：工人通勤时间长、交通拥堵现象严重、房地产价格日趋上升、住房问题包括无房问题严重等。总之，《巴罗报告》认为，由于工业区位选址吸引力的变化，人口和工业集中在大的中心地区，这种集中造成了社会经济和发展战略上的缺陷，因此必须对伦敦中心区工业和人口加以疏散。

阿伯克隆比是巴罗委员会成员之一，也是英国早期区域规划的代表人物，1942 年应邀主持编制著名的大伦敦规划，1944 年基本完成编制。规划涵盖面积 6 732 平方公里，人口 1 250 万人，涉及 100 余个地方政府管辖范围。大伦敦规划的总体思路是：整个区域范围内停止人口迁入，使整体人口密度下降，同时将市区的人口向郊区迁移。在距伦敦中心半径约 48 公里的范围内，由内向外划分了四个同心圆圈层，从中心到外围依次是内城圈、近郊圈、绿带圈和外围圈。其中，内城圈包括伦敦郡和部分邻近地区，内城圈规划的重点是疏散人口，降低人口密度，规划建议疏散 40 万～50 万人口，使人口净密度降至每公顷 190～250 人。近郊圈中主要是第一次世界大战和第二次世界大战期间建设的住房，人口密度不大，规划建议这一地区不再增加人口，重新进行组织，提供舒适的居住环境，人口净密度控制在每公顷 125 人。绿带圈是围绕城市的绿化带用地，规划主张进一步予以拓宽。外围圈的乡村环要接收伦敦内环疏散出来的大部分人口，通过有计划地集中建设一系列卫星城的方式，开发伦敦城新的中心。

大伦敦规划有其特定的背景：一方面，二战期间，伦敦城遭到德国空军的持续性猛烈轰炸，大部分建筑被损毁，伦敦中心区更是遭到严重破坏。另一方面，战争期间的军工生产使得工业快速发展，战后人口必将出现大量增长，伦敦中心区的承载能力面临极大的挑战。大伦敦规划在调查分析的基础上，提出了有针对性的对策和方案，这些对策和方案无论是对于防止和控制伦敦的自发性蔓延，还是对于解决伦敦中心区的一系列问题、改善混乱的城市环境，抑或对于同一时期其他国家城市规划的影响，都起到了积极的促进作用。

资料卡

人口密度、人口净密度、人口毛密度

人口密度是指单位面积土地上居住的人口数量，用以反映某一地区范围内人口的疏密程度。

人口净密度是指单位住宅用地上居住的人口数量，是城市规划的重要指标之一，通常用规划总人口除以住宅用地总面积来计算。在大伦敦规划中，规定内城圈人口净密度降至每公顷190～250人，近郊圈人口净密度控制在每公顷125人，这是一个什么概念？1公顷＝0.01平方千米（平方公里），每公顷250人即每平方公里的住宅用地上居住25 000人。

人口毛密度是指单位居住用地上居住的人口数量，通常用规划总人口除以居住用地总面积来计算。居住用地包括住宅用地及居住小区的公共服务设施用地、道路用地及绿地。

（二）美国的郊区次中心和边缘城市

在郊区化过程中，迁到郊区的厂商出于集聚经济的考虑，在地理位置上相互靠近，逐渐形成所谓的郊区次中心。在美国，郊区次中心通常被界定为：位于郊区、就业密度至少为10人/英亩、总就业量至少为1万人的区域，洛杉矶、休斯敦、芝加哥等城市都有大大小小规模不等的郊区次中心。相关研究表明，1980年时洛杉矶共有28个郊区次中心，平均就业密度17.7人/英亩，平均就业比率1.58个工作/居民，分为混合工业次中心、混合服务业次中心、专业化制造业次中心、专业化服务业次中心、专业化娱乐服务次中心等五种类型。20世纪80年代，休斯敦有10个次中心地带，占据了城市总就业的2/3和一半以上的写字楼空间。同一时期，芝加哥有20个次中心地带，分为老卫星城市、老工业郊区、二战后工业郊区、新工业/零售业郊区、服务与零售中心、边缘城市等六种类型，其中，新工业/零售业郊区与边缘城市发展最为迅速。

办公业与零售业活动集中的郊区次中心被称为边缘城市，20世纪90年代初，美国35个大城市中约有200个边缘城市，其中，华盛顿拥有的边缘城市最多，为8个，纽约、芝加哥、洛杉矶、休斯敦、达拉斯分别拥有6个边缘城市，旧金山、波士顿、丹佛紧随其后，各自拥有4个边缘城市。在这些边缘城市中，开发的办公面积从几十万平方米到几百万平方米不等，并且大多具有非常高的建筑质量。

尽管美国的大城市通常都拥有一些郊区次中心，并且大部分就业位于次中心地带，然而城市原始中心区依然具有重要作用，尤其在提供面对面交流以及一些专业化服务如银行、法律、投资、咨询、保险、审计等方面，具有不可替代的地位。

（三）北京的多中心建设

根据《北京城市总体规划（2004年—2020年）》第21条的规定，北京市域范围内，构建“两轴—两带—多中心”的城市空间结构。两轴指沿长安街的东西轴和作为传统中轴线的南北轴，两带指包括通州、顺义、亦庄、怀柔、密云、平谷的“东部发展带”和包括大兴、房山、昌平、延庆、门头沟的“西部发展带”，多中心指在市域范围内建设多个服务全国、面向世界的城市职能中心，以提高城市的核心功能和综合竞争力，包括中关村高科技园区核心区、奥林匹克中心区、中央商务区（CBD）、海淀山后地区科技创新中心、顺义现代制造业基地、通州综合服务中心、亦庄高新技术产业发展中心和石景山综合服务中心等。

（四）上海的多中心建设

按照《上海市城市总体规划（1999年—2020年）》，上海将形成由“中心城—新城—中心镇—集镇”组成的多层次的城镇体系。其中，中心城是上海的政治、经济、文化中心，也是上海市城镇体系的主体，包括外环线以内地区；新城是指由区（县）政府所在城镇，或依托重大产业及城市重要基础设施发展而成的中等规模城市，规划建设11个新城，分别是宝山、嘉定、松江、金山、闵行、惠南、青浦、南桥、城桥及空港新城和海港新城；中心镇是由市域范围内分布合理、区位条件优越、经济发展条件较好的集镇，依托产业发展而成的小城市，规划建设22个左右中心镇；集镇由现有建制镇根据区位、交通、资源条件等适当归并而成，规划建设80个左右。中心城将向“多心、开敞”的布局结构转变，建设“一主四副”的架构，“一主”为浦东小陆家嘴及浦西外滩，“四副”即四个城市副中心，分别是：位于上海西南部地区，定位于文化、体育、商业产业的徐家汇城市副中心；位于上海东北部地区，定位为知识创新的江湾——五角场副中心；位于上海西北部地区，服务于长三角的真如城市副中心；位于浦东地区，定位为浦东新区行政文化中心的花木城市副中心。

三、郊区化的历史原因

郊区化是城市化发展进程中的一个重要阶段，也称城市郊区化，是指厂商的生产经营活动和家庭的居住就业由城市中心区向城市郊区迁移的过程。郊区化与城市土地利用模式相关联，一方面，单中心城市的土地利用模式显示，城市中心区的主要功能是商务活动和生产活动，居民对城中心土地的竞价低于产业投资者，这就促使城中心的居住功能相对减弱，人们选择在城市边缘地带居住，从而推动了郊区化过程。另一方面，在交通技术进步、城市问题加剧、经济社会发展等因素的共同作用下，郊区化不断深入和扩展，不仅人口居住郊区化，而且产业活动也向郊区转移，逐渐在郊区形成新的生产生活中心，促使单中心城市向多中心城市转变。

18世纪，伦敦就经历了早期郊区化过程，当时，一些比较富裕的商人和银行家开始在伦敦中心区工作而在郊区居住，这种趋势日益明显，导致伦敦中央商务区的居住人口锐减。1950年前后，西方许多发达国家开始了明显的现代郊区化过程，根据奥沙利文《城市经济学》提供的数据，从1948年到1990年，美国城市中心区的人口占比由64%下降到39%，制造业就业占比由67%下降到45%，服务业就业占比由85%下降到52%，充分表明人口和就业逐渐由城市中心区向郊区转移和分散。

下面分别从制造业、办公业、零售业以及家庭的角度，探讨郊区化的历史原因。

资料卡

城市郊区化与郊区城市化的区别

城市郊区化——厂商的生产经营活动和家庭的居住就业由城市中心区向城市郊区迁移的过程，其本质是人口和经济活动的离心扩散导致城市郊区得以发展。通常从人口和居住郊区化、经济活动郊区化、生活空间郊区化等方面设置指标予以评价和测度。

郊区城市化——城市中心区以外的乡村区域的城市化过程，属于城市化的重要组成部分，是城市化过程刚刚起步尚未实现阶段的现象，其本质是郊区转变为城市或者城市的一种向心增长。通常从城镇的数量和分布、人口城市化、产业结构城市化、居民生活城市化等方面设置指标予以评价和测度。

(一) 制造业郊区化的历史原因

制造业郊区化的历史原因，主要来自技术进步引发的交通运输方式和生产方式变革，具体来说包括卡车、小汽车、飞机的普遍使用以及生产流水线和单层工厂的出现。

卡车出现之前，制造商依靠四轮马车实现城市内运输，依靠铁路或轮船完成城市间运输，为了节省运输成本，制造商通常靠近火车站或港口选址。1910年起，美国的制造商开始使用卡车进行市内运输，与四轮马车相比，卡车运输既便宜又快捷，当时，马车的运输价格是33美分/吨英里，而卡车只要15美分/吨英里，费用大约是马车的一半，速度却是马车的两倍。卡车的使用之所以能够促使制造业郊区化，原因在于：单中心城市中，火车站设在城中心，制造商为了节省运输费用而靠近火车站，也就是靠近城中心选址，而使用卡车大大降低了货物的运输成本，使城中心的吸引力大为减弱，地租便宜的郊区就显得更有竞争力。卡车在市内使用二十多年之后，随着州际公路系统的全面开发，制造商逐渐将其用于城市之间的运输，由于卡车运输能够实现门对门，因而比火车和轮船更有竞争力。当卡车不仅用于城市内部运输，而且广泛用于城市之间运输时，制造商对火车站或港口的依赖进一步减弱，转而青睐靠近高速公路的郊区，制造业郊区化因此加快。

19世纪末20世纪初，欧洲和美国诞生了一系列著名的汽车公司。1914年，福特汽车公司使用一种新的生产技术和组织方式——流水线生产，将汽车工业推向大批量生产的时代，从此，汽车走入了千家万户。在交通系统呈轮毂辐条状的单中心城市中，制造商靠近城中心选址，工人分散居住在城市各处，乘坐电车经辐条通勤最为便捷。小汽车得到普遍使用后，工人驾驶小汽车可以方便地到达任何区位，制造商即使在郊区选址，也不会影响工人通勤的便捷，如果选址点靠近高速公路，道路通畅，工人通勤时间会更短。

同一时期，飞机被发明出来，成为现代社会不可或缺的运输工具，深刻改变和影响了人类的生产和生活。飞机的使用必须配合机场的建设，鉴于机场占地面积较大、飞机起飞降落有特殊要求以及对周围生态环境有副作用，机场通常都建在郊区，这样一来，对于需要大量空运产品或原料的制造商来说，在郊区机场附近选址既节省了土地成本，又减少了机场至工厂之间的运输成本。

20 世纪早期，制造业的动力来源由蒸汽机变为电机，每台机器上的电机自成一体，一方面使工厂布局可以分散化，选择余地增大，另一方面出现了产品输送带和组装线，生产流水线加上叉车的普遍使用，迫使制造商建造单层工厂。因为单层工厂占地面积较大，考虑到郊区相对较低的土地成本，制造商纷纷在郊区选址落户，制造业郊区化的趋势增强。

（二）办公业郊区化的历史原因

对于办公业而言，城市中心区的确具有强大的吸引力，这是因为办公业从事的是信息交流，严重依赖面对面接触和沟通，同时各种社交活动频繁，城中心便捷的交通、完善的设施、配套的服务、高涨的人气等都为交流、沟通、会面提供了有利条件。此外，众多业务上有关联的公司在城中心集聚，可以实现中间投入品的规模经济，从而降低成本，获取集聚经济。因此，办公业具有在城中心选址的内在动力，也正因为如此，20 世纪 70 年代之前，大部分办公业都位于城市中心区。

随着办公业规模的增大、业务种类的增多以及城中心地价的日益高昂，办公业公司开始将其业务分为城市中心区业务和郊区业务两个部分，日常的数据处理和文字工作逐渐被转移出昂贵的城市中心区办公室，迁至郊区，而其他对社交需求较高的业务仍然留在城中心。以美国为例，20 世纪 70 年代开始，办公业迅速郊区化，数据显示，整个 70 年代期间，美国郊区办公业就业增长了 116%，而城中心办公业就业只增长了 15%。

从理论上来说，当城中心便于与其他公司接触的区位优势逐渐被高租金的区位劣势所抵消时，办公业公司的理性选择必然是通过转移一部分对社交需求不高的业务来减少对办公室面积的需求，以节省租金。从技术角度上来说，通信技术进步产生了新的沟通方式，一定程度上减少了面对面接触的必要性，使城市中心区的吸引力下降。例如，E-mail 出现之前，当会计师事务所为其在 CBD 的客户做一份收入报告时，为了便于获取数据并能及时送达报告，会计师事务所为靠近客户也在 CBD 选址。E-mail 的出现使通过电脑传送数据和报告成为可能，会计师事务所完全可以在郊区选址，以节省 CBD 的高租金。又如，音频和视频技术的问世使电视会议、电话会议成为可能，也在一定程度上替代了面对面交流。然而需要指出的是，再先进的通信技术也不能传递触觉信息，同时，面对一些较为复杂的问题，最终还得依靠会面来解决。因此，先进的通信方式不可能完全替代面对面交流沟通，这也就意味着办公业不可能完全郊区化。事实上，办公业中的谈判、设计、营销等业务活动一直都留在 CBD。

（三）零售业郊区化的历史原因

零售商之所以选择在郊区布局，主要基于如下考虑：其一，商业活动要满足顾客的消费需求，必然以市场为导向，哪里人多，哪里有需求，商场就在哪里落户。因此，随着郊区人口数量增加，对零售商品的需求相应提高，郊区商场数量必然增加。可见，居民人口和日间人口的郊区化促使零售业向郊区发展和迁移。其二，对于那些顾客要经过仔细比较和挑选才购买的商品，或具有一站式购物特点的商品，存在购物的正外部性，大量商店集聚在一起可以实现这种正外部性，因此，郊区的大型购物商场大量涌现。其三，小汽车的普及使购物更加机动灵活，因为能驾车方便地到达任何地点，消费者完全可以去郊区购物，郊区便宜的租金和仓储式的商场布局使商品价格具有吸引力，同时，宽敞的停车空间也便于顾客停车。

（四）家庭郊区化的历史原因

家庭郊区化的历史原因是多方面的，其中直接原因是一些家庭跟随雇主迁往郊区，也即就业郊区化导致家庭郊区化，除此之外，经济的、社会的、政策的因素都在家庭郊区化的过程中发挥着重要作用。

从经济方面寻找原因，一是实际收入增加，二是通勤成本下降。家庭实际收入增加通常会产生两种效应，分别是土地消费效应和机会成本效应。土地消费效应是说土地属于正常商品，随着家庭实际收入增加，对土地的消费量也增加，相对于城市中心区而言，郊区的土地更为便宜，因此，家庭倾向于居住在地价便宜的郊区。机会成本效应是指家庭实际收入增加意味着通勤的机会成本提高，对于工作场所在城中心的人而言，为了节省通勤时间从而减少通勤的机会成本，倾向于在城中心居住。可见，严格地讲，家庭实际收入增加对人口郊区化的影响并不确定，对于那些就业地点在城中心的家庭来说，只有当土地消费效应超过机会成本效应时，家庭实际收入增加才会导致人口郊区化。通勤成本包括货币成本和时间成本，从马车到电车再到小汽车，最后到四通八达的公路网络，交通技术不断进步，大大缩短了人们的出行时间，从而降低了通勤成本，使人们可以住得更远些。

资料卡

冯·斯威林根兄弟自费修建电车系统

20世纪初，美国的冯·斯威林根兄弟在俄亥俄州的克利夫兰购买了大块未开发土地，并预期政府会将电车系统扩展到他们所购买的土地上，从而获得土地升值的利润。当得知政府并不如其所愿将电车系统延伸过来时，兄弟俩大胆决定自掏腰包在其地块上修建电车系统。这一举措的效果是：由于交通便利，兄弟俩的土地价值由1900年的24万美元上升到1930年的8 000万美元。这个例子足以表明交通状况对土地价值的重要性，也从侧面说明交通状况和通勤成本是家庭选址时主要考虑的因素。

从社会角度寻找家庭郊区化的原因，就要考察城中心不断凸显的各种社会问题。西方国家的城市中心区通常存在如下一些问题：由于开发较早，住房陈旧破损；低收入家庭居多，从而财政负担沉重；犯罪率高；学校教学质量差等等。大量实证研究表明，但凡家庭郊区化过程快的城市，城中心都有相对破旧的住宅、相对高的税负、相对多的低收入家庭，同时，犯罪率高、教育支出低。美国20世纪50—60年代期间，大批黑人家庭涌入城中心，这些人要么长期失业，要么收入很低，同一时期，很多高收入的白人家庭迁移出城中心，导致城中心税基减少，财政负担过重，反过来加剧了更多的高收入家庭郊区化。低收入家庭居住在城中心，高收入家庭居住在郊区，成为美国大城市具有代表性的居住模式。

从公共政策上寻找原因，则不能不说到政府。政府出资修建郊区高速公路，这会通过降低通勤成本来提高郊区的吸引力。政府对房屋所有者的各项补贴政策会刺激家庭增加住房消费，相对便宜的郊区住房也因此备受青睐。例如，20 世纪 30 年代，美国联邦政府就通过提高房屋贷款年限、免除家庭住房贷款利息、降低预付款等政策，鼓励家庭拥有住房所有权，土地价格低廉的郊区住房把家庭拉向郊区，促进了家庭郊区化。

资料卡

人口密度梯度

单中心城市的一个显著特征是离城中心越远，人口密度越小，表明人口密度随位置的不同而变化。人口密度梯度反映了人口密度变化的程度。如果距城中心 1 公里处人口密度为 300 人/平方公里，2 公里处为 200 人/平方公里，3 公里处为 100 人/平方公里，换句话说，每离开城中心 1 公里，人口密度减小的数量相同，那么，从 1 公里处到 3 公里处的人口密度梯度就等于 1。如果 3 公里处人口密度为 150 人/平方公里，则人口密度梯度为 0.5，如果 3 公里处人口密度是 50 人/平方公里，则人口密度梯度就为 1.5。梯度越大说明人口密度变化的程度越大。如果远离城中心，人口密度梯度呈下降趋势，则能在一定程度上反映人口的郊区化现象。

资料卡

20 世纪 70 年代美国的重返城中心现象

随着家庭郊区化，美国的居住区位模式出现了一种趋势，即富裕家庭居住在郊区，贫困家庭居住在城中心。20 世纪六七十年代起，情况似乎有所变化，一些富裕家庭购买翻修装饰后的城中心住房，选择在城中心居住，这一现象也被称作绅士化运动。这是否表明富裕家庭开始青睐城中心住房，从而使居住的区位模式发生改变呢？研究发现，城中心被翻修的住房数量相对较少，30 个大城市中被翻修住房数量占住房总量不足 0.5%。并且大多数家庭是从城中心其他区位迁来的，而不是从郊区迁到城中心。翻修者通常是那些年轻富裕、受教育程度高、独身或孩子少的家庭，不具有代表性。因此，重返城中心现象并没有改变美国的居住区位模式。

四、城市蔓延的前因后果

城市蔓延历来就是一个有争议的话题，“蔓延”一词也赋予了该话题一定的感情色彩。什么是城市蔓延？城市蔓延的原因何在？结果如何？

城市蔓延是二战后西方城市普遍出现的一种土地扩张现象，然而，它不是一般意义上的土地扩张，而是被描述为一种无计划的、分散的、低密度的、依赖交通的、公共设施服务效率低下的盲目扩张。美国被公认是城市蔓延出现最早也最典型的国家，20 世纪 70 年代，美国经济在经历了黄金发展时期之后，普通民众的收入水平提高，加上小汽车的进一步普及，使先前没有能力居住在郊区的家庭也有能力在郊区购买住房。而那些最早就迁往郊区的高收入家庭，则选择在更远的郊区居住。到了 80 年代，人口、居住、工业、办公业郊区化的趋势越发突出，进一步导致了对远郊土地的开发与利用。

在关于城市蔓延的研究文献中，经常能看到下列术语和说法：多中心城市结构、低密度、就业分散化、城市土地使用的单一化、分散式开发、蛙跳式开发、空地断裂、城市与乡村之间边界模糊、没有尽头的城市等等，这些都是从不同角度对城市蔓延的形象描述。如果抛开蔓延一词的感情色彩，单纯从技术角度上将城市蔓延理解为城市土地扩张，那么，城市蔓延通常采取的土地开发方式有三种：填实空隙、扩展延长、蛙跳式开发。填实空隙在英文文献中称作“infill”，实际上是对城市内部未开发土地的一种开发利用；扩展延长称作“extension”，是向城市外围未开发用地的延伸扩散，类似于所谓“摊大饼”的意思；蛙跳式开发称作“leapfrog”，显然是一种非连续的开发方式。度量城市蔓延时，通常关注四个方面指标的变化：城市建成区总面积、城市人口密度、空地的断裂程度、城市的紧密程度。其中，城市人口密度是度量城市蔓延的最重要的指标，如果人口密度下降，通常表明城市土地面积的增加超过了城市人口数量的增加，即发生了城市蔓延。美国城市的人口密度普遍低于欧洲城市，根据奥沙利文《城市经济学》提供的数据，德国的人口密度是美国的 4 倍，法兰克福的人口密度是纽约的 3 倍。美国佐治亚州的最大城市亚特兰大与西班牙第二大城市巴塞罗那的人口总量相差不多，人口密度却相差很大，1990 年，巴塞罗那的人口密度是 171 人/公顷，亚特兰大只有 6 人/公顷。

城市蔓延的原因是多方面的，从经济角度讲，当城市居民实际收入水平提高后，会增加对正常商品的需求，包括对土地的需求。因此，收入越高，土地消费量越大，随着土地消费的不断增加，城市土地必然要向外扩张。从技术角度讲，交通运输技术的不断进步和先进通信手段的问世，大大降低了人们的出行成本和货物的运输成本，也在一定程度上减少了会面的必要，使得厂商和居民可以远离城中心而郊区化，从而推动了城市蔓延。从文化角度讲，具有不同文化的城市、不同文化背景的城市居民，对移民和住房空间的偏好不同，会导致城市人口变化和土地扩张速度有所差异，从而影响到城市蔓延。例如，如果市民对外来人口持不欢迎态度，同时对住房空间的要求较高，那么，在这样的城市中，人口增长可能比土地增长更慢，从而人口密度较低，城市蔓延显著。从政策角度讲，如果政府出台优惠政策鼓励居民购买住房，比如美国的住房抵押补助金政策，为购房者的抵押贷款利息提供补贴，势必刺激住房消费，从而增加土地消费，加速城市蔓延。从地理角度讲，城市蔓延毕竟是一种实实在在的土地扩张，地理上的可行性决定了土地扩张的方向、范围、方式、难易程度，是制约城市蔓延的重要外在因素。

城市蔓延的后果也是多方面的，从度量城市蔓延的四个方面的指标变化看，随着城市土地扩张，城市建成区总面积增加，人口密度下降，同时，空地断裂程度加剧，城市紧密程度减弱。如果单纯考察城市建成区面积和人口密度的变化，那么，城市蔓延的后果就将仅停留在技术层面上，突出表现为家庭占用更多的土地面积、更多地开车出行等。然而，如果将城市土地扩张过程中空地的断裂程度和城市的紧密程度考虑进去，城市蔓延的后果就变得不平常，甚至可以说比较严重，蔓延一词的感情色彩也随之体现出来。首先，城市蔓延如果采取对城市边缘地带非连续的开发方式，不断跳跃式向四周蔓延，必然会对城市边缘的农业用地和绿地产生影响，有可能造成侵蚀农田和湿地、损失土地资源的不利后果，并进一步破坏生态环境。虽然目前尚没有证据表明城市蔓延导致了农地或农产品短缺，然而，城市蔓延对农业用地的影响还是存在的。其次，城市蔓延过程中，对新的土地利用采取单一用途、空间相互隔离的方式，因此，新形成的各功能区在距离上相去甚远，必须借助机动车才能实现各功能区之间的通行，导致对机动车的高度依赖，从而引发了交通出行、空气质量、公众健康等方面的一系列问题。再次，从城市规划角度看，城市蔓延缺乏整体规划，尽管同一城市内部不同辖区有各自的设计，但相互间缺乏协调，导致城市向各方向发展的速度和规模不尽相同，最终呈现出松散不紧凑的无序状态。最后，城市蔓延导致中高收入阶层居住在近郊和远郊，各种资源和就业机会也随之离开城市中心区，中高收入阶层与低收入阶层空间上的隔离，加剧了城中心的贫困和衰败。

正因为如此，20 世纪 70 年代，城市蔓延受到来自各方面的攻击：政府认为低密度开发的财政支出过高；交通专家指出城市交通距离过远；规划学者责难城市用地效率过低，低密度的开发也导致人与人之间缺乏交流，社区亲和性和安全感不足；环保人士指出空地被侵蚀，生态环境遭到破坏；设计师提出社区面貌呈高度一致性，艺术性和美感不足……各方人士聚集到一起，发出一个声音——抑制城市蔓延。在这一思想主导下，一种旨在寻求更为有效的土地利用模式的新城市发展理念被提了出来，冠以“新城市主义”的称谓，“精明增长”、“理性增长”、“簇团开发”和“容纳式城市发展政策”等都是这一理念的不同体现和表述方式。

资料卡

哪些城市的城市蔓延不显著？哪些显著？

富尔顿、潘德尔、阮、哈里森四位学者 2001 年对美国城市人口密度和城市蔓延进行了研究，总结出一些特征，包括：第一，人口规模既定时，增长快的城市与增长慢的城市相比，会使更多的土地城市化，从而导致人口密度降低，但这些增长较快的城市，城市蔓延并不显著。第二，人口稠密的大城市，诸如纽约、洛杉矶、芝加哥等，人口密度高，城市蔓延不显著。第三，外国居民占比较大的城市，人口密度高，城市蔓延不显著。第四，老龄居民占比较大的城市，城市蔓延不显著。第五，拥有完善的公共基础设施的区域，城市蔓延不显著。第六，学区支出严重依赖地方收入的城市，人口密度低。第七，拥有较多地方政府的区域，城市蔓延显著。第八，实行增长管理的城市，城市蔓延显著。第九，地理上受到限制的城市，人口密度高，城市蔓延不显著。第十，基本农田丰富的区域，与其他区域相比，人口密度高，城市蔓延不显著。从上述研究结论中注意到，城市蔓延显著与否受众多因素的影响，从其中的第六、第七、第八条结论能够推测，地方政府税收、数量及对增长的控制对城市蔓延具有较大影响。

资料卡

精明增长

"精明增长"(smart growth) 的概念是由美国人提出的。面对城市越"跑"越远、能耗越来越大的状况，2000 年，美国规划协会联合 60 家公共团体，组成所谓的"美国精明增长联盟"，正式提出了精明增长的概念。作为应对城市蔓延的一项综合性发展策略，精明增长主张填实空隙 (infill) 式的发展模式，强调用足城市存量空间和城市内部废弃土地。同时要求土地混合使用，将居住、商业及公共服务设施混合布局在一起，提供多样化的交通出行方式，鼓励公共交通。总之，高密度、紧凑、集聚是精明增长的典型特征。

本章小结

1. 地租是指土地所有者将土地使用权交由他人时收取的租金，土地价格是指土地所有者出让土地所有权时的价格，城市经济学中通常对地租与土地价格这两个概念不加以严格区分。

2. 影响地租或土地价格的决定性因素是土地肥力与土地位置。

3. 土地肥力指土地的肥沃程度，土地越肥沃，生产农作物的平均成本就越低，经济利润就越大。在完全竞争市场的均衡状态下，经济利润成为地租，所以，土地越肥沃，地租越高，这一思想被称作"剩余原理"。

4. 土地位置是指土地的可达性，土地越靠近市场或交通枢纽，产品运输成本越低，地租越高，这一关系可以通过地租函数 $R=(PQ-TC-tQX)/A$ 体现出来，其中 X 代表土地位置，R 是单位面积地租，tQX 是运输成本。

5. 如果存在要素替代，厂商地租函数曲线表现为凸性，越靠近交通枢纽或城中心，地租越高，且地租的增加量呈递增趋势。

6. 20 世纪之前，城市的主流形式是单中心城市，城市只有一个中心，该中心内产业集聚，人口密度明显高于其他区位。

7. 运用制造业和办公业凸性地租函数曲线斜率的差异，可通过图形形象地将 CBD 土地分为办公业区和制造业区。

8. 零售商通常依据其市场区大小进行选址，单中心城市轮毂辐条状的交通系统使得零售商倾向于在城中心核心地带选址并集聚，形成商业区。

9. 单中心城市在发展过程中逐渐暴露出一系列问题，从 19 世纪中后期开始，很多国家的大城市纷纷由单中心向多中心转变，在此过程中，郊区化和城市蔓延是两个较为突出的现象。

10. 1944 年的“大伦敦规划”促使伦敦城多中心化，美国的郊区次中心和边缘城市体现了单中心城市向多中心城市的转变，北京建设“两轴—两带—多中心”的城市空间结构，上海致力于形成由“中心城—新城—中心镇—集镇”组成的多层次的城镇体系，中心城也将向“多心、开敞”的布局结构转变，打造四个城市副中心。

11. 郊区化是城市化发展进程中的一个重要阶段，随着人口居住和产业活动郊区化，逐渐在郊区形成新的生产生活中心，促使单中心城市向多中心城市转变。

12. 制造业郊区化的历史原因，主要来自技术进步引发的交通运输方式和生产方式变革；办公业郊区化源于通信技术进步产生了新的沟通方式，一定程度上减少了面对面接触的必要性，使城市中心区的吸引力下降；零售业郊区化主要基于人口郊区化带来的市场需求的区位变化；就业郊区化导致家庭郊区化，同时，经济、社会、政策因素也发挥着重要作用。

13. 城市蔓延是二战后西方城市普遍出现的一种土地扩张现象，通常被描述为一种无计划的、分散的、低密度的、依赖交通的、公共设施服务效率低下的盲目扩张。城市蔓延一般采取填实空隙、扩展延长、蛙跳式开发等方式，城市人口密度是度量城市蔓延的最重要的指标。

14. 城市蔓延的原因是多方面的，可以从经济、技术、文化、政策、地理可行性角度予以解释。城市蔓延会导致农业用地、交通出行、空气质量、公众健康、城中心衰败等方面的一系列问题。

思考题

1. 影响土地价格（地租）的因素有哪些？
2. 如何建立制造业和办公业地租函数？
3. 比较线性地租函数曲线与凸性地租函数曲线。
4. 如何推导单中心城市 CBD 土地在制造业和办公业之间的分配？
5. 发达国家郊区化的历史原因有哪些？
6. 什么是城市蔓延？城市蔓延有哪些原因和后果？

参考文献与补充阅读

1. 宋涛. 政治经济学教程. 10 版. 北京：中国人民大学出版社，2013.
2. 阿瑟·奥沙利文. 城市经济学. 4 版. 北京：中信出版社，2003.
3. 阿瑟·奥沙利文. 城市经济学. 6 版. 北京：北京大学出版社，2008.
4. 谢鹏飞. 阿伯克隆比与英国早期区域规划. 中国勘察设计，2011 (5)：75 - 78.

5. William F, Rolf P, Mai N, et al. Who Sprawls Most? How Growth Patterns Differ across the U. S. Washington, D. C.: The Brookings Institution, 2001.

6. Ewing R. Is Los Angeles-Style Sprawl Desirable. Journal of the American Planning Association, 1997, 63 (1): 107－126.

附录

1. 完全竞争市场的均衡

完全竞争市场上，厂商具有如下特点：数量众多，规模很小，无进入或退出行业的障碍，拥有完全信息，产品同质。厂商出售产品的价格由整个市场的供给和需求决定，均衡状态下，厂商经济利润为零。图 2－7 中，在完全竞争市场上，市场供求决定的产品价格为 p^*，这也是产品的边际收益 MR。边际成本与平均成本分别为 MC、AC，根据 $MR=MC$ 的原则，单个厂商的最佳产量为 q^*，由于在 q^* 处，AC 小于 p^*，所以图中显示厂商有利润（斜划线表示的矩形部分）。如果将图形看作均衡状态下的情形，同时，AC 为非土地成本，那么利润就表现为土地成本即地租。

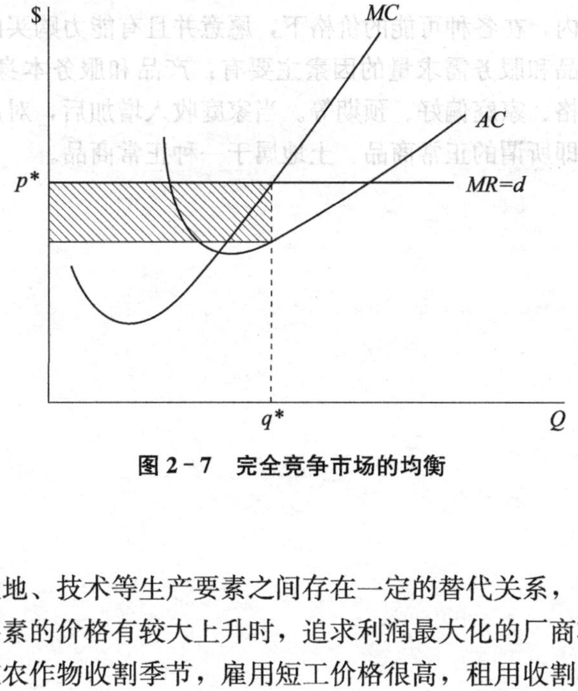

图 2－7　完全竞争市场的均衡

2. 要素替代

资本、劳动、土地、技术等生产要素之间存在一定的替代关系，当一种生产要素的价格相对于其他生产要素的价格有较大上升时，追求利润最大化的厂商将以其他要素来替代这一要素。例如，在农作物收割季节，雇用短工价格很高，租用收割机相对便宜，农场主会选择用收割机来代替短工，即用资本替代劳动。同样，当地租较高时，厂商会用其他要素如资本来替代土地。有些情况下，要素替代相对容易实现，有些情况下则较为困难。

3. 土地供给与需求曲线

家庭是土地要素的供给者，厂商是土地要素的需求者。从社会整体的角度考虑，土地资源是既定的；从微观个体的角度考虑，家庭保留自用土地的比例一般比较小，可视为零，换句话说，家庭将供给其全部土地。因此，土地供给曲线垂直于数量轴。作为一种正常商品，土地的需求曲线向右下方倾斜。如图 2－8 所示，图中纵坐标 R 表示地租，横坐

标 Q 为土地数量。

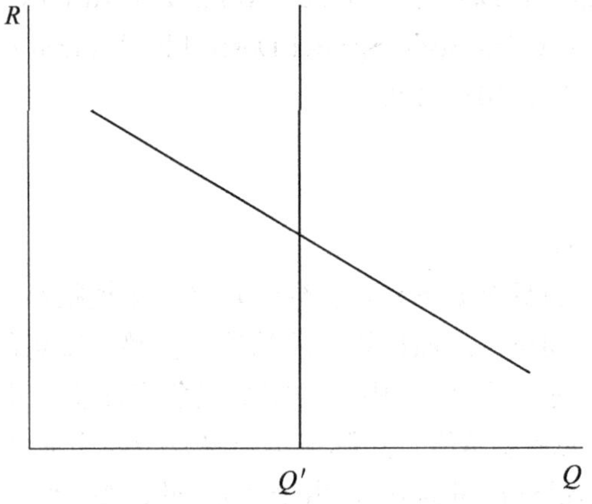

图 2-8　土地供给和需求曲线

4. 正常商品

家庭在一定时期内，在各种可能的价格下，愿意并且有能力购买的产品和服务的数量称作需求量。影响产品和服务需求量的因素主要有：产品和服务本身的价格、家庭收入、相关产品和服务的价格、家庭偏好、预期等。当家庭收入增加后，对产品和服务的需求量增多，该产品和服务即所谓的正常商品。土地属于一种正常商品。

第三章

城市经济学之微观篇——厂商与家庭的区位选择

导读

本章探讨两个微观经济主体——厂商与家庭的区位选择问题。工厂在何处选址取决于工厂的类型。中间区位原则是运输导向型工厂选址的基本思路，运输成本最低是根本目标。资源导向型工厂靠近投入品产地，市场导向型工厂靠近市场。地方投入导向型工厂则靠近地方投入所在地。住房价格曲线反映了住房位置对房租的影响，消费者选择理论从理论上解释了家庭的住房选择过程，七大因素从实践上解释了这种选择。

3.1 厂商的区位选择

第一章 1.1 节从经济学的角度解释了工业型城市的产生，概括来讲，生产的规模经济使大规模工厂生产相对于小规模家庭生产而言更具有优势，当越来越多的人口围绕工厂集聚时，工厂选址点就逐渐演变为工业型城市。本节的着眼点是工厂在何处选址，它一方面属于厂商的区位选择问题，另一方面也回答了工业型城市在何处形成。

为了清楚起见，我们将工厂分为两大类：运输导向型与地方投入导向型。对于运输导向型工厂来说，运输成本在产品成本中占有较大比例，是影响工厂区位选择的最重要的因素。对于地方投入导向型工厂来说，因为拥有无法有效地从一个地区运往另一个地区的投入，如能源、劳动、中间投入品、地方公共服务等，所以，靠近地方投入选址是其根本原则。

一、运输导向型工厂的区位选择

运输导向型工厂区位选择的最重要的影响因素是运输成本，运输成本包括把投入品从产地运送到工厂的成本和把产成品从工厂运送到市场的成本。

为了使问题简单化，首先假设工厂只有一个投入品产地和一个产成品市场，生产一种产品，总收益和生产成本固定不变，需要运输的对象包括产成品和一种投入品，此时，运输成本最小意味着利润最大，追求利润最大化的工厂以运输成本最小为原则进行区位选择。根据工厂投入品和产成品运费的差异，将运输导向型工厂进一步分为资源导向型和市场导向型。

（一）资源导向型工厂的选址

以家具生产为例，假设家具生产过程中使用5吨木材，生产出4吨家具，木材和家具的运输价格相同，均为10元/吨公里，制表3-1如下。

表3-1　　家具厂的运费

	木材（投入品）	家具（产成品）
物理重量（吨）	5	4
运输价格（元/吨公里）	10	10
运费（元/公里）	50	40

从表3-1可知，家具厂运输木材的成本为50元/公里，运输家具的成本为40元/公里，家具厂将在何处选址？下面运用简单的数学方法来解答这个问题。假设木材产地（森林）与家具销售市场相距 d 公里，工厂在距森林 X 公里处选址，计算总运输成本 Y 如下：

$$Y=50X+40(d-X) \tag{3-1}$$

化简整理得：

$$Y=40d+10X \tag{3-2}$$

易知当 $X=0$ 时，Y 取值最小，即当工厂在森林处选址时，运输成本最低。换句话说，将工厂设在木材产地，运输家具到销售市场，能使运输成本最小，从而利润最大。

将式（3-2）绘制成图形，如图3-1所示，图中横坐标为距离 X，纵坐标为运输成本 Y，原点代表森林处，假设 d 为10公里。由该图可知，家具厂在森林处选址运输成本最低，在家具市场选址运输成本最高。

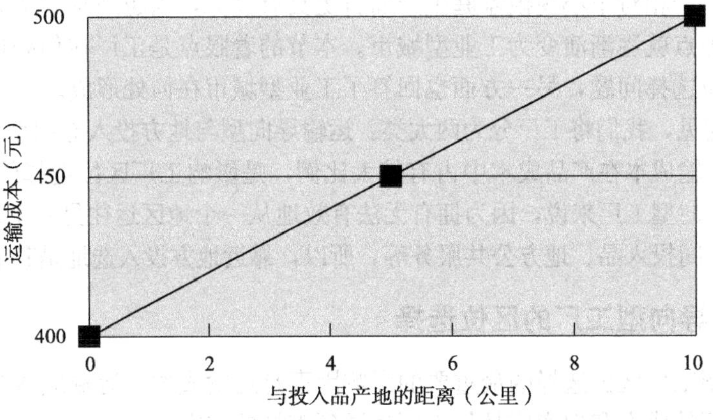

图3-1　家具厂选址

家具生产过程中，产成品家具的物理重量相对于投入品木材而言减少了，属于所谓失重型生产。家具厂选址的例子表明，从事失重型生产的工厂，应靠近投入品产地选址。同类型的例子还有：制糖厂靠近甜菜产地选址、矿石加工厂在矿山附近选址、葡萄干加工厂紧邻葡萄产地等。除了具有失重型生产特征的工厂外，投入品运输价格较高的生产活动通常也会靠近投入品产地选址，例如棉花加工和水果罐头生产，前者靠近棉花产地的原因是作为投入品的棉花体积较大，运输价格高，后者靠近水果产地的原因是作为投入品的水果容易腐烂，运输价格高。投入品运输价格高的工厂，靠近投入品产地选址，显然能够节省运输成本。

投入品物理重量大于产成品物理重量，或投入品运输价格高于产成品运输价格的工厂，称为资源导向型工厂。对于资源导向型工厂而言，由于投入品单位里程的运输成本较高，为了节省运输成本，工厂在投入品产地附近选址。

(二）市场导向型工厂的选址

以灌装软饮料为例，假设使用 1 吨糖灌装出 2 吨软饮料，糖和软饮料的运输价格相同，均为 10 元/吨公里，制表 3-2 如下。

表 3-2　　软饮料灌装厂的运费

	糖（投入品）	软饮料（产成品）
物理重量（吨）	1	2
运输价格（元/吨公里）	10	10
运费（元/公里）	10	20

从表 3-2 可知，灌装厂运输糖的成本为 10 元/公里，运输软饮料的成本为 20 元/公里，灌装厂将在何处选址？显然，将工厂设在软饮料市场，运糖到工厂，能使运输成本最小。可以运用数学方法加以证明：设糖产地与软饮料市场相距 d 公里，工厂在距糖产地 X 公里处选址，计算总运输成本 Y 如下：

$$Y=10X+20(d-X) \tag{3-3}$$

化简整理得：

$$Y=20d-10X \tag{3-4}$$

易知当 $X=d$ 时，Y 最小，即当工厂设在产成品市场时，运输成本最低。

将式（3-4）绘制成图形，如图 3-2 所示，图中横坐标为距离 X，纵坐标为运输成本 Y，原点代表糖产地，假设 d 为 10 公里。由该图可知，灌装厂在软饮料市场选址运输成本最低，在糖产地选址运输成本最高。

软饮料生产过程中，产成品软饮料的物理重量相对于投入品糖而言增加了，属于所谓增重型生产。软饮料灌装厂选址的例子表明，从事增重型生产的工厂，通常靠近产成品市场选址。那些经过浸泡、腌制、加工后重量增加的产品，多属于这种情况。实际经济中，汽车组装、糕点烘烤、武器加工等虽然不是增重型生产，但也靠近产成品市场选址，原因在于：汽车组装后，相对于零部件而言，产品体积增大，不易运输；烘烤后的糕点不易保

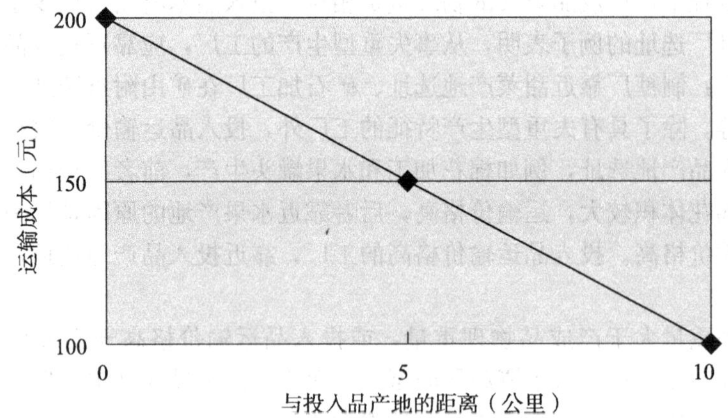

图 3－2 软饮料灌装厂选址

存，容易变质；武器加工相对普通产品生产较为危险。这些原因导致汽车、糕点、武器的运输价格高，靠近产成品市场选址能节省运输成本。

产成品物理重量大于投入品物理重量，或产成品运输价格高于投入品运输价格的工厂，称为市场导向型工厂。对于市场导向型工厂而言，由于产成品单位里程的运输成本较高，为了节省运输成本，工厂在产成品市场附近选址。

以上分析了工厂面临一个投入品产地和一个产成品市场的情形，下面运用中间区位原则，进一步考察工厂拥有多个投入品产地和多个产成品市场时的选址思路。

（三）中间区位原则

当工厂拥有多个投入品产地和多个产成品市场时，又该如何进行区位选择呢？此时，可遵循中间区位原则进行选址。所谓中间区位是指这样一个位置，离开该位置后，工厂的运输成本将增加。如果以所有投入品和产成品的单位里程运输成本作为衡量指标，对于典型的中间区位，有一个直观的判定方法，即在该区位两侧，单位里程运输成本之和相等。典型的中间区位通常处于中间位置，如图 3－3 和图 3－4 中的 M 点所示。

图 3－3 中间区位 M（AB 为道路）

图 3－3 中，假设 A、B、M 是工厂的三个市场所在地，同时假设 AB 道路上各处都存在无差异的投入品，因此，不考虑投入品的运输成本，产成品的运输价格为 10 元/件公里，即运输 1 件产成品每公里需 10 元，如果 A、B、M 市场的需求量分别为 10 件、10 件、8 件，那么可知，对于 A 市场来说，产成品的单位里程运输成本是 100 元/公里，同理，B 市场、M 市场上产成品的单位里程运输成本分别为 100 元/公里和 80 元/公里。此例中，M 点是典型的中间区位，其东西两侧单位里程运输成本相同，均为 100 元/公里。工厂在 M 点选址会使总运输成本最低。如果离开 M 点向东移动 1 公里，运输成本因分别远离 A 点和 M 点 1 公里而总共增加 180 元，同时因靠近 B 点 1 公里而节省 100 元，结果

净增加80元。同理，如果离开M点向西移动1公里，运输成本因分别远离B点和M点1公里而增加180元，同时因靠近A点1公里而节省100元，同样净增加80元。可见，在两个方向上离开M点，运输成本都将增加，M点就是中间区位，能够使工厂的总运输成本最低。

图3-4中，A、C是工厂的两个投入品产地，B、D是两个市场。假设对两个产地来说，投入品的单位里程运输成本均为100元/公里，即投入品由A产地和C产地运往工厂时，每公里需100元。对两个市场来说，产成品的单位里程运输成本均为50元/公里，即产成品由工厂运往B市场和D市场时，每公里需50元。在此假设下可以判断M点是中间区位，如果离开M点，分别向A或C任一方向移动1公里，运输成本净增加100元，若分别向B或D任一方向移动1公里，运输成本净增加200元，因此，M点是中间区位。

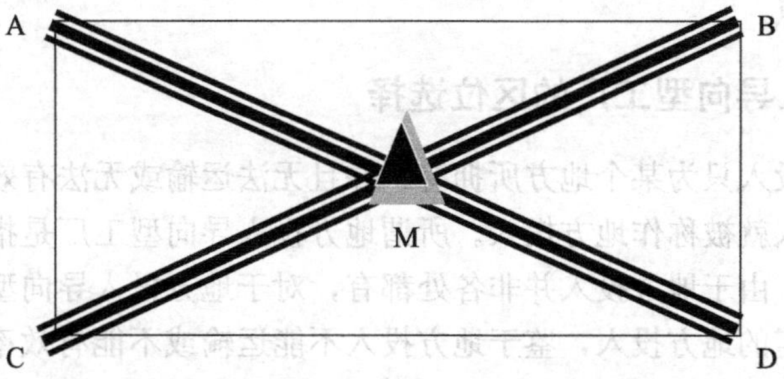

图3-4 中间区位M（AD、CB为道路）

很多情况下，中间区位并不在居中的位置上，此时，就要利用“离开该区位后运输成本将增加”的原则予以判断。例如，假设工厂在五个城市中都有市场，其中，S1、S2、S3、S4为小城市，产成品需求量均为400件，L为大城市，需求量为2 000件，产成品的运输价格为1元/件公里。显然，对于四个小城市来说，产成品的单位里程运输成本都是每公里400元，对于大城市来说则是每公里2 000元。五个城市的位置分布如图3-5所示：

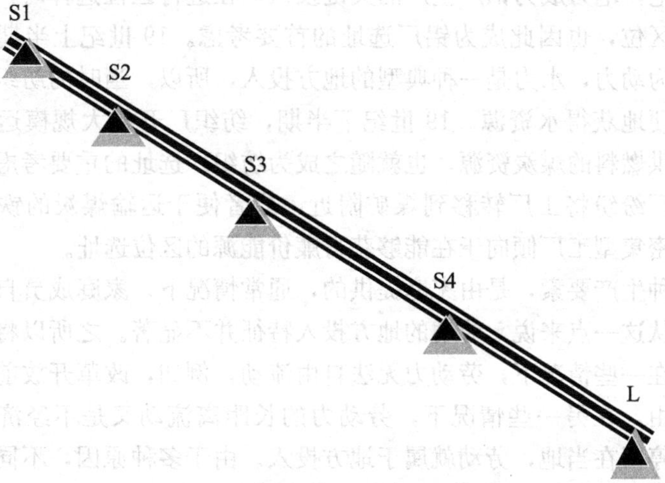

图3-5 中间区位L（S1L为道路）

根据图 3－5，如果不考虑投入品的运输成本，工厂将在何处选址？本例中没有典型的可以将单位里程运输成本一分为二的居中位置，此时，不妨先选择某个城市，计算离开该城市 1 公里，运输成本的变动情况。假设选择 S4 城，向东南方向远离 S4 城 1 公里，运输成本增加 1 600 元，节省 2 000 元，净节省 400 元。运输成本的节省表明在 S4 城选址不能使运输成本最小，同时也表明合理的选择方向应在 S4 城的东南方。假设工厂在 L 城选址，首先，向西北方向远离 L 城 1 公里，运输成本增加 2 000 元，节省 1 600 元，净增加 400 元，其次，向东南方向远离 L 城 1 公里，运输成本净增加 3 600 元。因此，按照“离开该区位后运输成本将增加”的原则，L 城就是所谓的中间区位，工厂在 L 城选址能使总运输成本最低。

实际经济中，大城市或者运输方式发生变化的中转点，通常倾向于成为中间区位，从而成为工厂的选址点。

二、地方投入导向型工厂的区位选择

如果某种要素投入只为某个地方所拥有，并且无法运输或无法有效率地运输到其他地方，那么，这种投入就被称作地方投入。所谓地方投入导向型工厂是指要素投入中地方投入占比较大的工厂。由于地方投入并非各处都有，对于地方投入导向型工厂来说，首要考虑的是能否获得所需的地方投入，鉴于地方投入不能运输或不能有效率地运输，因此，靠近地方投入产地就是最佳选择，这也是地方投入导向型工厂的区位选择原则。常见的地方投入包括能源、劳动、中间投入品、当地公共服务等，所以，现实经济中的地方投入导向型工厂主要指那些从事能源密集型生产、劳动密集型生产、扎堆选址特征明显以及对地方公共服务依赖较强的工厂。下面分别围绕能源、劳动、中间投入品、当地公共服务四类地方投入，说明地方投入导向型工厂的区位选择。

能源也称能量资源，是指人类可从其处获得热、电、光、动力之类能量的资源，通常包括煤炭、原油、天然气、水能、核能、风能、太阳能等一次能源，以及电力、热力、成品油等二次能源。能源密集型工厂的主要投入是各种能源，例如，铝厂生产 1 吨电解铝，要消耗 1.5 万度电，电力成为铝厂生产的关键投入。在进行区位选择时，电力资源丰富或输电条件优越的区位，也因此成为铝厂选址的首要考虑。19 世纪上半期之前，英国的毛纺织业以水力作为动力，水力是一种典型的地方投入，所以，当时的纺织厂多建在瀑布或溪流边上，以方便地获得水资源。19 世纪下半期，纺织厂开始大规模运用蒸汽动力，能够为蒸汽动力提供燃料的煤炭资源，也就随之成为纺织厂选址的重要考虑因素，为了获得煤炭资源，纺织厂纷纷将工厂转移到煤矿附近，或者便于运输煤炭的铁路枢纽、河道边上。总之，能源密集型工厂倾向于在能够获得廉价能源的区位选址。

劳动作为一种生产要素，是由家庭提供的，通常情况下，家庭成员自身或者说劳动力是可以流动的，从这一点来说，劳动的地方投入特征并不显著。之所以将劳动视为一种地方投入，是因为在一些情况下，劳动力无法自由流动，例如，改革开放前我国的农民并没有进城务工的自由，在另一些情况下，劳动力的长距离流动又是不经济的。这两种情况下，劳动力长期停留在当地，劳动就属于地方投入。由于多种原因，不同区位上的劳动成本会有所差异：一般情况下，人口数量众多、劳动供给偏大的地区，劳动成本相对较低；

各地区经济发达程度和自然条件不尽相同，使劳动成本的构成内容不同，从而在数量上有所差异；不同地区的劳动者讨价还价能力不同，也会导致劳动成本有所差异。劳动密集型工厂的主要投入是劳动，显然，哪里劳动成本低、工资水平低，劳动密集型工厂就青睐哪里。近年来，随着中国国内劳动成本的不断上升，服装、鞋子、玩具一类劳动密集型国际生产商纷纷将其设在中国的工厂向劳动成本更低的东南亚国家迁移，道理即如此。总之，劳动密集型工厂在劳动成本最低的区位选址。

资料卡

次要劳动力成就了波士顿制鞋业

波士顿是马萨诸塞州首府，是美国最古老的城市和港口之一，也是全美最大的制鞋业中心。殖民地时代的波士顿以航海业与捕鱼业著称，在这些行业就业的主要是男性。随着男性劳动力不断来到波士顿，其家庭成员也接踵而来，女性劳动供给因此增加，劳动成本随之下降。虽然相对于男性而言，在当时的波士顿女性属于次要劳动力，然而正是这些次要劳动力的低工资，吸引了美国的制鞋厂商纷纷迁至波士顿，波士顿的制鞋业由此发展起来。

中间投入品是相对于最终产品的一个概念，简单讲是指用来生产其他产品的各种原材料、零部件、服务等。按理来说中间投入品是可以运输的，似乎不具备地方投入的特点，然而，作为地方投入的中间投入品是有所特指的。当同一行业中的众多生产商围绕中间投入品供应商在地理上集聚时，较大的需求量使中间投入品的生产具有规模经济，价格较低，最终降低了生产商中间投入品的采购成本。这种情况下的中间投入品显然属于一种地方投入。那些从集聚中获得好处的生产商，为了能够以较低的价格获得中间投入品，倾向于扎堆选址，与同行业其他企业相互靠近。现实经济中，服装纺织企业扎堆选址的特点比较明显。

资料卡

道尔顿与大唐镇

佐治亚州的道尔顿是美国的地毯中心，美国前20家地毯生产商中，6家位于道尔顿（包括世界最大的地毯生产商Shaw），13家在道尔顿附近。道尔顿地毯业的兴盛，与一个名叫埃文斯的女孩分不开。1895年，埃文斯用一种新方法——簇织法织了一件床罩送给朋友，受到赞赏和欢迎。其后埃文斯与邻居一同开设工厂，专门生产用簇织法做的工艺品。久而久之，道尔顿的簇织生产闻名遐迩。地毯生产商们之所以青睐道尔顿，是因为这里有大量熟练掌握簇织技术和经验的工人，同时，染料、衬里等中间投入品价格也比其他地区便宜。

大唐镇位于我国浙江省诸暨市，被誉为“中国袜业之乡”，曾多次举办中国国际袜业博览会。大唐镇是我国最大的袜业生产基地，属于典型的袜业生产集聚地，它以轻纺原料、袜子、袜机、联托运、劳动市场为依托，形成了以织袜为主，轻纺原料生产、销售、印染、定型、包装一条龙服务的经济格局。下列数字足以体现这一点：在大唐镇云集着近 8 000 家袜子生产企业、1 000 家原料生产企业、300 多家缝头卷边厂、5 家印染厂、100 家定型厂、300 家包装厂、600 家袜子营销商、100 家托运服务公司。

资料来源：王缉慈. 创新的空间——企业集群与区域发展. 北京：北京大学出版社，2001：280.

地方公共服务即地方政府所提供的公共服务，一般包括给排水设施、电力设施、公路、港口、教育、公园、税收政策、信贷政策等，不同的地方政府所提供的公共服务，在内容和类型上有所差异，因此，地方公共服务属于典型的地方投入。任何工厂的生产运营都与地方公共服务密切相关，一个地方的基础设施完备健全、运输网络发达畅通、生活环境舒适便利、地方政府给予的税收信贷政策优惠，都会对工厂形成吸引力，从而选择在该地落户。一些企业尤其是高新技术企业，对地方公共服务的依赖性更强，这类企业通常首选公共服务完善、地方政府政策优惠的区位安家落户。

资料卡

行业选址的基尼系数

基尼系数是经济学中衡量收入分配公平程度的指标，其值介于 0 和 1 之间，数值越大表明收入分配越不公平。

行业选址的基尼系数用来衡量行业集中度，或者说用来表明行业集聚经济是否显著，从而为行业中的企业是否应当扎堆选址提供依据。计算行业选址的基尼系数时通常包括四步（以制造业某行业为例）：第一步，计算某地区制造业从业人员占全国制造业从业人员的比重，假设称为 A 值；第二步，计算该地区制造业某行业从业人员占全国该行业从业人员的比重，假设称为 B 值；第三步，计算各地区的 A 值、B 值；第四步，计算所有区位 A 值、B 值的累计数，画出曲线，计算系数。

如果想知道制造业中制鞋业企业是否应扎堆选址，可计算制鞋业选址的基尼系数。具体操作如下：假设全国分为东部、中部、西部三个地区，首先计算三个地区制造业从业人员占全国制造业从业人员的比重（A 值），再计算三个地区制鞋业从业人员占全国制鞋业从业人员的比重（B 值）。分别用三个地区的 B 值除以 A 值，所得比率按由大到小排序。分别以 A 值和 B 值为横纵坐标，在坐标系中取三点：a 点（横纵坐标分别为比率最高地区的A值和B值)、b点（横坐标为比率最高和第二高地区的A值之和，纵坐标为比率最高和第二高地区的B值之和)、c点（横坐标为三个地区的A值之和，纵坐标为三个地区的B值之和)。折线abc与45°线之间的面积即制鞋业选址的基尼系数，其取值范围是0～0.5，系数越大，行业集聚倾向越明显，企业扎堆选址越有利。事实上，以美国的经验来看，制鞋业选址的基尼系数比较大，约为0.48。

三、基于运输成本和地方投入成本的工厂区位选择

当工厂不能明确地被划定为运输导向型或地方投入导向型时，就不能简单地依据运输成本最低或靠近地方投入的原则进行选址，在这种情况下，工厂需要经过权衡和比较来确定其最优区位。工厂既要考虑运输成本，也要顾及地方投入成本。如果离开某一区位，运输成本和地方投入成本都增加，显然该区位是最优的。如果离开某一区位，运输成本和地方投入成本都减少，显然该区位一定不可取。如果离开某一区位，运输成本和地方投入成本的变动方向不同，一个增加一个减少，只要减少量超过增加量，工厂就应离开原区位，否则应原地不动。表3-3对运输导向型工厂与地方投入导向型工厂的区位选择进行了比较。

表3-3　运输导向型工厂与地方投入导向型工厂区位选择比较

比较项目	运输导向型工厂	地方投入导向型工厂
特征	运输成本占比较高	地方投入成本占比较高
分类	资源导向型 市场导向型 多产地多市场	能源、劳动、中间投入品、地方公共服务
选址原则	资源导向型：靠近投入品产地 市场导向型：靠近产成品市场 多产地多市场：中间区位原则	能源密集型：能够获得廉价能源的区位 劳动密集型：劳动成本最低的区位 中间投入品：扎堆选址 地方公共服务：吸引入驻

例如，假设某工厂投入品产地与产成品市场均在A区位，投入品与产成品的单位里程运输成本之和为2元/公里，又知，离开A区位1公里，地方投入成本下降3元，在此假设下，工厂是否应离开A区位？显然，离开A区位1公里，运输成本增加2元，地方投入成本节省3元，总成本减少1元。换句话说，离开A区位，运输成本和地方投入成本的变动方向不同，运输成本增加，地方投入成本减少，减少量超过了增加量，所以，在不考虑其他因素，单纯以运输成本和地方投入成本的变化为判断依据的情况下，工厂应离开A区位，根据具体数据确定最优区位。

现实经济中，运输成本随着技术进步呈不断下降趋势。一方面，随着运输技术水平的提高，出现了集装箱、海上快船等运输方式，大大降低了海运成本。通常认为海运成本是铁路运费的1/5、公路运费的1/10、航空运费的1/30。另一方面，生产技术的进步，大大

降低了投入品的物理重量，例如，生产每吨粗钢所消耗的铁矿石数量不断下降，导致运输成本下降。运输成本的下降，使工厂可以更加灵活地进行选址。以美国钢铁业为例，早期的炼钢业受生产技术水平限制，属于典型的资源导向型，炼钢厂多靠近矿石与煤炭产地，例如，匹兹堡、芝加哥、克利夫兰、底特律、布法罗五大钢铁基地都在五大湖地区，因为该地区煤炭与矿石资源丰富。20 世纪 70 年代，美国钢铁业开始向日本转移，其中原因较多，涉及区位选择原理的有：其一，美国迁移到日本的炼钢业所生产的产品是短流程电炉钢，这种钢依靠水源和废钢作为原料，改变了传统炼钢业资源导向型的特征，减轻了对铁矿石的依赖，使在日本生产具有可能性。其二，虽然在日本生产出的钢材需要运输，增加了运输距离，但鉴于单位里程运输成本不断下降的状况，运输成本的增加量并不显著。其三，相对于美国国内而言，日本的劳动成本较低，劳动成本的节省超过了运输成本的增加。

四、工厂选址案例分析

案例 1

美国的半导体公司选址

半导体是指常温下导电性能介于导体与绝缘体之间的材料，常见的集成电路器件、存储器等都是半导体。半导体集成电路的生产过程，简单来讲就是将多种电子元件按照一定的电路互联，“集成”在一块硅芯片上，使其具有处理信息的功能。因此，半导体产品具有体积小、重量轻、处理信息功能强的特性，属于高技术产品。半导体产品的生产通常需要三种类型的劳动力：设计电路的研发人员、制作芯片的熟练工人以及组装电子元件的非熟练工人。鉴于此，半导体工厂选址时首要考虑的是劳动成本，而不是运输成本。

美国知名半导体厂商包括英特尔公司、仙童半导体公司、美国国家半导体公司、超威半导体公司等。其中，英特尔公司是全球最大的半导体芯片制造商，仙童半导体公司制造半导体的历史是全球最悠久的，美国国家半导体公司也是全球主要的高性能半导体产品的供应商，超威半导体公司堪称全球领先的微处理器解决方案供应商。这些公司选址时主要依据半导体生产过程中对劳动力的不同要求来决策，具体来说，首先，美国的半导体公司毫无例外地都将研发活动放在硅谷，因为那里不仅拥有大量高科技研发人员，而且技术创新和交流的环境氛围也非常有利于研发活动的成功。其次，考虑到芯片制作需要由掌握一定技术的熟练工人来完成，美国的半导体公司通常选择那些拥有充足的熟练技术工人，并且至硅谷交通便捷的州开设芯片制造厂，这些州主要包括得克萨斯州、犹他州、亚利桑那州等，例如，英特尔公司和超威半导体公司在得克萨斯州、仙童半导体公司和美国国家半导体公司在犹他州设有芯片工厂。最后，就电子元件组装而言，因为对劳动力的技术要求不高，所以，劳动成本低廉成为美国的半导体公司在这一环节上选址的主要着眼点，海外尤其是东南亚一带拥有廉价充足的低技能工人，因此成为选址点。例如，仙童半导体公司在菲律宾宿务、马来西亚槟城以及我国苏州都设有半导体元件组装及测试工厂。

案例 2

通用汽车公司的土星工厂选址

为了与大规模进入美国市场的国外轿车相抗衡，1985 年，通用汽车公司决定开发并生产先进的土星牌（Saturn）轿车，为此需要新建土星工厂。工厂最终设在距田纳西州首府纳什维尔30英里的春山市。通用汽车公司为什么选择田纳西州？在美国，田纳西州属于劳动力便宜、工资水平低的州，是较低的劳动成本吸引了通用汽车公司吗？不是，因为通用汽车公司与工人的劳动合同已经规定好了工资，无论工厂建在哪个州，土星工厂工人的工资是不变的，因此，劳动成本并不是选址的着眼点。然而，由于田纳西州的工资水平普遍偏低，汽车零部件供应商支付给其工人的工资也就较低，导致零部件价格较低，从这个角度说，田纳西州的劳动成本优势间接地影响了土星工厂的选址。

巴蒂科、贝克、莱克、布什四位学者1987年发表的题为《土星与州经济发展》的论文，专门研究了通用汽车公司的土星工厂，论文从运输成本、供应商劳动成本、税赋等方面比较了纳什维尔与其他城市在汽车生产上的差异。研究发现，纳什维尔在运输成本上并不占优势，反而相对较高，但是，供应商的劳动成本却是最低的，税赋也相对偏低，最终导致每辆汽车的总成本最低。事实上，为了吸引通用汽车公司在本地落户，田纳西州给予通用汽车公司一系列优惠措施，包括州政府投资3 000万美元修建高速公路，连接土星工厂与65号州际公路；资助工厂培训工人，平均每辆车4美元；给予税收补助，每辆车30美元。可见，田纳西州政府提供的地方公共服务与优惠的税收政策，也最终促使通用汽车公司选择了田纳西州。

案例3

“第三意大利”的企业集聚

20世纪70年代，意大利东北部和中部地区经济获得了快速增长，与增长缓慢的南部地区（“第二意大利”），以及当时正在经历衰退的西北部地区（“第一意大利”）形成鲜明对比，由此，人们将东北部和中部地区称作“第三意大利”。

“第三意大利”是一个典型的传统产业集聚体，集聚的主体是大量的中小企业，其中不乏以家庭为单位的个体劳动者，集聚的产业大多是制衣、皮革、玩具、塑料一类劳动密集型制造业。集聚体中的各企业之间既竞争又合作，共同铸成纵横交错的网络关系，“第三意大利”经济的高速增长有很多原因，最重要的一点就是这种网络关系。“第三意大利”企业之间的网络关系在生产上体现为密切的物质投入产出联系，以及企业之间的相互交流沟通，包括面对面的接触；在组织上体现为同一产业的不同企业共同组建产业联合会，加强企业之间的联系，同时为企业生产提供指导；在空间上体现为企业在地理位置上紧密靠近。

从“第三意大利”网络关系的空间特征看，企业选址时彼此靠近，方便了相互间的联系，使企业之间的交流沟通成为可能。如果没有大量中小企业的扎堆选址，也就没有集聚体的存在和网络关系的构建，从这个角度讲，企业的合理选址推动了“第三意大利”的成功。

3.2　家庭的区位选择

厂商和家庭是微观经济的两个主体：作为厂商，要为其厂房或商店选择理想区位，选择目标是利润最大化；作为家庭，要为其住房选择最佳区位，选择目标是效用最大化。分析家庭的区位选择，关键是运用经济学的方法和原理，探讨家庭的住房选择过程，总结影响家庭住房选择的主要因素。

一、住房价格曲线

住房价格曲线是分析家庭住房选择的主要工具。假设某家庭租住住房，住房面积 100 平方米，1 名家庭成员工作，工作地点在城中心，因此要在住房所在区位与城中心之间通勤，单位通勤成本为每人每公里 10 元，家庭每月收入中的 1 000 元用于房租与通勤。根据这些数据，可以计算出家庭在不同区位上能够承受的最高住房租金，如表 3-4 所示。

表 3-4　家庭在不同区位上可承受的最高房租

住房区位（公里）	可承受的最高房租（元/平方米）
城中心	10
距城中心 5 公里	9.5
距城中心 10 公里	9
距城中心 15 公里	8.5
距城中心 20 公里	8

根据表 3-4 的数据绘制图 3-6。

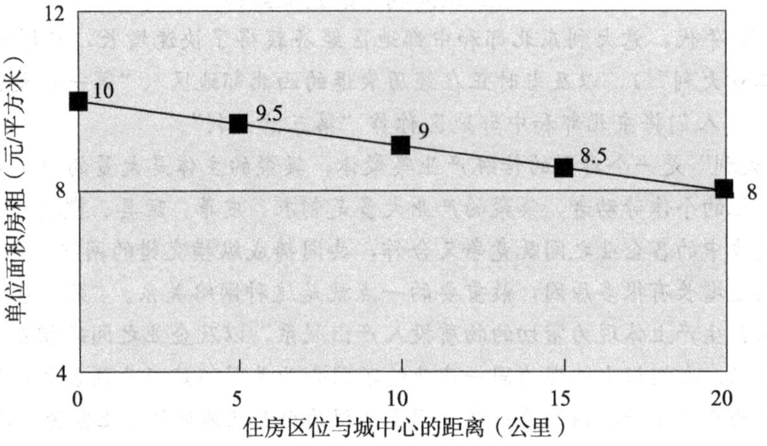

图 3-6　家庭线性住房价格曲线

图 3-6 中向右下方倾斜的直线即家庭线性住房价格曲线，曲线形状表明其他条件不变时，家庭越靠近城中心选择住房，单位面积房租越高。注意到图 3-6 中线性住房价格曲线斜率的绝对值等于 0.1，这一数值也即单位通勤成本与家庭租住面积之比（10/100），其含义为家庭每向城中心靠近 1 公里，每平方米房租提高的幅度均为 0.1 元。

既然越靠近城中心房租越高，面对较高的房租，家庭可能会选择减少租住面积，根据这一原则，在其他条件不变的假设下，重新设置家庭在不同区位上的租住面积数据，计算可承受的最高房租，如表 3-5 所示。

表 3-5　　家庭在不同区位上可承受的最高房租

住房区位（公里）	租住面积（平方米）	可承受的最高房租（元/平方米）
城中心	10	100
距城中心 5 公里	25	38
距城中心 10 公里	50	18
距城中心 15 公里	85	10
距城中心 20 公里	100	8

根据表 3-5 的数据绘制图 3-7。

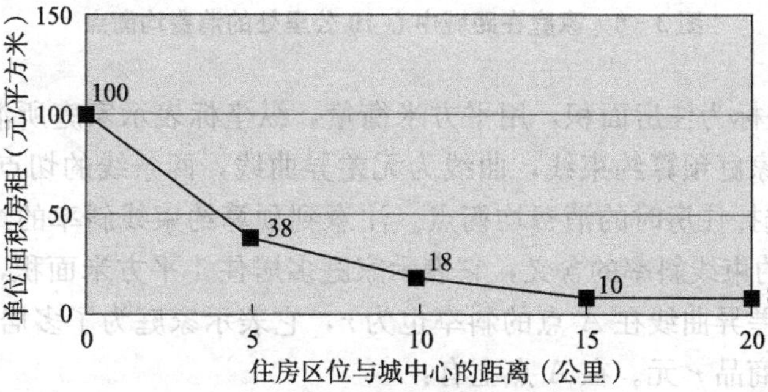

图 3-7　家庭凸性住房价格曲线

图 3-7 中向右下方倾斜的曲线即家庭凸性住房价格曲线，表示家庭越靠近城中心居住，房租提高得越多。曲线斜率也等于单位通勤成本与家庭租住面积之比，与线性住房价格曲线不同的是，租住面积随住房位置不同而不同，即随着住房靠近城中心，家庭选择居住较小面积的住房。

二、用消费者选择理论解释家庭的区位选择过程

家庭的区位选择是指家庭在何处选择住房，这既是一个现实问题，也是一个理论问题，既有适用于所有家庭的普遍性原则，又包含不同家庭的个性需求在其中。然而无论怎样，当一个家庭思考在城市的哪个区位购买或租住住房时，必然要考虑一系列因素，这些因素通常包括：住房价格或租金、家庭收入状况、住房至工作地点的交通便捷程度、家庭对住房户型和面积等的偏好、住房所在区位的公共服务、住房周边的空气质量等等。从理论角度看，可以运用基于序数效用论的消费者选择理论来解释家庭的住房选择过程。

假设家庭在住房与其他商品之间进行选择，用 X 表示住房商品，Y 表示其他商品，家庭收入用 I 表示，收入为已知量且固定不变，距城中心 10 公里处的房租每平方米 r 元，单位通勤成本为每人每公里 t 元，家庭中只有 1 人通勤且工作地点位于城中心。根据这些已知条件，首先可以表示出家庭在距城中心 10 公里处租房时的消费均衡点。如图 3-8 所示。

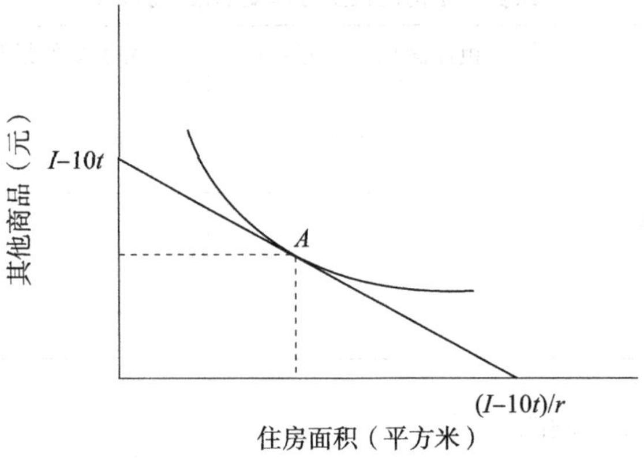

图 3－8　家庭在距城中心 10 公里处的消费均衡点

图 3－8 中横坐标为住房面积，用平方米衡量，纵坐标表示家庭所消费的其他商品的金额，图中直线为家庭预算约束线，曲线为无差异曲线，两条线的切点 A 点是家庭在距城中心 10 公里处选择住房时的消费均衡点。注意到预算约束线斜率的绝对值即单位面积房租 r，根据预算约束线斜率的含义，它表示家庭多居住 1 平方米面积，其他商品消费减少 r 元。同时，无差异曲线在 A 点的斜率也为 r，它表示家庭为了多居住 1 平方米面积，愿意放弃消费其他商品 r 元。在 A 点上有：

$$MRS_{xy}=P_x/P_y \tag{3-5}$$

式（3－5）运用了序数效用论中的表示方法，MRS_{xy}为边际替代率，也即无差异曲线在 A 点斜率的绝对值，P_x/P_y为价格比，也即预算约束线斜率的绝对值。均衡点处两者相等。

由家庭住房价格曲线可知，距城中心越近，单位面积房租越高；距城中心越远，单位面积房租越低。家庭最初在距城中心 10 公里处选址居住，在 A 点上实现消费均衡。现在，假定家庭收入保持不变，由于不满意居住区位的周边环境和交通状况，家庭决定向城中心靠近，并愿意承受房租提高的代价。于是家庭由初始区位（距城中心 10 公里处）向城中心方向移动，毫无疑问单位面积房租上升，随着房租上升，家庭预算约束线斜率的绝对值增大，图 3－8 中的 A 点不再是均衡点。此时，在 A 点上有：

$$MRS_{xy}<P_x/P_y \tag{3-6}$$

式（3－6）表明，此时，家庭愿意用住房面积替代其他商品的数量，小于市场上住房面积可以替代其他商品的数量，换句话说，相对于市场而言家庭不偏好住房面积，因此家庭将减少住房消费，可能在 B 点上达到一个新的均衡，如图 3－9 所示。

在图 3－9 中，B 点是一条新预算约束线与一条新无差异曲线的切点，相对于 A 点来说，B 点意味着家庭承担的房租更高、居住的面积更小，但离城中心更近（假如说距城中心 5 公里），同时，其他商品的消费金额增加。然而，易知 B 点并不是一个稳定的均衡，B 点上的效用大于 A 点上的效用，表明距城中心 5 公里处的区位比 10 公里处更有吸引力，其结果必然是更多有相同偏好的家庭由距城中心 10 公里处迁移过来。在这一过程中，5 公

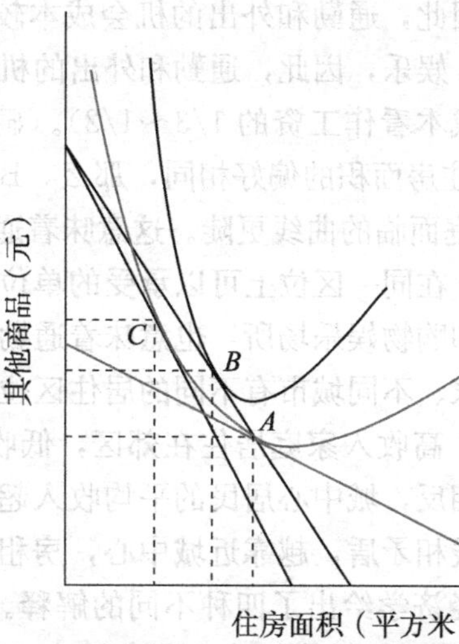

图 3-9　从 A 点到 C 点均衡的变化

里处的房租会因此提高，预算约束线也因此发生改变，最终可能在 C 点处实现区位均衡。与 B 点相比，C 点意味着家庭虽然仍在距城中心 5 公里的位置上，但承担的房租进一步提高，居住的面积进一步减小，其他商品的消费金额进一步增加，但获得的效用与 A 点相同。换句话说，从 A 点到 C 点，家庭在效用不变的情况下，获得了离工作地点更近的距离和更多的其他商品消费，失去了较低的房租和较大的居住面积。

三、影响家庭区位选择的因素

家庭在城市的哪个区位上选址居住，受到一系列因素的影响。影响家庭区位选择的因素主要包括：

第一，不同区位上的房租或住房价格。住房价格曲线描述了不同区位上单位面积房租的变化，向右下方倾斜的曲线充分表明，越靠近城中心，单位面积房租或住房价格越高。曲线斜率的绝对值等于单位通勤成本/租住面积，即家庭每向城中心移动单位距离，房租提高的幅度等于单位通勤成本与家庭租住面积之比，因为家庭通常会在靠近城中心时减小租住面积，所以房租以递增的幅度上升。

实际上，区位只是影响住房价格的一个因素，根据住房的特征定价法（the hedonic pricing approach），住房由一系列要件组成，每一要件都有其价格，所有要件价格的总和即住房价格。举例来说，如果考虑卧室、房龄、区位、空气质量、教学质量等五个住房要件，并且假设各要件价格如下：卧室增加 1 间 20 万元、房龄减少 1 年 1 万元、靠近城中心 1 公里 10 万元、空气质量等级提高 1 单位 5 万元、教学质量等级提高 1 单位 5 万元。假设基础住房要件状况为 4 间卧室＋6 年房龄＋距城中心 20 公里＋空气质量属于平均水平＋教学质量高于平均水平 5 单位，且该住房市场价格为 800 万元，可据此推算某套 2 间卧室、16 年房龄、距城中心 2 公里、空气质量和教学质量属于平均水平的住房价格为 800－40－10＋180＋0－25＝905 万元。

第二，家庭通勤状况。比较 A、B 两个家庭，A 家庭工作成员每天通勤时间较短，并且家庭成员很少外出购物和娱乐，因此，通勤和外出的机会成本较低；B家庭工作成员每天通勤时间较长，且经常外出购物、娱乐，因此，通勤和外出的机会成本较高（根据国外研究，大多数人将通勤时间的机会成本看作工资的1/3～1/2)。显然，B家庭的单位通勤成本高于A家庭，如果两个家庭对住房面积的偏好相同，那么，B家庭面临的住房价格曲线斜率的绝对值较大，曲线较A家庭面临的曲线更陡。这意味着通勤成本高的家庭与通勤成本低的家庭相比，越靠近城中心，在同一区位上可以承受的单位面积房租越高，毕竟靠近城中心居住意味着靠近工作地点和购物娱乐场所，也意味着通勤成本的节省。

第三，家庭收入状况。不同国家、不同城市有不同的居住区位模式，居住区位模式与家庭的收入状况密切相关。在美国，高收入家庭居住在郊区，低收入家庭居住在城中心，而在欧洲与拉美许多国家，情况则相反，城中心居民的平均收入超过郊区居民。美国的家庭居住区位模式看似与住房价格曲线相矛盾，越靠近城中心，房租越高，为什么贫困家庭还选择在城中心居住？对此，城市经济学给出了四种不同的解释。第一种解释是阿朗索-穆斯收入隔离理论，该理论遵循凸性地租函数理论，即离城中心越远，单位面积地租越低，且地租的减少量呈递减趋势，同时设定低收入家庭住房用地面积为高收入家庭的一定百分比，低收入家庭的通勤成本为高收入家庭的一定百分比。无论是高收入家庭还是低收入家庭，都将远离城中心1公里土地成本的减少量视为边际收益，将与此同时通勤成本的增加量视为边际成本。根据边际收益等于边际成本的原则，可推断出高收入家庭的最佳区位靠近郊区，低收入家庭的最佳区位则更靠近城中心。阿朗索-穆斯收入隔离理论的背后是土地需求收入弹性与通勤成本收入弹性的比较，并且认为家庭收入增加后，用于土地的支出与通勤成本都将增加，但土地的需求收入弹性大于通勤成本的收入弹性。第二种解释认为城中心的住房陈旧破败，效用低下，不能满足高收入家庭对住房服务的需要，而能够提供更好服务的新建住房大多位于郊区，导致富裕家庭在郊区居住。第三种解释将原因归结为城中心存在的诸多问题，如犯罪率高、教学水平低、财政拮据等，认为高收入家庭为了躲避这些问题而迁往郊区居住。第四种解释与分区制有关，认为郊区政府利用最小地块分区制，将低收入家庭从郊区排挤走，因此，只剩下富裕家庭居住在郊区。

对于欧洲与拉美居住区位模式，即收入越高越集中在城中心居住的区位选择模式，可从文化消费角度予以解释。例如，巴黎市中心云集了众多博物馆、餐厅、公园，优越的文化基础设施使巴黎市中心的吸引力大大超过郊区，换句话说，城中心更多的文化机会将富裕家庭拉了过去。

第四，家庭的偏好。家庭对住房的偏好主要是指家庭在住房面积大小、户型设计等方面的价值取向，实际生活中，有的家庭喜欢小巧紧凑的小面积户型住房，有的则偏爱宽敞开阔的大面积户型住房，这两类家庭分别会在何处选址居住？如果两类家庭的单位通勤成本相同，显然，偏好小面积户型住房的家庭，其住房价格曲线斜率的绝对值较大，曲线将更陡，与偏好大面积户型的家庭相比，越靠近城中心，在同一区位上可以承受更高的单位面积房租。换句话说，每向城中心靠近单位距离，偏好小户型的家庭愿意支付的单位面积房租更高，也即更看好城中心区位，这类家庭无疑将会选择靠近城中心的区位居住。

第五，住房所在区位的公共服务。城市政府提供的公共服务通常包括供水、供电、供热、供气、卫生设施、排污系统、教育、警察、消防、公园、道路等。城市各区位的公共服务数量和质量不尽相同，以学校为例，受教育资源不平衡影响，不同区位的学校数量和师资力量并不完全相同，结果导致教学质量存在区位差异。如果各区位的学费相同，那么，教学质量好的区位吸引力必然就大。实际生活中，名校周边学区房的房租和价格之所以高出其他区位住房很多，原因就在于此。

第六，住房所在区位的环境质量。这里主要指空气污染状况，城市空气污染一般来自工厂的煤烟排放和机动车尾气排放，不同区位上形成污染源的工厂及机动车数量不同，会导致空气质量不尽相同。如果某一区位空气质量呈重度污染，该区位上住房价格曲线会发生变形，有可能出现尽管该区位靠近城中心，但与远离城中心的另一无污染区位相比，房租反而更低。原因就在于家庭不会选择该区位居住，该区位上住房需求大为减少。

第七，家庭的预期。家庭会对上述因素在未来的变化情况做出判断或预测，例如，家庭可能会预期自身收入增加，也可能会预期城市政府会在某个区位兴建并开通地铁，还可能会预期家庭人口近几年会增加从而转向偏好大户型住房等等，家庭的这些预期都会在一定程度上影响住房价格，也影响对住房的区位选择。

本章小结

1. 我们可将工厂分为两大类：运输导向型与地方投入导向型。运输导向型工厂中，运输成本在产品成本中占较大比重，运输成本最低是这类工厂的重要选址原则。地方投入导向型工厂拥有无法有效地从一个地区运往另一个地区的投入，如能源、劳动、中间投入品、地方公共服务等，选择拥有地方投入的区位是这类工厂的选址原则。

2. 当运输导向型工厂面临一个投入品产地和一个产成品市场时，根据工厂投入品和产成品运费的差异，将运输导向型工厂进一步分为资源导向型和市场导向型。

3. 投入品物理重量大于产成品物理重量，或投入品运输价格高于产成品运输价格的工厂，称为资源导向型工厂。对于这类工厂，由于投入品单位里程的运输成本较高，为了节省运输成本，工厂在投入品产地附近选址。产成品物理重量大于投入品物理重量，或产成品运输价格高于投入品运输价格的工厂，称为市场导向型工厂。由于产成品单位里程的运输成本较高，为了节省运输成本，市场导向型工厂在产成品市场附近选址。

4. 当工厂面临多个产地和多个市场时，通过寻找中间区位来选址。中间区位是指这样一个位置，离开该位置后，工厂的运输成本将增加。典型的中间区位处于居中的位置，然而，很多情况下，中间区位并不在居中的位置上，此时，可利用“离开该区位后运输成本将增加”的原则予以判断。

5. 常见的地方投入包括能源、劳动、中间投入品、地方公共服务等。能源密集型工厂倾向于在能够获得廉价能源的区位选址；劳动密集型工厂在劳动成本最低的区位选址；中间投入品规模经济显著的工厂，应和同行业其他企业扎堆选址；对地方公共服务依赖性较强的工厂，应在公共服务完善的区位选址。

6. 当工厂不能简单地划定为运输导向型或地方投入导向型时，就要权衡比较运输成本和地方投入成本来确定其最优区位。现实经济中，运输成本随着技术进步呈不断下降趋势。

7. 住房价格曲线表明其他条件不变时家庭越向城中心靠近，单位面积房租越高，线性与凸性的区别在于房租提高的幅度相同还是不同。住房价格曲线斜率的绝对值等于单位通勤成本与家庭租住的住房面积之比。线性住房价格曲线下，家庭租住面积是一个定值；凸性住房价格曲线下，家庭租住面积是位置的函数。

8. 可借助消费者选择理论解释家庭的住房选择过程。预算约束线斜率的绝对值即单位面积房租。家庭最初在距城中心较远的位置选址，且实现消费均衡（图 3－9 中的 A 点），当家庭向城中心靠近时，随着房租上升，预算约束线发生变动，新的均衡点下（图 3－9 中的 B 点），家庭居住面积减小，但更靠近城中心，最终实现区位均衡时（图 3－9 中的 C 点），与初始均衡相比，家庭居住面积进一步减小，房租更高，但效用相同。

9. 家庭在城市哪个位置选址居住，受一系列因素的影响，主要包括：不同区位上的房租或住房价格、家庭通勤状况、家庭收入状况、家庭的偏好、住房所在区位的公共服务、住房所在区位的环境质量、家庭的预期等。

思考题

1. 运输导向型工厂如何选址？
2. 地方投入导向型工厂在何处选址？
3. 什么是中间区位？如何判断某一区位是不是中间区位？
4. 线性住房价格曲线与凸性住房价格曲线有什么区别？
5. 怎样用消费者选择理论解释家庭的住房选择过程？
6. 家庭的区位选择受哪些因素影响？

参考文献与补充阅读

1. 王缉慈. 创新的空间——企业集群与区域发展. 北京：北京大学出版社，2001.
2. 阿瑟·奥沙利文. 城市经济学. 4 版. 北京：中信出版社，2003.
3. 高鸿业. 西方经济学. 5 版. 北京：中国人民大学出版社，2011.
4. Bartik Timothy J.，Charles Becker，Steve Lake，and John Bush. Saturn and State Economic Development. Forum for Applied Research and Public Policy，Spring 1987，29－40.

附录

1. 预算约束线与无差异曲线

预算约束线是指当家庭收入和产品价格既定时，家庭用全部收入所能购买到的不同产品的各种数量组合。以两种产品 X、Y 为例，若横坐标代表 X 产品的数量，纵坐标代表 Y 产品的数量，在已知家庭收入和两种产品价格的前提下，用收入分别除以 X 产品和 Y 产品的价格，得到横坐标上的一点和纵坐标上的一点，两点的连线即家庭的预算约束线，简称预算线，如图 3－10 中的直线所示。预算约束线的斜率为负数，绝对值等于两种产品的价格比。当家庭收入或产品价格变动时，预算约束线将发生变动。例如，假设家庭收入和 Y 产品价格不变，X 产品价格上升，预算约束线斜率的绝对值将增大。

无差异曲线是无数点的集合，每个点代表不同的产品数量组合，并且每个点产生的效用相同，因此家庭对每个点的偏好相同。无差异曲线凸向原点，表明边际替代率递减，即随着家庭消费X产品的数量增多，X产品对Y产品的替代能力减弱。图3-10中的曲线即无差异曲线。

2. 边际替代率

边际替代率通常用MRS_{XY}表示。当家庭增加X产品的消费、减少Y产品的消费，且效用保持不变时，说明X产品可以替代Y产品，MRS_{XY}用来表示这种替代程度。它等于$-\Delta Y/\Delta X$，负号是为了使计算结果取正值。MRS_{XY}表示效用不变条件下，家庭愿意用1单位X产品替代Y产品的数量。边际替代率递减，原因在于当家庭消费X产品的数量增加后，X产品的边际效用下降，家庭希望得到X产品的愿望减弱，X产品替代Y产品的能力因此减弱。

3. 消费均衡的变动

当家庭收入及两种产品价格既定时，家庭面临一条预算约束线和多条无差异曲线，如图3-10所示，预算约束线和无差异曲线切点（A点）所对应的X、Y产品组合能满足家庭效用最大化，是家庭消费的均衡点。

在消费均衡点上有$MRS_{XY}=P_X/P_Y$，即家庭实现消费均衡时，两种产品的边际替代率等于其价格比。当$MRS_{XY}>P_X/P_Y$时，说明家庭愿意用1单位X产品替代Y产品的数量，多于市场上允许的1单位X产品替代Y产品的数量，表明家庭看好X产品，因此会多购买X产品，少购买Y产品。反之，当$MRS_{XY}<P_X/P_Y$时，说明家庭愿意用1单位X产品替代Y产品的数量，少于市场允许的数量，表示家庭不看好X产品，因此会少购买X产品，多购买Y产品。

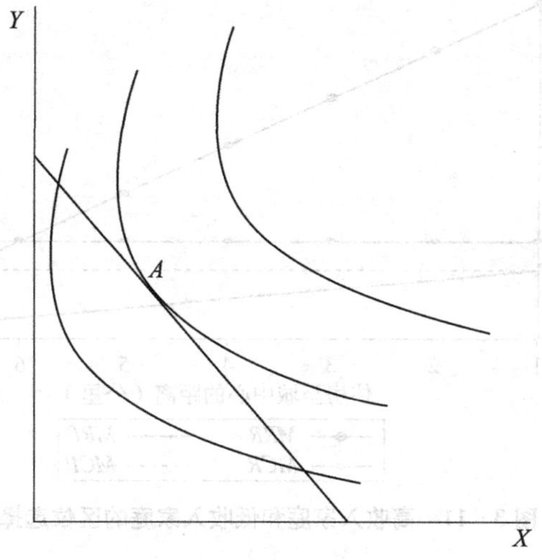

图3-10　预算约束线和无差异曲线

4. 阿朗索-穆斯收入隔离理论

已知高收入家庭住房用地面积为0.2亩，低收入家庭住房用地面积为高收入家庭的20%，即0.04亩；高收入家庭单位通勤成本为40元/人公里，低收入家庭单位通勤成本为高收入家庭的70%，即28元/人公里。表3-6中X表示住房至城中心的距离，R表示单位面积地租，随着家庭远离城中心，单位面积地租下降。*MR* 表示家庭远离城中心 1 公里，土地成本的减少量，*MC* 表示家庭远离城中心 1 公里，通勤成本的增加量。*MRR*、*MCR* 分别代表高收入家庭的 *MR* 和 *MC*，*MRP*、*MCP* 分别代表低收入家庭的 *MR* 和 *MC*。

根据 $MR=MC$，易知高收入家庭的最佳区位在距城中心 6 公里处，低收入家庭的最佳区位在距城中心 1 公里处，由此得出：富裕家庭倾向于住在郊区，贫穷家庭倾向于住在城中心。

表 3-6　　阿朗索-穆斯收入隔离理论

X（公里）	*R*（元/亩）	*MRR*（元）	*MCR*（元）	*MRP*（元）	*MCP*（元）
0	3 800				
1	3 100	140	40	28	28
2	2 500	120	40	24	28
3	2 000	100	40	20	28
4	1 600	80	40	16	28
5	1 300	60	40	12	28
6	1 100	40	40	8	28
7	1 000	20	40	4	28

将表 3-6 的数据绘制成图 3-11：

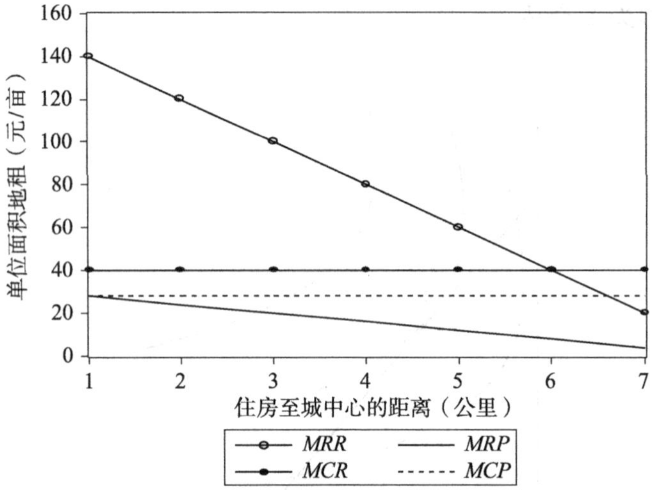

图 3-11　高收入家庭和低收入家庭的区位选择

从图 3-11 中能够看出，$MRR-MRP>MCR-MCP$，其含义是指高收入家庭与低收入家庭的边际收益差大于高收入家庭与低收入家庭的边际成本差，换句话说，当家庭收入增加后，用于土地的支出与通勤成本都增加，但是前者大于后者，或者说土地的需求收入弹性大于通勤成本的收入弹性。可见，这是阿朗索-穆斯收入隔离理论成立的关键前提。

第四章

城市经济学之宏观篇——城市经济增长与城市政府

导读

本章包括三节内容，第一节考察城市总就业量和产出量的变动，运用了劳动市场模型、经济基础法、投入产出法。第二节从蒂伯特模型中引出城市政府如何确定公共物品供给量，运用鲍莫尔模型解释城市政府财政支出增加的原因，本节还探讨了税负转嫁和转移支付。第三节介绍城市政府对土地使用的各种控制方法，其中的主要方法是分区制。

4.1 城市经济增长

宏观经济学主要研究经济增长、通货膨胀、失业、对外经济关系等问题，而在城市经济学中，谈到城市经济增长，通常围绕两个方面展开研究：一方面借助劳动市场模型，分析城市总就业量增加或减少的原因，另一方面运用相关方法如经济基础法或投入产出法，预测城市总就业量和产出量的变动。可见，城市经济学中的经济增长问题，无论是在研究内容还是在指标设计上，都与传统宏观经济学有一定的不同。

一、借助劳动市场模型分析城市总就业量变动的原因

（一）劳动市场模型

1. 城市劳动供给

经济学分析劳动供给时的思路是：劳动是家庭所拥有的要素之一，鉴于劳动资源的有限性，如何将全部劳动在“劳动供给”和“闲暇”之间进行分配，就成为家庭必须做出的决策。家庭的劳动供给决策取决于工资水平，工资变动对家庭劳动供给决策的影响是双向的，以工资增加为例：工资上升后，替代效应使家庭增加劳动供给，收入效应使家庭减少劳动供给。当家庭收入较低时，替代效应大于收入效应，随着工资提高，劳动供给增加；而当家庭收入较高时，替代效应小于收入效应，随着工资提高，劳动供给减少。因此，如果以横坐标表示劳动的数量（L），以纵坐标表示工资（W），绘制劳动供给曲线，在工资

水平较低时，劳动供给曲线向右上方倾斜，达到一定工资水平后，劳动供给曲线掉头向左上方倾斜，如图 4－1 甲所示。

具体到城市经济学中，城市劳动供给曲线反映的是城市平均工资水平与城市劳动供给量之间的相互关系，曲线向右上方倾斜。原因在于：随着城市工资水平的提高，城市的吸引力增强，假定城市原有居民劳动供给保持不变，较高的工资水平将吸引其他城市的人移民到该城市，导致城市劳动供给增加。随着城市人口的增加，对产品和服务的需求增加，土地、住房价格提高，导致生活成本提高，城市必须支付较高的工资才能予以补偿。可见，随着城市工资水平提高，劳动供给增加，随着劳动供给增加，工资水平进一步提高，两者相互作用，形成向右上方倾斜的城市劳动供给曲线，如图 4－1 乙所示，图中 W_u 表示城市平均工资水平，L_u 表示城市劳动数量。

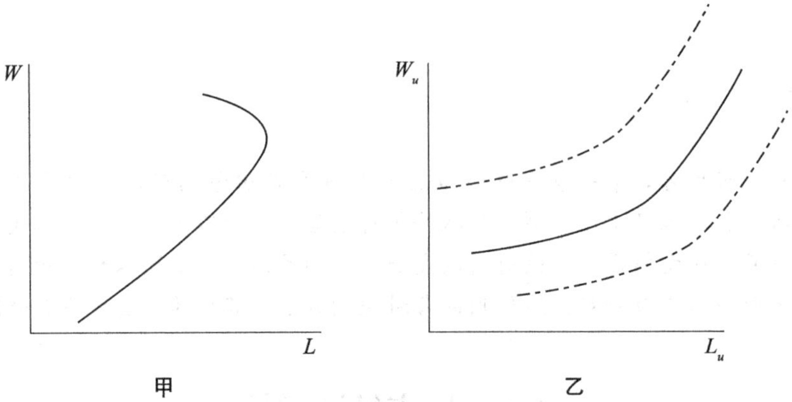

图 4－1

当城市工资水平保持不变时，一些因素会促使城市劳动供给发生变化，以城市劳动供给增加为例，当出现下列情况时，会导致城市劳动供给增加：其一，城市环境质量改善，例如，城市空气清新、水质安全、街道整洁等，都会在某种程度上吸引外来移民，尤其是对环境质量敏感的人群；其二，城市消费品及服务种类增加，居民购物更加方便；其三，城市政府针对居民实行减税政策，相对于其他城市来说，居民税负较低；其四，城市政府完善针对居民的各项公共服务，例如加强公共安全、提高教育水平、完善生活休闲设施等。这些因素都会使城市变得更加具有吸引力，从而引发向城市的移民，导致城市劳动供给增加。显示在图形中，即城市劳动供给曲线向右移动。当然，如果出现相反的情况，即城市环境质量恶化、消费品及服务种类稀缺、向居民征收重税、针对居民的各项公共服务不完善等，都会导致城市劳动供给减少，城市劳动供给曲线向左移动。

资料卡

四个弹性系数

在城市劳动供给研究方面，有很多经验数据，其中一些弹性系数量化了城市工资水平、总就业量、住房价格、生活费用之间的相互关系。根据奥沙利文《城市经济学》(第4版)提供的数据，国外经验研究发现：第一，城市劳动供给对名义工资的弹性系数为5，表明名义工资提高1%，引起城市劳动供给增加5%；第二，名义工资对城市总就业量的弹性系数为0.2，表明城市总就业量增加1%，名义工资上涨0.2%；第三，城市住房价格对城市总就业量的弹性系数为0.35，即城市总就业量每增加1%，房价提高0.35%；第四，城市生活费用对城市总就业量的弹性系数为0.2，即城市总就业量每增加1%，生活费用上涨0.2%。

2. 城市劳动需求

劳动需求是厂商要做出的决策，影响决策的关键变量仍然是工资，以工资上升为例：面对工资提高，厂商或者用资本、土地、技术等要素替代劳动，或者因劳动成本上升而减少产品供给，两方面原因都会减少对劳动的需求。因此可以断定，如果以横坐标表示劳动的数量（L），纵坐标表示工资（W），劳动需求曲线向右下方倾斜。如果将工资视为城市平均工资，将厂商看成城市所有厂商的总和，那么，城市劳动需求曲线与单个厂商的劳动需求曲线形状基本相同。

同样，当工资水平保持不变时，一些因素会促使城市劳动需求发生变化，以城市劳动需求增加为例，当出现下列情况时，会导致城市劳动需求增加：其一，城市出口增加，首先引起出口部门的劳动需求增加，在就业乘数的作用下，最终导致城市劳动需求成倍增加；其二，劳动生产率提高，意味着在相同的时间内人均产量增加，也即平均成本下降，如果利润保持不变，那么，产品价格下降，需求量增加，从而劳动需求增加；其三，城市政府针对厂商实行减税，相当于厂商成本减少，生产增加，对劳动需求增加；其四，城市政府向厂商提供更加完善的公共服务，例如通畅的运输网络、完善的给排水和电力系统等，都会保障并促使厂商增加生产活动，从而增加对劳动的需求。这些因素发挥作用时，城市劳动需求曲线向右移动。当然，如果出现相反的情况，例如，城市出口减少、劳动生产率下降、城市政府向厂商课以重税、针对厂商的公共服务不完善等，则会促使城市劳动需求减少，城市劳动需求曲线向左移动。

图4-2描述了城市出口增加导致城市劳动需求增加的情形，假设出口部门劳动需求增加1万人，城市就业乘数为2.5。图中横坐标为劳动的数量，纵坐标为城市工资水平，劳动需求曲线向右下方倾斜，为简单起见视其为直线。该图显示，城市工资保持W_{u1}不变，出口部门劳动需求增加1万人，当就业乘数为2.5时，城市劳动需求最终增加2.5万人，其中包括出口部门劳动需求新增1万人、本地部门劳动需求新增1.5万人，城市劳动需求曲线水平右移2.5万人。

3. 劳动市场均衡

劳动供给和劳动需求决定了劳动市场均衡，下面以城市出口增加为例来说明城市劳动市场均衡的变化，也即城市总就业量的变动。假设城市劳动市场的初始均衡为（W_{u1}，L_{u1}），此时城市总就业量即L_{u1}为1.5万人，现在考虑城市出口增加，已知出口部门就业增加1万人，就业乘数为2.5。根据图4-2，城市劳动需求曲线水平右移2.5万人，在现

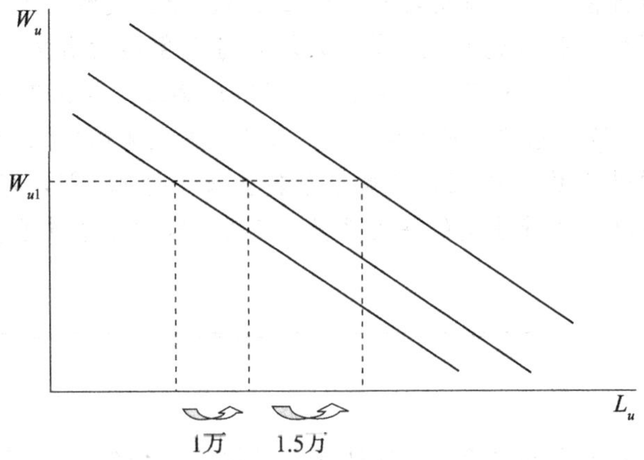

图 4－2　出口增加导致城市劳动需求增加

有工资水平 W_{u1} 上出现劳动缺口，城市劳动需求大于城市劳动供给，引起工资上升，随着工资上升，劳动需求减少，劳动供给增加，均衡再次发生在（W_{u*}，L_{u*}）处，注意到 $W_{u*}>W_{u1}$，$L_{u*}<4$ 万人（＝初始就业量 1.5 万人＋出口增加引发的就业量 2.5 万人）。整个过程如图 4－3 所示。

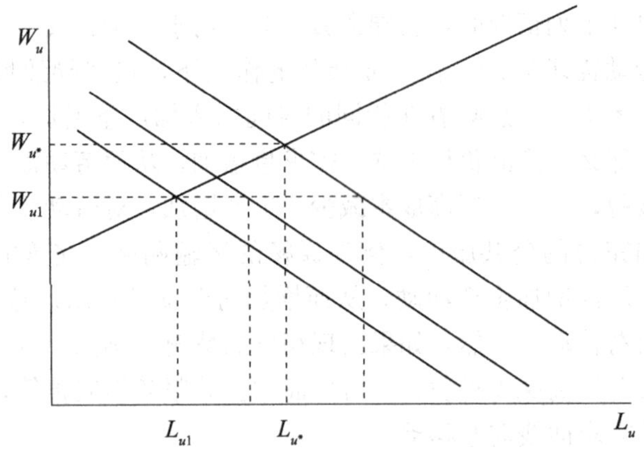

图 4－3　劳动市场均衡

（二）城市总就业量变动的原因

城市总就业量进而城市经济增长之所以发生变化，原因在于影响城市劳动供给量与劳动需求量的因素发生了变化，这些因素包括城市的工资水平、出口量、劳动生产率、环境质量、消费品及服务数量和种类、城市政府的税收政策和公共服务等。当城市平均工资水平不变时，随着其他因素的变化，城市劳动供给曲线和劳动需求曲线发生移动，产生新的就业均衡点，引起城市总就业量的变化。上述因素的具体影响方向如表 4－1 所示。

表 4-1　　城市总就业量的影响因素

因素	对城市劳动供给的影响	对城市劳动需求的影响
城市平均工资水平	同方向，劳动供给曲线上点的移动	反方向，劳动需求曲线上点的移动
城市空气、水等环境质量	同方向，劳动供给曲线水平移动	
城市消费品及服务数量、种类	同方向，劳动供给曲线水平移动	
城市出口量		同方向，劳动需求曲线水平移动
城市劳动生产率		同方向，劳动需求曲线水平移动
城市税负	针对居民，反方向，劳动供给曲线水平移动	针对厂商，反方向，劳动需求曲线水平移动
城市公共服务数量、质量	针对居民，同方向，劳动供给曲线水平移动	针对厂商，同方向，劳动需求曲线水平移动

资料卡

谁从城市就业增长中获益？

城市新增就业岗位后，外来移民和当地居民都将从中获益，哪些人获得的好处更大则是一个很有意思的话题。美国学者巴迪克在其《谁从国家和地方经济发展政策中获益》一书中，利用 89 个城市的数据进行研究，得出了就业增长对失业率、就业率和劳动力参与率的影响。其研究发现，当城市就业量从初始均衡到再次均衡时（巴迪克认为约 6 年），城市就业增长 1%会使失业率由 5.4%下降到 5.33%，使劳动力参与率由 87.5%提高到 87.64%，使就业率由 82.78%提高到 82.97%。这虽是一组较为抽象的数据，然而根据巴迪克研究得出的结论，通过设置数据能够较为形象地看出新增的工作岗位究竟被谁占据。

假设初始均衡时城市就业量为 10 000 人，再次均衡时就业量增长 1%，变为 10 100 人，新增就业量 100 人。根据就业率可计算出初始均衡时城市潜在劳动力人数为 12 080，再次均衡时潜在劳动力人数为 12 173，两者相差 93 人。可将潜在劳动力人数的增加视为外来移民，换句话说，移民使城市潜在劳动力增加了 93 人。如果新移民全部就业，那么，新增的 100 个岗位中，只有 7 个留给原居民。如果新移民与原居民就业率相同，那么，新移民就业 77 人(=93×82.97%)，原居民就业 23 人。可见，就业量增加伴随着移民和城市人口增加，如果原居民与新移民同样胜任新工作，原居民只得到约 1/4 的工作岗位(=23/100)。

此外，巴迪克的研究还发现，城市就业量增加将导致人均收入提高，对于一般家庭而言，城市就业量每增加1%，人均收入将提高0.4%，黑人家庭、受教育程度低的家庭以及年轻家庭，从就业量增加中获得的好处会更大。

二、预测城市总就业量的变动——经济基础法

经济基础法通过估算城市就业乘数和出口部门就业的变化量来预测城市总就业量的变动，其关键步骤是运用区位商法估算就业乘数。

就业乘数是城市总就业量与出口部门就业量之比，某一特定时期的城市总就业量为已知数，因此，只要估算同时期出口部门的就业量，就能测算出就业乘数，实际中可运用区位商法来估算出口部门的就业量。

区位商是两个数值相除所得的商，分子为城市中某行业就业量与城市总就业量之比，分母为全国该行业就业量与全国总就业量之比。通常用公式表示如下：

$$区位商(LQ_j)=(Eu_j/Eu)/(Et_j/Et) \tag{4-1}$$

式中，Eu_j 为城市 j 行业的就业量；Eu 为城市总就业量；Et_j 为全国 j 行业的就业量；Et 为全国总就业量。举例来说，如果某城市总就业量为10万人，其中服装行业就业量为2万人，则 $Eu_j/Eu=0.2$；同时全国就业总量为1 000万人，其中服装行业就业量为40万人，则 $Et_j/Et=0.04$。因此，该城市服装行业的区位商 $LQ_j=0.2/0.04=5$。

区位商通常用来判断某行业在某地区的专业化程度，区位商越大，表明该地区该行业的专业化水平越高，同时意味着该行业所提供的产品和服务在满足了本地区消费需求后还有剩余，用于出口。仍以服装业为例，区位商的分母是全国服装业就业占全国总就业的比例，通常可将其理解为一个衡量标准，即城市需要多少本地服装部门就业才能满足当地对服装的需求。例如，如果全国4%的就业人口从事服装生产（区位商的分母为0.04），那就意味着城市需要其就业人口的4%进行服装生产来满足当地对服装的需求。区位商的分子是城市服装业就业占城市总就业的比例，表示城市实际有多少就业人口从事服装生产。例如，如果区位商的分子为0.2，表明城市总就业量的20%从事服装生产。区位商等于5说明城市只需要其就业人口的4%进行服装生产，就能满足当地对服装的需求，而实际上城市用其总就业量的20%来从事服装生产，换句话说，就服装行业而言，城市1/5的该行业就业人口为当地消费而生产，4/5的该行业就业人口为出口而生产。因此说，当某城市服装业的区位商>1时，意味着城市服装业的供给能力大于当地的需求能力，存在为出口而生产的情况；当区位商=1时，意味着城市服装业的供给能力恰好能够满足当地需求；而当区位商<1时，则意味着城市服装业的供给能力不能满足当地需求，需要进口。

运用区位商法计算城市各行业的区位商后，即可估算出各行业为出口而生产的就业量，公式如下：

$$E_j=[(LQ_j-1)/LQ_j]\times T_j \tag{4-2}$$

式中，E_j 为城市 j 行业为出口而生产的就业人数；LQ_j 为 j 行业的区位商；T_j 为 j 行业的总就业量。仍以上述服装业为例，城市服装业就业量为2万人，服装业区位商为5，根

据式（4-2）可得，服装业为出口而生产的就业量为 1.6 万人(=4/5×2 万)。

将城市各行业为出口而生产的就业量进行加总，得到城市出口部门的就业量。最后，用城市总就业量除以出口部门就业量，就得出就业乘数。综上，城市就业乘数的计算分为四步：

第一步：分别计算城市各行业的区位商。

第二步：分别计算各行业为出口而生产的就业量。

第三步：加总各行业为出口而生产的就业量，得出城市出口部门的就业量。

第四步：将城市总就业量（已知）除以出口部门的就业量，得出就业乘数。

对某一城市出口部门就业变动量进行预测时，一方面要预测全国其他区位对该城市出口产品需求的变动趋势，另一方面要评价该城市对生产这类产品的厂商的吸引力。如果该城市的吸引力没有发生变化，那么该城市出口部门的就业量将随着全国需求的变动以相同比例变动，如果该城市吸引力增强，出口部门的就业量会增加得更快。

获得就业乘数和出口部门就业变动量两个数据后，将两者相乘，即可得出城市总就业量的变动量。

资料卡

区位商法的假设条件

区位商法在使用中有一定的假设条件和局限，主要是：第一，假定每个城市相同行业的劳动生产率都相同。如果某城市的某行业拥有较高的劳动生产率，其生产单位产品所需的劳动人数较少，那么，区位商法将会低估该行业的出口能力。第二，假定每个城市具有统一的消费结构，对某行业产品具有相同的人均需求。如果某城市对某行业产品的人均需求量偏大，将会高估该城市中该行业为出口而生产的劳动人数。第三，假定国内自给自足，没有对国外的进口和出口，只有国内不同地区之间的“进口”和“出口”，因此才能用某行业在全国的就业份额表示用来满足地方需求的份额。

三、预测城市总产出量的变动——投入产出法

投入产出法是一种常用的经济分析和预测方法，它通过把一系列部门在一定时期内的投入来源和产出去向排列成投入产出表来计算消耗系数，进而实现经济分析和预测。投入产出表是一个平衡表，反映了一定时期内各部门间的相互联系和比例关系。假设城市有三个厂商部门和一个家庭部门，三个厂商分别是服装厂、布匹厂、理发店，相应提供服装、布匹、理发，服装和布匹既出口又供当地消费，理发仅供当地消费。表 4-2 是相应的投入产出表。

表 4－2 **投入产出表** 单位：万元

投入品	服装厂	布匹厂	理发店	家庭	出口	总计
服装	0	500	500	1 000	7 000	9 000
布匹	3 000	0	500	500	1 000	5 000
理发	0	0	0	3 500	0	3 500
劳动	5 000	3 000	2 000	0	0	10 000
进口	1 000	1 500	500	5 000	0	8 000
总计	9 000	5 000	3 500	10 000	8 000	35 500

表 4－2 中的前三列数字分别是服装厂、布匹厂、理发店的投入来源情况，例如，第一列数字表明服装厂投入布匹 3 000 万元、劳动 5 000 万元，使用进口产品 1 000 万元，总计投入 9 000 万元。第四列数字表示经济体中的家庭部门将其收入中的 1 000 万元用于购买服装、500 万元用于购买布匹、3 500 万元用于理发支出、5 000 万元用于购买进口产品。第五列数字表示服装、布匹的出口额分别是 7 000 万元和 1 000 万元。

表 4－2 中的前三行数字分别反映了三个厂商产品和服务的去向，例如，对于服装厂的产品来说，布匹厂购买 500 万元、理发店购买 500 万元、家庭部门购买 1 000 万元、出口 7 000 万元，总计也是 9 000 万元。第四行数字表示家庭部门向服装厂提供 5 000 万元劳动、向布匹厂提供 3 000 万元劳动、向理发店提供 2 000 万元劳动。第五行数字表示进口商品的去向：服装厂 1 000 万元、布匹厂 1 500 万元、理发店 500 万元、家庭部门 5 000 万元。

根据表 4－2 编制表 4－3 如下。

表 4－3 **直接消耗系数表**

投入品	服装厂	布匹厂	理发店	家庭
服装	0	0.10	0.14	0.10
布匹	0.33	0	0.14	0.05
理发	0	0	0	0.35
劳动	0.56	0.60	0.58	0
进口	0.11	0.30	0.14	0.50
总计	1	1	1	1

表 4－3 中的前三列数字分别是服装厂、布匹厂、理发店的投入消耗系数，例如第一列数字显示，布匹投入占服装厂生产总投入的 33%，劳动投入占 56%，进口产品投入占 11%。第四列数字表示家庭将其收入的 10%用于购买服装，5%用于购买布匹，35%用于理发支出，50%用于购买进口产品。

运用表 4－3 可测算两个出口厂商——服装厂和布匹厂出口增加的乘数效应，下面以服装厂出口增加 1 万元为例说明如何计算该乘数。当服装出口增加 1 万元后，会产生一系列的支出循环：

首先，增加布匹生产 0.33 万元、增加工资 0.56 万元，合计 0.89 万元。

其次，布匹生产增加 0.33 万元后，会增加服装生产 0.33×0.10＝0.033 万元，同时，增加工资 0.33×0.60＝0.198 万元；工资增加 0.56 万元后，会增加服装生产 0.56×0.10＝0.056 万元、布匹生产 0.56× 0.05＝0.028 万元、理发消费 0.56×0.35＝0.196 万元。合计 0.511 万元。

再次，服装生产增加 0.033 万元＋0.056 万元＝0.089 万元后，又会增加布匹生产 0.089×0.33＝0.029 37 万元，增加工资 0.089×0.56＝0.049 84 万元；工资增加 0.198 万元后，又会增加服装生产 0.198×0.10＝0.019 8 万元、布匹生产 0.198×0.05＝0.009 9 万元、理发消费 0.198×0.35＝0.069 3 万元；布匹生产增加 0.028 万元后，又会增加服装生产 0.028×0.10＝0.002 8 万元、增加工资 0.028×0.60＝0.016 8 万元；理发消费增加 0.196 万元后，又会增加服装生产 0.196×0.14＝0.027 44 万元、布匹生产 0.196×0.14＝0.027 44 万元、工资 0.196×0.58＝0.113 68 万元。合计 0.366 37 万元。

最后，依此类推，不断循环。可见，当服装出口增加 1 万元后，会使经济体支出增加 1＋0.89＋0.511＋0.366 37＋…，每轮支出的数量都少于前一轮，这是由于厂商和家庭都有一部分支出用于进口产品。实际中可借助直接消耗系数表通过计算列昂惕夫逆矩阵，测算各个出口部门的出口每增加单位数量（例如 1 万元）所导致的经济体支出增加总量，即出口乘数。根据投入产出表中出口厂商的出口数量，以及测算出的出口乘数，可估计因出口增加而带来的城市生产增长量。

总之，投入产出法与经济基础法都可用于考察城市经济增长，两种方法存在一定的不同，主要体现在两个方面：一方面，经济基础法假设各行业的就业乘数是相同的，而投入产出法则认为不同行业的出口乘数不尽相同；另一方面，经济基础法需要运用区位商法测算行业的出口就业量，而投入产出法运用投入产出表可直接获悉不同行业的出口规模。

4.2 城市政府

作为一级地方政府，城市政府的作用至关重要。市场经济中城市政府是地方公共物品的供给者，负责向城市居民提供诸如供水、排污、公园、绿地、消防、警察、教育一类的产品和服务，相应地也就存在如何确定公共物品最优供给量的问题。蒂伯特模型描述了城市居民“用脚投票”选择居住地的过程，表明与举手投票相比，市民“用脚投票”选择公共物品供给量将更有效率。大量事实表明，城市政府支出呈增长趋势，这在理论上能够得到解释。城市政府的收入主要来自各种税收、部分非税收入以及政府间转移支付等。

一、城市政府及其经济职能

我国的地方各级人民政府按照行政区域设置，基本上分为四级：省、自治区、直辖市、特别行政区政府；地级市、自治州、地区、盟政府；市辖区、县级市、县、自治县政府；镇、乡政府。根据《中国统计年鉴—2017》，截至 2016 年年底，我国共有 23 个省、5

个自治区、4 个直辖市、2 个特别行政区；293 个地级市；954 个市辖区、360 个县级市、1 366 个县、117 个自治县；20 883 个镇、10 872 个乡。关于我国对城市的界定，参见本书导言部分。

资料卡

美国的五种地方政府

美国的地方政府具有多样性和复杂性，被形象地称为“百纳被”模式。美国的地方政府类型分别是：县（county）、自治市（municipal）、乡镇（township）、学区（school districts）、特别区（special districts）。2002 年，美国共有 3 034 个县、19 429 个自治市、16 504 个乡镇、13 506 个学区、35 052 个特别区。在美国的五种地方政府中，前三种是一般目的政府，承担综合性的公共服务职能，后两种属于特殊目的政府，只承担某一项或几项公共服务功能。具体来说，县政府一方面是州政府的行政管理分支，负责出生、死亡、结婚登记以及公共档案、法院、选举等，另一方面又是独立的地方政府单位，向县范围内的公民提供警察、消防、供水等公共服务。自治市与县政府提供的公共服务不完全相同，主要负责提供与公民生活密切相关的公共服务，如道路、绿地、公园、娱乐、垃圾清运、土地使用控制等。乡镇政府集中分布在美国东北部地区，承担着除司法功能之外的所有公共服务。学区专门承担公立教育职能。特别区形式多样，例如灌溉区、排水区、图书馆区、公立医院区、高速公路区、机场和港口区等，近年来，特别区有快速增长的趋势。

市场经济中政府的经济职能主要体现在三个方面：第一，运用货币政策、财政政策等对宏观经济进行调控，以控制失业与通货膨胀，稳定经济运行；第二，利用税收与转移支付等工具，实现国民收入再分配，调节社会收入差距；第三，提供相关产品与服务。考虑到金融秩序的稳定和国民收入再分配的政策效果，宏观经济调控和收入再分配的职能必须由中央政府来承担。因此，作为地方政府的城市政府，其经济职能仅限于提供相关产品与服务，换句话说，城市政府在市场经济中扮演着特定类型产品与服务供给者的角色。

城市政府通常提供哪些类型的产品与服务？一般来说有三大类：自然垄断产品、外部性产品、地方公共物品。根据经济学原理，自然垄断产品具有规模经济显著、一家厂商提供时成本最低的特征，例如供水、供电、污水处理等公共基础设施。外部性分为正外部性和负外部性，具有正外部性的产品和服务，其均衡量小于最优量，会出现供给不足，需由政府提供，例如义务教育服务。地方公共物品具有非竞争性、非排他性以及收益地方化的特征，非排他性决定了公共物品不用付费就可以消费，任何追求利益最大化的个人都不愿意提供公共物品，而公共物品对于社会发展和人类生活又是必需的，因此，只能由政府负责提供，例如公园、消防等。

资料卡

为什么不付费也可以消费公共物品？

原因有两个方面：一方面，从公共物品供给方的角度讲，如果对公共物品收费，可能面临一定的障碍，包括成本过高、政治上道德上不可行、找不到应当付费的人等等。另一方面，从公共物品需求方的角度讲，每个人都认为自己的支付微不足道，是沧海一粟，同时，因为没有消费上的竞争者，付费的动力也不足。因此，对公共物品付费，只受道义责任或社会压力驱使，没有经济理由。

二、城市政府如何确定公共物品的供给量

（一）公共物品存在最优供给量

美国经济学家萨缪尔森在其 1955 年的论文《公共支出理论的图式探讨》中证明，对每一种公共物品来说，都存在一个最优的或最有效的产出水平。图 4－4、图 4－5、图 4－6 以公园为例，简要说明了公共物品最优供给量的确定。

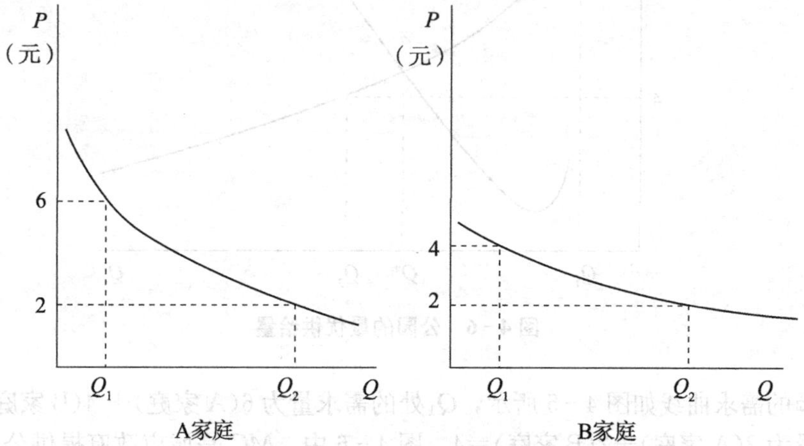

图 4－4　家庭对公园的不同需求曲线

家庭对公共物品的需求曲线与对私人物品的需求曲线形状一样，都向右下方倾斜。图 4－4 描述了 A 家庭和 B 家庭对公园的需求状况，该图显示，A 家庭为了得到 Q_1 数量（用面积表示）的公园，最高愿意支付 6 元，为了得到 Q_2 数量，最高愿意支付 2 元；B 家庭为了得到 Q_1 数量的公园，最高愿意支付 4 元，Q_2 处最高愿意支付 2 元。作为公共物品的公园，在消费上具有非竞争性，这就意味着如果城市政府提供 Q_1 数量的公园，A 家庭能得到 Q_1，B 家庭也能得到 Q_1，因此，为了得到 Q_1 数量的公园，社会愿意支付的最高价格是单个家庭在 Q_1 处所愿意支付的最高价格之和。假设城市只有 A、B 两个家庭，那么，

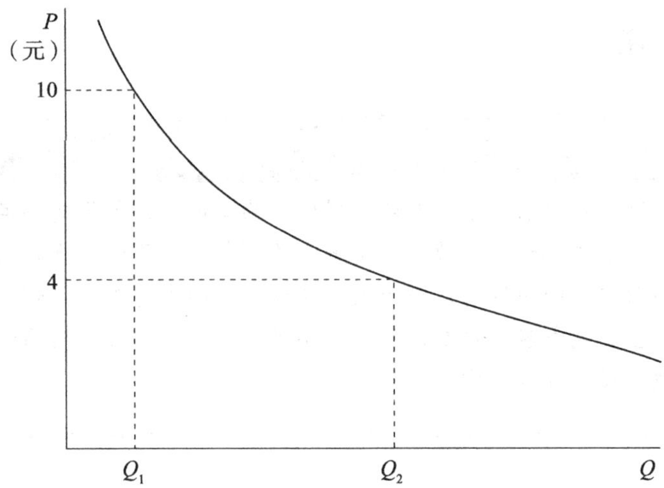

图 4－5　城市对公园的需求曲线

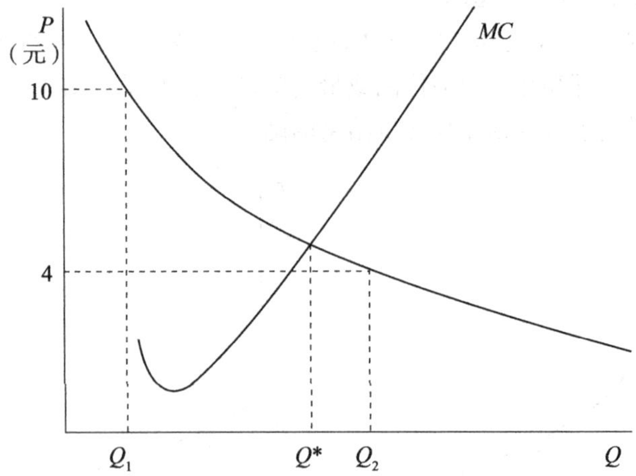

图 4－6　公园的最优供给量

城市对公园的需求曲线如图 4－5 所示，Q_1处的需求量为 6(A 家庭)＋ 4(B 家庭)＝10，Q_2处的需求量为 2(A 家庭)＋2(B 家庭)＝4。图 4－6 中，*MC* 是城市政府提供公园的边际成本曲线，它与城市对公园的需求曲线（可视为边际收益曲线）的交点所决定的数量 Q^*，即公园的最优供给量。

公共物品既然存在最优供给量，作为供给者的城市政府，采取何种方式来确定公共物品的供给数量，使之实现最优化呢？通常来说，当城市政府决定提供某种公共物品例如公园时，要向市民公开征询不同的供给量方案，市民通过投票来表达其偏好，因此，市民的投票方式在很大程度上决定了公共物品的供给量。

（二）市民举手投票

举手投票遵循的基本原则是“少数服从多数”，中数投票人的偏好往往决定了投票结果。所谓中数投票人是指如果投票人的偏好分布相对均匀，那么，将所有投票人的偏好按照一定的顺序（比如由低到高）排列，其偏好位于中间位置上的投票人。举例来说，某城市有 90 万人，对公园预算的偏好不尽相同，有的人偏好低预算方案，有的人则倾向于高预算方案。假设存在 2 万元、3 万元、4 万元、5 万元、6 万元、7 万元、8 万元、9 万元、10 万元 9 种偏好，支持每种偏好的人数都是 10 万人，那么，主张公园预算为 6 万元的投票人就是中数投票人。如果城市政府提出 5 万元预算和 8 万元预算两种选择，通过全体市民举手投票确定结果，由于 5 万元预算相比 8 万元预算来说更靠近中数投票人的偏好（6 万元），因此，最终结果肯定是 5 万元预算方案胜出，投票表决将是 50 万人（5 万元）vs. 40 万人（8 万元）。

以举手投票方式确定公共物品的供给量时，存在的最大问题是投票结果不一定是最优的。举例来说，城市某辖区政府决定修建一座公园，通过辖区内市民举手投票的方式决定公园面积大小。根据对公园面积的偏好，将辖区内市民分为三类：偏好大面积公园、偏好中等面积公园、偏好小面积公园，分别用 Al、Am、As 表示他们所偏好的公园面积数。假设市民偏好多样化，三类市民人数相差不大，考虑到这一点，进行三轮投票，每轮投票时市民从两个方案中选出一个。显然，最后的投票结果必然是 Am 胜出，辖区政府提供中等面积的公园。图 4－7 以本例来表明举手投票的结果可能是无效率的。

图 4－7 中横坐标为公园面积 A，纵坐标为金额 \$，城市某辖区政府通过向市民征税筹资来修建公园，税收由辖区内对公园面积有不同偏好的三类市民家庭平均分摊。PMR 表示私人边际收益，即公园面积增加 1 单位，每个家庭从中获得的收益量，根据边际收益递减规律，PMR 向右下方倾斜。设定 PMR_1 为偏好大面积公园家庭的边际收益，PMR_2、PMR_3 分别为偏好中等面积和小面积公园家庭的边际收益。PMC 表示私人边际成本，即公园面积增加 1 单位，每个家庭所增加的支出，由于费用是平均分摊给每个家庭的，所以，每个家庭的 PMC 相同且为一个固定量。SMR 为社会边际收益，等于三类家庭 PMR 的垂直相加；SMC 为社会边际成本，是 PMC 的垂直相加，即修建公园的总费用或家庭缴纳的总税收。

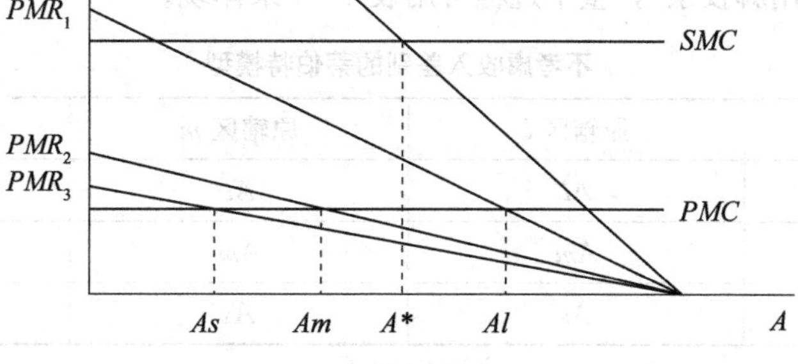

图 4－7　举手投票的无效率

图 4-7 显示，根据 $PMR_1=PMC$、$PMR_2=PMC$、$PMR_3=PMC$，三类家庭所选择的公园面积分别为 Al、Am、As，然而，根据 $SMR=SMC$ 的原则，公园最优面积为 A^*。按照中数投票人原则，举手投票方式决定的公园面积是 Am，然而 $Am \neq A^*$，这就意味着如果中数投票人的偏好与最优量不同，举手投票的决策结果就可能不是最优的，换句话说，就可能是无效率的。

（三）市民“用脚投票”

1. 蒂伯特模型

蒂伯特模型是一个关于地方公共物品的完全竞争市场理论，由美国经济学家查尔斯·蒂伯特于 1956 年提出。其大意是：当家庭发现其所居住的辖区不能满足其对公共物品的要求，而另一辖区能提供符合其要求的公共服务与税收组合时，就会采取“用脚投票”的办法，离开现住辖区，前往符合其要求的辖区居住。

蒂伯特模型的主要假设如下：

第一，有足够的辖区供家庭挑选，每个家庭都能找到满足其公共服务需要的辖区；

第二，家庭拥有关于每个辖区公共服务和税收的完全信息；

第三，家庭是完全流动的，并且流动无成本，居住地的变动对家庭就业和收入没有影响；

第四，地方政府的活动不产生外部性，地方公共物品不存在利益外溢；

第五，不考虑公共物品生产的规模经济，公共物品的平均成本不变；

第六，地方政府提供公共物品时，用税收来筹集资金，税率在各辖区之间可以不同。

在上述假设条件下，家庭根据各辖区公共服务与税收的组合以及自身的要求，对辖区做出评价和选择。如果现有辖区的公共服务和税收组合符合其要求，就留在原地，相反，如果现有辖区的公共服务和税收组合不能满足其要求，就迁往令其满意的另一辖区。家庭用留下或迁走来表达其对地方公共物品的态度，因此，蒂伯特形象地将这一过程称为“用脚投票”。

举例来说，城市中有三个辖区：辖区 l、辖区 m、辖区 s，假设辖区 l 政府提供的公园面积较大，辖区 s 的公园面积较小，辖区 m 居中；每个辖区内都有三类家庭：Al、Am、As，暂不考虑家庭之间的财产差异，假设三类家庭收入相同，但对公园面积的偏好不同，Al 家庭喜欢面积大的公园，As 家庭偏好小面积公园，Am 家庭对公园面积的要求居中。根据蒂伯特模型，对公园面积偏好相同的家庭将归为一类，选择公园面积与其要求相符的辖区居住，完成“用脚投票”，整个过程可用表 4-4 来体现。

表 4-4　　不考虑收入差别的蒂伯特模型

	原辖区 l	原辖区 m	原辖区 s
新辖区 l	Al	Al	Al
新辖区 m	Am	Am	Am
新辖区 s	As	As	As

表 4－4 中原辖区 l 所对应的一列表示该辖区公园面积较大，但辖区中居住着对公园面积有不同要求的三类家庭；新辖区 l 所对应的一行表示原辖区 l 中喜欢大面积公园的家庭留下来，原辖区 m 和原辖区 s 中偏好大面积公园的家庭，分别从原辖区 m 和原辖区 s 迁至新辖区 l，因此，都偏好大面积公园的家庭组成新辖区 l。同理，新辖区 m 由都偏好中等面积公园的家庭组成，新辖区 s 由都偏好小面积公园的家庭组成。

如果考虑家庭之间的财产差异，情况相对复杂，但不会改变蒂伯特模型的思想内容。举例来说，城市中有三个辖区：辖区 l、辖区 m、辖区 s，各辖区提供的公园面积有所差别；每个辖区内都有三类家庭：Al、Am、As，对公园面积的偏好不同，同时，家庭财产收入状况也不同，分为富裕家庭与贫穷家庭两类。为使问题简单化，假设对公园面积有不同偏好的三类家庭中，分别都有一半的富裕家庭和一半的贫穷家庭。家庭“用脚投票”的结果如表 4－5 所示。

表 4－5　　考虑收入差别的蒂伯特模型

	原辖区 l	原辖区 m	原辖区 s
新辖区 $l\sim r$	$Al\sim r$	$Al\sim r$	$Al\sim r$
新辖区 $l\sim p$	$Al\sim p$	$Al\sim p$	$Al\sim p$
新辖区 $m\sim r$	$Am\sim r$	$Am\sim r$	$Am\sim r$
新辖区 $m\sim p$	$Am\sim p$	$Am\sim p$	$Am\sim p$
新辖区 $s\sim r$	$As\sim r$	$As\sim r$	$As\sim r$
新辖区 $s\sim p$	$As\sim p$	$As\sim p$	$As\sim p$

表 4－5 中原辖区 l 所对应的一列表示该辖区提供的公园面积较大，辖区中居住着对公园面积有不同要求的三类家庭，每类家庭又根据收入多少分为富裕和贫穷两种情况。新辖区 $l\sim r$ 所对应的一行表示原辖区 l 中喜欢大面积公园的富裕家庭，以及原辖区 m 和原辖区 s 中喜欢大面积公园的富裕家庭组成一个新的辖区。新辖区 $l\sim p$ 所对应的一行表示原辖区 l 中偏好大面积公园的贫穷家庭，以及原辖区 m 和原辖区 s 中偏好大面积公园的贫穷家庭组成一个新的辖区。

2. “用脚投票”有效率

与举手投票相比，市民“用脚投票”选择公共物品供给量将更有效率，图 4－8 表明了这一点。

图 4－8 中横坐标 A 为公园面积，纵坐标 \$ 表示金额，城市某辖区政府通过向市民征税筹集资金来修建公园，税收由辖区内对公园面积有不同偏好的三类市民家庭平均分摊。PMR、SMR、PMC、SMC 的含义同图 4－7，与图 4－7 不同的是，家庭“用脚投票”后，辖区内的每个家庭对公园面积的偏好都相同，因此，辖区内每个家庭的私人边际收益曲线 PMR 完全相同。SMR 为 PMR 的垂直相加，SMC 为 PMC 的垂直相加。这样一来，PMR 与 PMC 的交点和 SMR 与 SMC 的交点对应的公园面积相同，即图中的 A^*，这就意味着私人决策的数量就是最优量，从而表明“用脚投票”是有效率的。

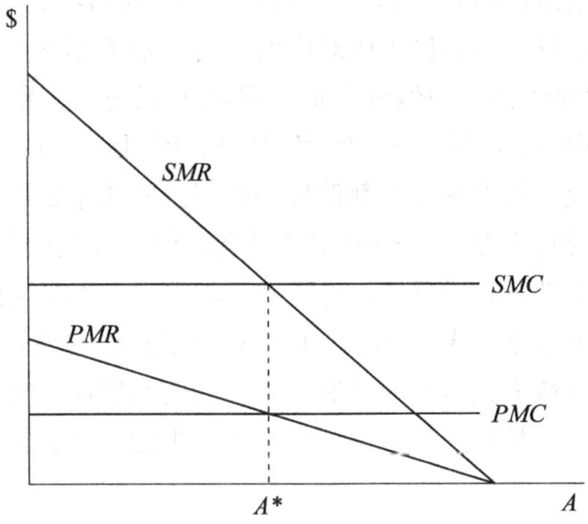

图 4-8　“用脚投票”比举手投票有效率

三、城市政府的支出

（一）城市政府支出呈增长趋势

美国人口普查局 2012 年 9 月发布的《州与地方政府财政概要：2010》指出，与 2009 年相比，2010 年美国州与地方政府财政支出增加了 4%，达到 3.1 万亿美元。支出中居前四位的是：教育支出 8 600 亿美元、公共福利支出 4 567 亿美元、保险信托支出 3 598 亿美元、公用事业支出 2 062 亿美元，四项合计占当年总支出的 60%多。如果不考虑州政府，单就地方政府而言，支出最多的前两项是教育和公用事业，分别为 6 059 亿美元和 1 827 亿美元。表 4-6 列举了 2001—2010 年美国地方政府的财政支出，以及其中用于教育和公用事业的支出，可以看到，地方政府财政支出逐年增加，除了极个别年份，地方政府用于教育和公用事业的支出也都呈增加趋势。

表 4-6　2001—2010 年美国地方政府财政支出　单位：亿美元

财政年度	总支出	教育支出	公用事业支出
2001	10 701	4 112	1 109
2002	11 553	4 327	1 194
2003	11 949	4 507	1 222
2004	12 591	4 744	1 341
2005	13 107	4 976	1 338
2006	13 866	5 255	1 444
2007	15 166	5 606	1 597
2008	15 903	5 940	1 675
2009	16 642	6 081	1 786
2010	16 666	6 059	1 827

资料来源：美国人口普查局网站。

根据表 4－6 的数据绘制图 4－9，可以看到美国地方政府财政支出连年增加的趋势。

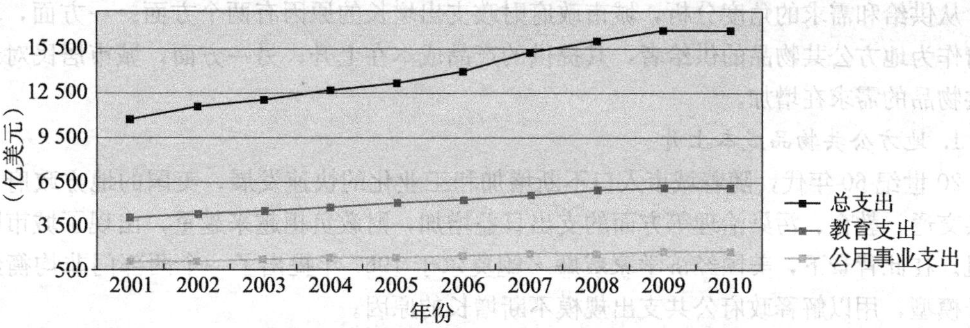

图 4－9　2001—2010 年美国地方政府财政支出

就我国来说，表 4－7 列举了 2002—2010 年我国地级城市和地级及以上城市的财政支出状况，可以看到，除了个别年份外，财政支出也呈增加趋势。图 4－10 是根据表 4－7 的数据绘制的。

表 4－7　　我国地级及以上城市财政支出　　单位：亿元

年份	地级及以上城市财政支出	地级城市财政支出
2002	15 281.5	6 899.1
2003	17 229.9	7 845.2
2005	25 154.3	11 772.6
2006	30 431.3	14 068.9
2007	49 565.4	17 482.1
2008	62 592.7	21 296.7
2009	61 044.1	25 745.7
2010	89 874.2	31 574.8

注：2004 年数据缺失。

资料来源：相关年份《中国统计年鉴》。

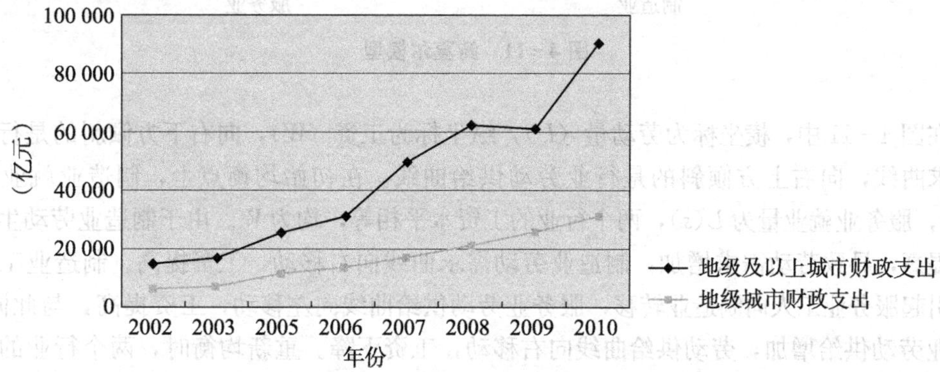

图 4－10　2002—2010 年我国地级及以上城市财政支出

（二）城市政府财政支出增长的原因

从供给和需求的角度分析，城市政府财政支出增长的原因有两个方面：一方面，城市政府作为地方公共物品的供给者，其提供的产品成本在上升；另一方面，城市居民对地方公共物品的需求在增加。

1. 地方公共物品成本上升

20 世纪 60 年代，随着城市人口不断增加和工业化的快速发展，美国的地方政府用于公共交通、教育、污染治理等方面的支出日益增加，财政负担越来越重，出现了城市财政危机。在此背景下，美国经济学家威廉·鲍莫尔于 1967 年提出了一个两部门非均衡经济增长模型，用以解释政府公共支出规模不断增长的原因。

模型假定经济体分为两个部门：一个是技术进步部门，一个是技术停滞部门，技术进步部门的劳动生产率以固定比率不断提高，技术停滞部门的劳动生产率保持不变。假定劳动是唯一的生产要素且同质，劳动总供给固定，劳动力在两个部门之间的流动无成本，两个部门的工资水平相等且以相同的比率提高。根据模型假设，最终得出技术进步部门的平均成本保持不变，技术停滞部门的平均成本上升。

举例来说，假设经济体中的制造业属于技术进步部门，服务业属于技术停滞部门，因此，制造业工人的劳动生产率不断提高，服务业工人的劳动生产率保持不变，工人在制造业和服务业之间的流动无成本，均衡时所有工人的工资相同，同时，工人的劳动总供给固定。模型如图 4-11 所示。

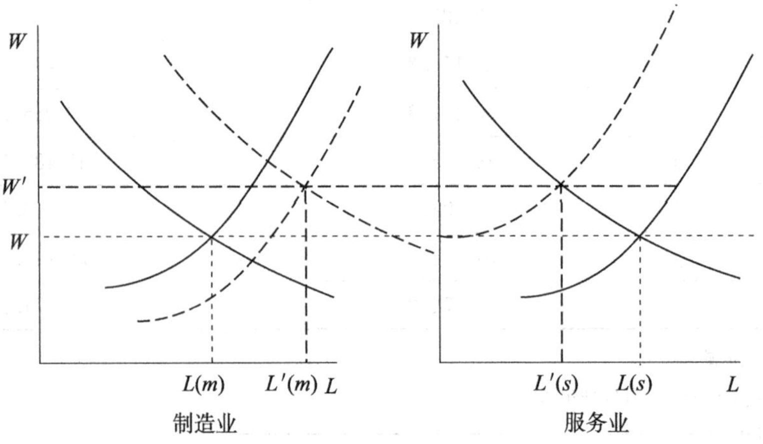

图 4-11 鲍莫尔模型

在图 4-11 中，横坐标为劳动量（L），纵坐标为工资（W），向右下方倾斜的是行业劳动需求曲线，向右上方倾斜的是行业劳动供给曲线。在初始均衡点上，制造业就业量为 $L(m)$，服务业就业量为 $L(s)$，两个行业的工资水平相等，均为 W。由于制造业劳动生产率不断提高，导致劳动需求增加，制造业劳动需求曲线向右移动，工资提高。制造业工资提高，引起服务业工人向制造业转移，服务业劳动供给曲线向左移动，工资提高，与此同时，制造业劳动供给增加，劳动供给曲线向右移动，工资下降。重新均衡时，两个行业的工资相同，均为 W'，制造业就业量为 $L'(m)$，服务业就业量为 $L'(s)$，并且 $L(m)+L(s)=$

$L'(m)+L'(s)$。值得注意的是，从均衡到再次均衡，均衡工资水平上升，即 $W'>W$。

进一步思考，均衡工资提高将如何影响制造业和服务业的产品成本？对制造业而言，工资提高的同时劳动生产率也提高，因此，产品的平均成本可能保持不变，而对服务业来说，工资提高，但劳动生产率不变，平均成本上升。鲍莫尔模型表明，随着名义工资的提高，停滞部门产品的平均成本不断增加，如果产品需求缺乏价格弹性，那么，产品消费支出将会越来越高，如果产品富有弹性，则会因成本上升引起价格上升而使消费减少，最终导致市场萎缩甚至消失。

城市政府是地方公共物品的供给者，警察、消防、公路、公园、教育等地方公共物品，与上例中的服务业产品类似，属于非标准化产品，劳动生产率较难提高，因此，如果私人部门（类似于例子中的制造业）工资提高，将引起地方公共物品成本中的劳动成本增加，从而使地方公共物品成本上升。

2. 地方公共物品需求增加

城市居民对地方公共物品的需求受到收入效应和替代效应的影响。以教育需求为例，技术进步部门劳动生产率提高，增加了经济体的产出，提高了市民收入，教育作为一种正常商品，随着家庭收入增加，教育需求增加，这就是收入效应。如果把教育看作技术停滞部门，根据鲍莫尔模型，教师的劳动生产率不变，同时，教师的工资提高，导致教育成本和价格提高，教育需求减少，这就是替代效应。如果教育需求的收入弹性大于价格弹性，收入效应将大于替代效应，教育需求增加。因此，当地方公共物品的需求收入弹性大于需求价格弹性时，将会导致城市居民对地方公共物品的需求增加。

四、地方税的转嫁

（一）城市政府的收入构成

城市政府的收入主要来自各种税收、部分非税收入以及政府间转移支付。

为了正确处理中央与地方的分配关系，遵循按事权划分财权、按收入确定支出的原则，1994 年我国实行了分税制，在税收征管上，按照不同的税种，划分了国税系统负责征收的税种和地税系统负责征收的税种。中央集中管理和使用的税种包括：关税；海关代征消费税和增值税；消费税；中央企业所得税；地方银行和外资银行及非银行金融企业所得税；铁道部门、各银行总行、各保险总公司等集中交纳的收入；车辆购置税。地方管理和使用的税种包括：营业税；地方企业所得税；个人所得税；城镇土地使用税；固定资产投资方向调节税；城市维护建设税；房产税；车船使用税；印花税；屠宰费；耕地占用税；契税；遗产或赠与税；土地增值税等。中央、地方共享税包括：增值税、资源税、证券交易税，其中，增值税中央分享 75%，地方分享 25%，资源税按不同的资源品种划分，证券交易税中央与地方各分享 50%。

之后经过不断调整，1994 年税制改革时的三项共享税变为当前的五项共享税，即增值税、企业所得税、个人所得税、资源税和城市维护建设税，中央与地方的共享税范围变大。营业税作为地方税系的第一大税种，随着我国营改增试点的全面推行而退出历史舞台，在过渡期内所有行业企业缴纳的增值税均纳入中央和地方共享范围，中央分享 50%，地方按税收缴纳地分享 50%。可见我国地方政府目前主要的税收来源是共享税，包括增值税、企业所得税、个人所得税、资源税等，完全属于地方税系的税种虽然较多，但相对而言都是小税种，收入贡献度并不高。

2010 年美国地方政府的一般性收入中，约有 40%来自税收，其中又以财产税占绝对优势，占税收总收入的 75%。图 4-12 为美国 2010 财政年度州与地方政府税收收入构成，可以看到财产税、销售税、个人所得税是美国州与地方政府财政收入中三个最主要的税种。

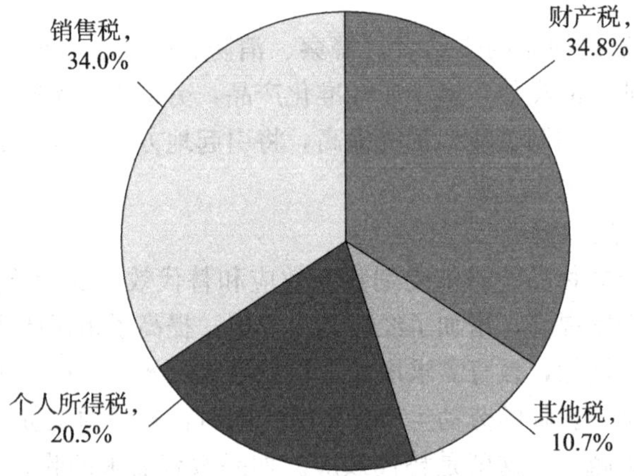

图 4-12 美国州与地方政府税收收入：2010 年

资料来源：State and Local Government Finances Summary：2010.

（二）所得税、财产税的转嫁

税收转嫁是纳税人将税负转移给其他人的一种经济现象，其实质是各经济主体之间税负的一种再分配。就税负转嫁的难易程度而言，通常认为，对商品课税时容易转嫁，对所得课税时不易转嫁；对供给弹性大、需求弹性较小的商品课税时容易转嫁，对供给弹性小、需求弹性大的商品课税时不易转嫁；对垄断性商品课税时容易转嫁，对竞争性商品课税时不易转嫁。下面分别考察所得税和财产税的转嫁问题。

1. 所得税的转嫁

所得税以公司或个人的所得额为课税对象，在美国，所得税是联邦政府的主要税种，即所谓联邦所得税，此外，大部分州政府也征收州所得税，有些大城市还征收地方所得税。例如，加利福尼亚州和华盛顿州，纳税人在缴纳了 15%～35%的联邦个人所得税后，还要缴纳 10%左右的州所得税，难怪美国有一种人尽皆知的说法，“人生有两件事不能摆脱：纳税和死亡”。所得税对城市土地市场会产生一定的影响，征收所得税将导致土地价格下降，原因在于，所得税提高了劳动成本，引起劳动需求减少、经济活动减少，从而对土地的需求减少，土地价格下降。

对于所得税来说，存在一个征收的地域范围问题，征收的地域范围不同，所得税的转嫁程度就不同。图 4-13 包括两幅图：左图为全国性劳动市场，右图为地方性劳动市场，通过比较两个图形，能够看出在全国范围内征税与在地方范围内征税，所得税的转嫁有所差异。

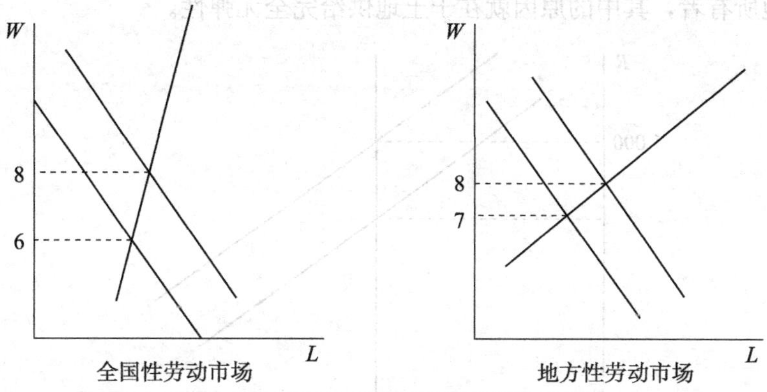

图 4-13　所得税的转嫁

图 4-13 中横坐标为劳动数量 L，纵坐标为工资 W，向右下方倾斜的直线是劳动需求曲线，向右上方倾斜的直线是劳动供给曲线，在全国性劳动市场中，劳动供给缺乏弹性，因此，与右图相比较，左图中的劳动供给曲线更加陡峭。初始状态下，两个市场都达到均衡，图中显示工资水平为 8。现在假设征收所得税并且由雇主缴纳，这一变化导致劳动需求减少，劳动需求曲线向左平移，均衡工资下降。两幅图中劳动需求曲线向左平移的幅度相同，但左图中均衡工资下降为 6，右图中下降为 7，全国性劳动市场上工资下降超过地方性劳动市场。工资下降相当于所得税税负的转嫁，两个市场上工资水平下降程度不同，表明所得税征收地域范围越广，税负越容易转嫁。

2. 财产税的转嫁

财产税是以纳税人所有或由其支配的财产为课税对象的税种，其征收的主要目的是促进社会财富的公平分配。财产税是西方国家地方政府最主要的财政收入，涵盖财产的所有、使用、转让、收益等多个环节，征收范围既包括城市房地产，也包括农村土地和建筑物，税种主要有房屋税、土地税、不动产税、不动产转让税、土地增值税、资本利得税、遗产税、赠与税等。我国的财产税包括住房财产税、车船使用税、城镇土地使用税等。

(1) 住房财产税的转嫁

考虑三个经济主体：土地所有者、住房所有者、住房消费者，假设三者之间的关系是住房所有者向土地所有者购买土地，建造住房，然后再将住房出租给住房消费者。如果价值 100 万元的一套房产，包括土地价值 20 万元，房屋价值 80 万元，当财产税税率为 0.1%时，意味着住房所有者必须缴纳 200 元的土地税和 800 元的房屋税。同时假设住房每月租金 5 000 元，其中地租 1 000 元，用于弥补住房所有者购买土地的支出，房租 4 000 元，用于弥补住房所有者建造住房的支出。

首先考察土地税的转嫁问题。图 4-14 绘制了土地市场的供给和需求曲线，横坐标为土地数量，纵坐标为地租，向右下方倾斜的直线代表土地需求曲线，由于土地供给量是一个固定值，图中用垂直于横轴的直线表示土地供给曲线，初始均衡时地租为 1 000 元。住房所有者需缴纳 200 元的土地税，这会导致土地需求减少，在图中即表现为土地需求曲线向左移动，引起均衡地租下降。均衡地租下降，表明住房所有者能够在不同程度上将土地税转嫁给土地所有者，其中的原因就在于土地供给完全无弹性。

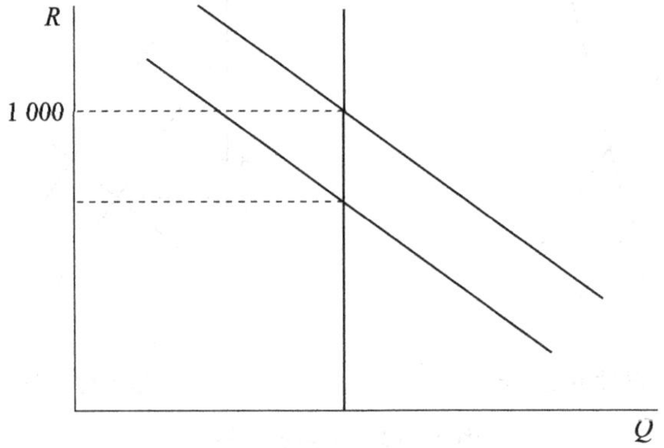

图 4－14　土地税的转嫁

再来考察房屋税的转嫁问题。如果进行局部均衡分析，即只考虑一个城市的情形，如图 4－15 所示。图中横坐标为住房的数量，纵坐标为房租，向右下方倾斜的直线代表住房需求曲线，向右上方倾斜的直线代表住房供给曲线，初始均衡时房租为 4 000 元。当住房所有者需缴纳 800 元的房屋税时，将导致住房供给减少，住房供给曲线向左移动，均衡房租提高，房租的提高表明住房消费者承担了部分房屋税。实际生活中，面对房屋税，住房所有者将住房改作其他用途，或者减少住房的修理维护费用，甚至放弃住房，这都能够减少住房的数量。

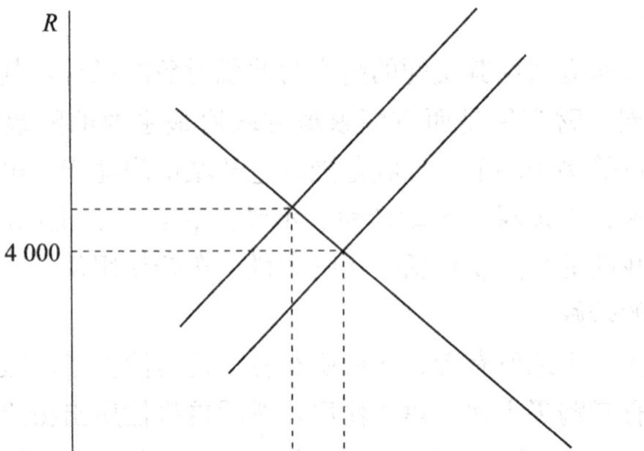

图 4－15　一个城市中房屋税的转嫁

当进行一般均衡分析时，就要考察多个城市的情形。以两个城市为例，假设甲、乙两个城市在同一地区，甲城征收财产税，乙城不征收财产税，同时假设住房短期内的供给缺乏弹性，长期则富有弹性，家庭不在两个城市之间流动，均衡时两个城市住房所有者的净收益相同。两个城市中房屋税的转嫁如图 4－16 所示，图中横坐标表示住房数量，纵坐标表示房租，向右下方倾斜的直线代表住房需求曲线。初始均衡时甲、乙两城住房所有者的净收益相等，均为房租 4 000 元，甲城均衡点为 A 点，乙城均衡点为 A'点。现在甲城的 800 元房屋税由住房所有者承担，其净收益降低为 3 200 元，乙城由于不征收财产税，住房所有者的净收益仍为 4 000 元。由于净收益减少，长期中甲城住房供给减少，假设均衡点由 A 点移至 B 点，房租升至 4 200 元，住房所有者的净收益为 3 400 元。乙城住房所有者较高的净收益导致乙城房屋供给增加，假设均衡点由 A'点移至 B'点，房租降至 3 800 元，住房所有者的净收益为3 800 元。此时，由于两个城市住房所有者的净收益不等，所以尚未实现区域均衡，当住房市场继续调整至 C 点（4 400 元）和 C'点（3 600 元）时，甲城住房所有者的净收益为 4 400元减去 800 元，即 3 600 元，和乙城住房所有者的净收益相等，实现了区域均衡。

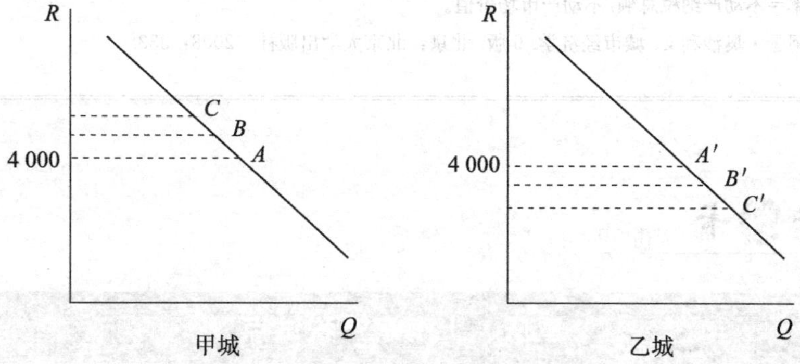

图 4-16　两个城市中房屋税的转嫁

上述一般均衡分析表明，财产税提高了甲城的房租，降低了乙城的房租，在这一过程中，甲城住房消费者的利益受损，房租由 4 000 元上涨到 4 400 元，损失为 400 元。乙城住房消费者则因为房租由 4 000 元下降到 3 600 元而获益 400 元，两者相抵消。实际上，房屋税由两个城市的住房所有者承担：(4 000－3 600)×2＝800 元。图 4-16 仅是一般均衡分析中的一种情况，如果在市场调整的过程中，甲城房屋减少量大于乙城房屋增加量，则可能出现新的均衡点，例如，C 点和 C'点对应的房租不再是 4 400 元和 3 600 元，而是 4 600 元和 3 800 元，这就意味着甲城住房消费者的损失（4 600－4 000＝600 元）超过乙城住房消费者的获益（4 000－3 800＝200 元），在这种情况下，住房所有者与住房消费者各自承担 400 元的房屋税。需要说明的是，如果区域内的城市数量不限于两个，而是较多，结论是相同的。

资料卡

美国主要城市的住宅不动产税率

城市	住宅不动产有效税率（%）
檀香山	0.37
纽约	0.93

续前表

城市	住宅不动产有效税率（%）
洛杉矶	1.08
波士顿	1.10
芝加哥	1.69
休斯敦	2.62
布里奇波特	3.86

注：有效税率=不动产纳税总额/不动产市场价值。

资料来源：阿瑟·奥沙利文. 城市经济学. 6版. 北京：北京大学出版社，2008：333.

资料卡

重庆、上海房产税试点

2011年1月底，作为国家首批个人住房房产税改革试点城市，重庆和上海开始试行征收房产税。

重庆版房产税规定，首批纳入征收对象的住房为：个人拥有的独栋商品住宅；个人新购的高档住房；在重庆市同时无户籍、无企业、无工作的个人新购的第二套（含第二套）以上的普通住房。纳税人为应税住房产权所有人。应税住房的计税价值为房产交易价。独栋商品住宅和高档住房交易单价在市场均价3倍以下的，税率为0.5%；3倍（含3倍）至4倍的，税率为1%；4倍（含4倍）以上的，税率为1.2%。在重庆市同时无户籍、无企业、无工作的个人新购第二套（含第二套）以上的普通住房，税率为0.5%。个人住房房产税收入全部用于公共租赁房的建设和维护。

上海版房产税规定，征收对象是本市居民家庭在本市新购且属于该居民家庭第二套及以上的住房和非本市居民家庭在本市新购的住房。纳税人为应税住房产权所有人。计税依据为参照应税住房的房地产市场价格确定的评估值，评估值按规定周期进行重估，试点初期，暂以应税住房的市场交易价格作为计税依据。适用税率暂定为0.6%，应税住房每平方米市场交易价格低于本市上年度新建商品住房平均销售价格2倍（含2倍）的，税率暂减为0.4%。人均免税住房面积为60平方米。对房产税试点征收获得的收入，用于保障性住房建设等方面的支出。

（2）差别税率的实际效应

城市政府除了对住房征收财产税外，还对其他类型的工商业建筑征税，称为工商业建筑财产税。如果城市政府对住房和工商业建筑实行有差别的财产税率，那么，谁在为差别税率买单呢？

假设城市初始时对住房和餐馆两种不同类型的建筑征收相同的财产税税率，现在为了鼓励餐饮业的发展，降低了餐馆的财产税税率，为了不减少税收，同时提高了住房的财产税税率。差别税率的实行将会对建筑财产所有者和消费者分别产生怎样的影响？对建筑财产所有者而言，由于差别税率的实行，住房类型的建筑减少，餐馆类型的建筑增加，进一步看，住房减少引起房租提高，餐馆增多引起就餐价格下降。因此，对住房所有者来说，虽然住房财产税税率提高，但同时房租提高；对餐馆所有者来说，虽然餐馆财产税税率降低，但同时就餐价格下降。从消费者的角度看，住房消费者受损，餐馆消费者获益。由此可见，对不同类型的建筑实行差别税率，其实际效应最终体现在消费者价格上而非建筑财产所有者收益上。

资料卡

城市的税负输出

“税负输出”的含义是城市用外地居民的收入支付本地政府的开支，提高城市建筑财产税税率，可在一定程度上实现税负输出。例如，如果城市有较大部分住房为外地居民所租住，政府提高住房财产税税率，导致房租提高，可将税负转嫁给外地居民。

五、政府间转移支付

政府间转移支付是指一个国家的各级政府之间财政资金的无偿转移，通常以纵向转移为主。政府间转移支付存在的原因主要是：解决地方政府财政赤字问题、补偿辖区间利益外溢、实现公共服务均等化、加强中央财政对地方财政的宏观调控等。在我国，地方政府收入约40%来源于中央政府的转移支付，在美国，地方政府30%～40%的财政收入来源于联邦政府，其中，学区政府获得的转移支付占其收入的60%。

根据地方政府对转移支付资金使用权限的大小，可把政府间转移支付分为两大类：无条件转移支付和有条件转移支付。无条件转移支付也称一般性转移支付，是指不附加任何条件的一次性支付，主要用于解决下级政府财权与事权不对称问题。有条件转移支付对资金用途有明确的规定，转移支付资金只能用于指定项目，通常指定用于教育、健康、公路建设等。借助经济学中的消费者选择理论，可以较好地理解无条件转移支付和有条件转移支付所产生的效应。

图4－17显示了无条件转移支付的效应，图中横坐标代表家庭对地方公共物品的消费金额，纵坐标代表家庭对私人物品的消费金额，图中显示家庭初始收入为7 000元，假设初始消费均衡点为E(3 000元，4 000元)，即家庭消费3 000元的地方公共物品和4 000元的私人物品。现在考察家庭获得2 000元无条件转移支付所产生的效应。

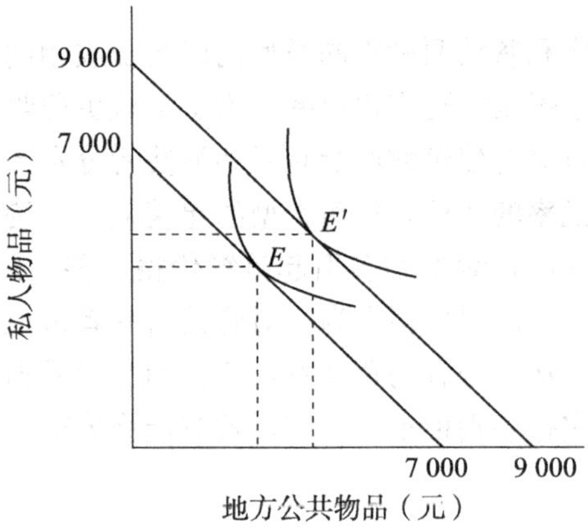

图 4-17　无条件转移支付的效应

对家庭来说，2 000 元的无条件转移支付等同于收入增加 2 000 元，在其他条件不变的情况下，会导致家庭预算约束线向右移动 2 000 元，新的均衡点变为 E'点，如果此时家庭消费 4 500 元的地方公共物品，意味着家庭将消费 4 500 元的私人物品，即 E'(4 500 元，4 500 元)。对比 E'点与 E 点上的效用，可知无条件转移支付将提高家庭的效用水平，使家庭消费更多的地方公共物品和私人物品。当家庭获得一笔无条件转移支付后，如何在地方公共物品消费和私人物品消费上进行分配，存在着所谓的"黏蝇纸效应"（flypaper effect)，其含义是家庭会将无条件转移支付中的较大部分用于地方公共物品。

图 4-18 显示了有条件转移支付的效应，假设转移支付资金被限定用于教育项目中的辅导读物，即家庭必须将转移支付资金用于购买辅导读物。图中横坐标代表家庭购买的辅导读物的金额，纵坐标代表家庭对私人物品的消费金额，图中显示家庭初始收入为 7 000 元，初始消费均衡点为 E 点(3 000 元，4 000 元)，现在考察家庭获得 2 000 元有条件转移支付所产生的效应。

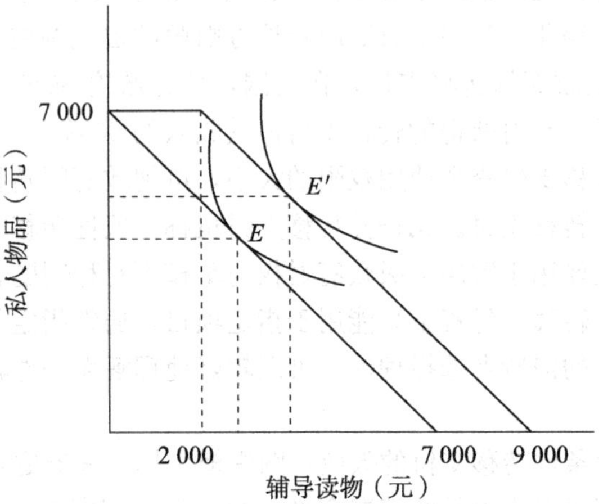

图 4-18　有条件转移支付的效应

对家庭来说，2 000 元的有条件转移支付也相当于收入增加 2 000 元，只是增加的收入必须用于购买辅导读物，因此，预算约束线将向右移动 2 000 元，但在 0～2 000 元区间呈水平状，表示家庭在 0～2 000 元范围内购买辅导读物时，可将自有的 7 000 元收入全部用来购买私人物品，只有购买 2 000 元以上的辅导读物时，私人物品的消费金额才会减少。家庭可能在 E'点上实现新的均衡，如果此时家庭消费 4 000 元辅导读物，那么，这 4 000 元中 2 000 元来自转移支付，2 000 元来自家庭原有收入，也就意味着家庭将消费 5 000 元的私人物品，即 E'(4 000 元，5 000 元)。

4.3　城市政府对土地使用的控制

提供地方公共物品是城市政府的主要职能，此外，在城市土地市场上，城市政府也发挥着重要作用。城市政府通常通过实行分区制、限制发放建筑许可证、规定城市服务边界、设定城市增长边界、规划绿带以及税收调节，对城市土地的使用实行管理和控制。

一、实行分区制

（一）分区制的含义

分区制是发达市场经济国家地方政府进行土地管理和控制的基本方法。首先通过两个例子来了解什么是分区制。

例一，美国最早的分区制。1916 年，纽约曼哈顿的下城（downtown）新建了一栋大厦，由于其高度超过了相邻建筑，影响到了周边建筑物的采光，从而引起了一番争论。以此为契机，诞生了美国历史上第一部分区制土地管理法——《分区土地管理标准法案》，该法案后来成为其他地方政府进行土地管理的范本。根据分区制法，纽约将城市分为居民区、商业区、工业区三个主要功能区，在三个功能区内部又进一步划分低密度区、中密度区、高密度区，据此规定土地的不同用途。

例二，圣迭戈的分区制。美国加利福尼亚州圣迭戈市将城市土地按不同用途分为五种类型：农业用地（A）、空地（O）、居住用地（R）、商业用地（C）、工业用地（I）。

由此看来，分区制的基本思想是规定和限制城市土地用途，其动因是多方面的，有的分区制是为了避免不同类型土地在使用过程中的相互影响，例如工业用地对居住用地的污染，有的分区制是出于地方政府财政上的考虑，还有的纯粹是设计上的要求。城市政府通过规定不同地块的不同用途，并用图示呈现出来，既可以确定土地的不同用途，也可以规范城市不同区域土地开发和建设的性质与范围。

分区制是否违法、是否合宪、私人土地因分区制的实行而遭受损失是否予以补偿等问题，涉及与分区制相关的法律事宜。美国商务部 1926 年制定的《州分区规划授权法案标准》中明确规定："为了达到改善健康、安全、道德或者社区一般福利的目的，城市立法主体被授权管理和限制楼层的高度和数量、建筑物和其他构造物的面积、被占用土地的比例……以及商业、工业、住宅和其他用途的土地。"根据这一法案，首先，就分区制本身的合法性而言，美国安布勒房产公司诉欧几里得地方政府一案，被联邦法院裁定为城市管理权的合理使用，这一具有里程碑意义的最终判决，充分证明了分区制的合法性。其次，一些分区制具有明显的排斥倾向，例如最小地块分区制，通常是城市政府为了排挤低收入家庭而实行的，这种分区制是否合宪呢？美国的大量案件显示，联邦法院对排斥性分区采取不干涉态度，法院一般裁定排斥性分区是合法的。最后，就分区制涉及的补偿问题来说，如果是将私人土地变为公共用地，那么，土地所有者必须得到补偿，然而，大多数分区制没有将私人土地转换成公共用地，只是限制了私人土地的使用，尽管引起土地价格下降，但一般不予补偿。

资料卡

安布勒房产公司诉欧几里得地方政府案件

20世纪20年代，美国安布勒房产公司在俄亥俄州的欧几里得镇购买了一些土地，在公司着手将土地用于工业开发之际，当地政府却告知欧几里得镇已经在几年前开始实行分区制土地管理法，按照分区制的规定，这些土地不能用于工业目的，因此否决了安布勒房产公司的工业开发计划。安布勒房产公司为此将欧几里得地方政府告上法庭。一开始，地方基层法院支持了安布勒房产公司的诉讼请求，然而，联邦最高法院随后纠正了最初判决，认为欧几里得地方政府实行分区制土地管理法是符合宪法的。安布勒房产公司诉欧几里得地方政府一案，被视为美国历史上分区制土地管理的一个里程碑，因为它是由联邦最高法院审理的最后一起重要的分区制土地管理案件，此案之后，美国再也没有出现类似的诉讼案件。

（二）分区制的类型

根据分区的目的，可将分区制分为：公害分区、财政分区、设计分区。

1. 公害分区

公害分区的目的是将污染源与住宅区分离，把这两类不相容的土地利用在空间上分隔开。通常来说，可能对住宅造成污染的源头来自工业、零售业以及高密度住宅。工业污染一般包括噪声、强光、灰尘、烟尘、异味等，零售业污染主要体现在噪声、拥挤、遮光、停车冲突等方面，高密度住宅则会产生噪声、拥挤、停车冲突、遮挡视线和阳光等问题。为了避免这些污染源给住宅带来的不利影响，城市政府通过实行公害分区，要求工业区、零售业区与住宅区分离，高密度住宅与低密度住宅分离。

公害分区使住宅区在空间上远离污染源，简便易行，有时也被视为一项环境政策。然而，这种做法只是使住宅区与污染源分离，并不能从根本上减少污染量。因此，一些新的办法正逐步取代空间上将污染源与住宅区分离的传统公害分区，其中的主要办法是征收立体排污费。举例来说，钢铁厂是典型的污染源，按照公害分区的要求，城市政府会通过规划使用于钢铁厂的土地远离住宅用地。如果改为对钢铁厂征收立体排污费，城市政府对钢铁厂用地则不再进行规定和限制，取而代之的是根据钢铁厂距住宅区位置的不同，向钢铁厂征收不同数量的排污费，越靠近住宅区，征收的排污费越高。

立体排污费的多少取决于工厂的污染排放量和工厂相对于住宅区的位置，可以看出，征收立体排污费在两点上比传统公害分区更有效率：一方面，征收立体排污费能促使工厂减少污染排放量，另一方面，征收立体排污费可以使工厂在总成本最低的区位选址，图 4－19 表明了这一点。

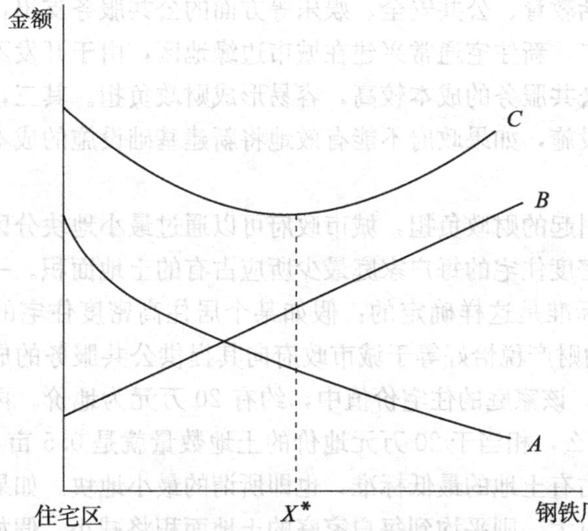

图 4－19　征收立体排污费的效率

图 4－19 中横坐标为距离，纵坐标为金额，向右下方倾斜的 A 曲线表示钢铁厂的污染成本，用钢铁厂缴纳的立体排污费来衡量，该图显示，随着钢铁厂远离住宅区，立体排污费呈减少趋势。向右上方倾斜的 B 曲线表示劳动成本，当钢铁厂远离住宅区时，工人通勤成本增加，劳动成本随之增加。C 曲线是钢铁厂污染成本与劳动成本之和，即 A 曲线与 B 曲线的垂直相加，如果不考虑钢铁厂的其他投入，C 曲线可视为钢铁厂的总成本。钢铁厂在总成本最低处即图中距离住宅区 X^* 单位处选址。

传统公害分区制下，钢铁厂在空间位置上远离住宅区，假设如图 4－19 所示，住宅区在城市最西边，钢铁厂在城市最东边。征收立体排污费后，钢铁厂的最佳区位是 X^*，这是否表明征收立体排污费必然促使钢铁厂的位置向住宅区靠近？显然不一定，当钢铁厂向住宅区靠近时，污染成本增加，劳动成本减少，只有当劳动成本的减少超过污染成本的增加时，钢铁厂才会选择向住宅区靠近，否则，如果污染成本的增加超过了劳动成本的减少，钢铁厂必定不会向住宅区靠近。

针对零售业污染，传统公害分区要求建立零售业区，与住宅区分开，以避免噪声、拥挤、遮光、停车冲突影响到居民生活。实际中，越来越多的城市采取替代方案，规定只要零售商能够控制噪声、改善交通、提供足够的停车位，不一定非得远离住宅区开设商场。针对高密度住宅污染，传统公害分区要求以公寓楼为代表的高密度住宅与独门独户之类的低密度住宅在空间上分开，这一制度也日益放松，如果住宅开发商通过修路、修建停车场避免了拥挤和停车冲突，或者利用绿化建立缓冲区，或者建筑设计能够避免景观损失和阳光遮挡，公寓楼也可以建在低密度住宅区内。

2. 财政分区

财政分区的目的是减轻城市政府的财政负担。在土地使用方面，容易给城市政府造成财政赤字的情形通常有三种：其一，居住在高密度住宅中的家庭，相对于拥有独门独户低密度住宅的家庭而言，收入较少，住宅价值偏低，从而缴纳的税较少，一旦不足以抵偿城市政府向其提供的包括教育、公共安全、娱乐等方面的公共服务支出，对城市政府来说就会形成财政负担。其二，新住宅通常兴建在城市边缘地区，由于开发不充分的缘故，城市政府在边缘地区提供公共服务的成本较高，容易形成财政负担。其三，城市政府要为工商业用地开发提供基础设施，如果政府不能有效地将新建基础设施的成本转嫁给企业，也会产生财政负担。

针对高密度住宅引起的财政负担，城市政府可以通过最小地块分区制加以解决。所谓最小地块是指居住高密度住宅的每户家庭最少所应占有的土地面积。一般来说，家庭最少所应占有的土地面积标准是这样确定的：假如某个居住高密度住宅的家庭，住宅价值为100万元，其所缴纳的财产税恰好等于城市政府向其提供公共服务的成本。如果地价占住宅价值的20%，那么，该家庭的住宅价值中，约有20万元为地价。再假设每亩土地的市场价值为40万元，那么，相当于20万元地价的土地数量就是0.5亩，在这里，0.5亩即政府确定的每户家庭占有土地的最低标准，也即所谓的最小地块。如果住宅开发商开发的住宅楼层过高、密度过大，则平均到每户家庭的土地面积将减小，假如说为0.4亩，可推算出家庭的住宅价值为80万元，家庭缴纳的财产税将低于政府的公共服务成本。最小地块分区制规定，一旦达不到城市政府要求的最小地块标准，高密度住宅开发将得不到批准，政府也因此避免了高密度住宅引起的财政负担。

除了排挤居住高密度住宅的家庭，从而减轻财政负担外，对最小地块分区的另一种解释是：为了解决空间外部性问题而规定家庭拥有的最小地块面积。当家庭拥有较大的居住空间，占有较大面积土地时，会产生正外部性，这是因为，家庭占有的土地面积越大，住宅密度就越低，两户家庭之间的空间距离就越大。邻居享受到了较大空间的好处，这一好处起因于其他家庭占有较大的土地面积，但是，邻居并未因此向其他家庭付费，这就产生了经济学上的正外部性。正外部性的后果是产出不足，如果没有相应的政策，家庭占有的土地面积将会小于其最优数量。通过实行最小地块分区，为家庭占有的土地规定最低面积标准，降低了住宅密度，扩大了居住空间，解决了居住空间的正外部性问题。

城市政府出于财政考虑，实行最小地块分区制，规定每户家庭至少占有的土地面积，对城市土地价格和住宅价格将会产生一定的影响。与未实行最小地块分区制相比，高密度住宅的开发将因此受到限制，导致高密度住宅供给减少，价格上升，同时，在城市土地供给一定的前提下，独门独户住宅供给相对增加，价格下降。

最小地块分区也被称为排斥性分区，被排斥的对象是低收入家庭。这是因为，实行最小地块分区制后，公寓一类的高密度住宅用地减少，公寓数量减少，价格提高。因为低收入家庭一般只买得起公寓一类的高密度住宅，随着公寓价格上涨，相应减少了进入城市的低收入家庭及其可能带来的财政负担。正因为最小地块分区制具有明显的排斥性，它的实行必然引起不满和指责，为了应对不满和指责，一些城市政府要求开发商专门为低收入家庭修建住宅，并以较低价格出售。谁来为此付费？开发商通常会将损失分摊到商品房上，通过房价上涨将损失转嫁给住宅市场消费者。

针对边缘土地上的住宅开发引起的财政负担，城市政府通常借助一系列办法，或者阻止边缘土地的开发，或者通过征税增加财政收入。具体措施包括：将边缘土地划为农业用地、规定开发商通常达不到的最小用地规模、向新开发的住宅征收附加税、向开发商征收一次性开发税等。

针对工商业用地开发引起的财政负担，城市政府可采取的应对措施主要有：限制工商业用地供给；限制工商业建筑物的高度，通过减少在建筑物中工作的工人数量减少通勤量和拥挤，从而减少相关的公共服务支出；向开发商一次性收费，用于扩大地方运输网络及其他公共服务支出。

3. 设计分区

出于城市规划和设计上的考虑，城市政府可以通过引导分区，将土地和住宅开发引导到特定区位；通过最小地块分区，降低住宅密度，扩展城市居民的居住和生活空间；通过空隙地、绿化带分区，限制私有土地的使用，防止农业用地过多地被用于工商业和住宅开发。诸如此类的做法都被称作设计分区。

举例来说，假设城市拥有空闲土地 100 亩，其中一半位于城市北部，一半位于城市南部，城市政府希望在这 100 亩空闲土地上增加 1 000 户新住户，最初规划将 500 户安置在城北，500 户安置在城南。现在由于某些原因，原先的规划需要做调整，政府希望保留城市北部的空地，而将 1 000 户新住户全部安置在城市南部。城市政府可以通过设计分区来应对规划上的这种调整，办法有多种：

其一，可以重新分区，规定不同区域的用地密度，将城北规划为低密度用地，城南规划为高密度用地，令城南每亩土地上的住户增加一倍。这样做的后果是城北和城南土地所有者的利益受到不同影响，具体来说，转变为低密度用地的城北土地，用途受到限制，导致地价下降，土地所有者受损；相反，城南土地的用地选择性加大，导致价格提高，土地所有者获益。可见，重新分区实现了新的城市规划要求，但是，却使土地所有者的利益发生了变化。

其二，为了不使城北土地所有者的利益受损，城市政府也可以采取在城北设立保护区，在城南设立开发区的办法，达到改变规划的目的。具体来说，城南土地开发密度仍然为每亩 10 户，但城南的土地所有者只拥有开发 500 套住宅的权利，城北因设立为保护区，不允许土地开发，但政府向城北土地所有者发放 500 份土地开发券，同时规定，拥有土地开发券后，城南土地可以突破开发密度限制，拥有一份土地开发券就可以多开发一套住宅。在这种情况下，城南土地所有者要想提高开发密度，就必须向城北土地所有者购买土地开发券，城北土地所有者通过出让开发券弥补了利益损失。

需要说明的是，虽然城市政府可以通过设计分区，规定某些区域为空隙地或绿化带，不能用于工商业和住宅开发，然而，这种做法在一定程度上存在着效率损失。换句话说，通过分区制政策规划设计空隙地或绿化带，与通过购买私人土地使之成为空隙地或绿化带相比，后者更有效率，图 4－20 表明了这一点。

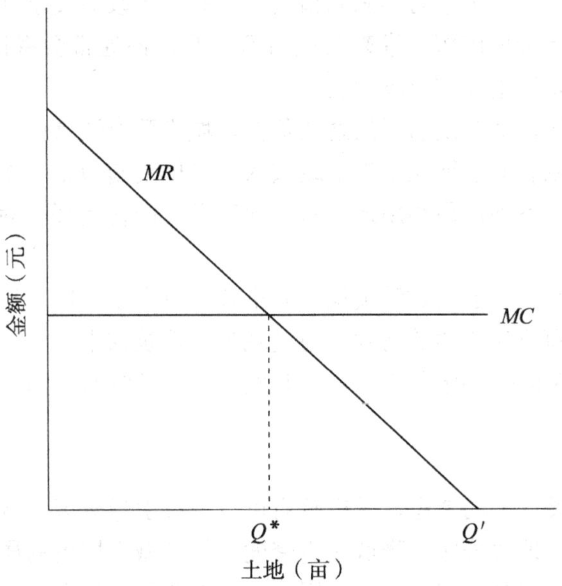

图 4-20 空隙地分区可能会占用过多的土地

在图 4-20 中，横坐标表示空隙地数量，纵坐标为金额，MR 为空隙地的边际收益，随着空隙地的数量增多，每增加一亩空隙地所增加的收益下降，居民愿意为每亩空隙地支付的费用下降，MR 曲线向右下方倾斜，MC 为空隙地的边际成本，即每增加一亩空隙地所支出的成本，也即土地的价格，可视为一个定值，因此，MC 曲线平行于横轴。如果实行空隙地分区，即城市政府将土地用途划定为空隙地，那么，只要空隙地的边际收益为正数都可行。该图显示，空隙地的最大规模将为 Q'。如果城市政府通过购买取得空隙地，根据 $MR=MC$ 的原理，空隙地的最佳规模为 Q^*。这就表明，空隙地分区可能会占用过多的土地，在图 4-20 中，多出的部分为 Q^*Q'。

资料卡

没有实行分区制的美国城市

在美国，休斯敦是目前唯一没有实行分区制的大都市区，在休斯敦，主要是依靠土地所有者之间签订合同或协议来控制城市土地的使用。休斯敦有 7 000 多个居住细分区，与居住区相关的契约和协议对建筑设计、外观以及土地持有量都做出了详细的规定，比传统意义上的分区制更为严格。关于产业园区的合同对能够进入产业园区的产业类型也做出了严格限制。研究发现，与实行分区制的城市相比，休斯敦呈现出如下特征：其一，工业企业倾向于在运输网络周围集聚，这一点与分区制城市相似。其二，大部分零售商位于商业中心，极少数零售商位于住宅区旁，这一点也与分区制城市相似。其三，低收入者的住宅相对宽敞且便宜，这一点与分区制城市有较大不同，表明最小地块分区制对低收入者的影响确实存在。可见，就工商业企业布局来说，实行分区制的城市和没有实行分区制的城市并没有太大区别。所以，研究分区制时经常引用这样一句话："即使城市停止实行分区制，胶水厂和比萨店也不可能侵入安静的居民区。"

二、限制发放建筑许可证

在我国，建筑许可通常包含两个方面，一是建筑工程施工许可，二是建筑活动从业资格许可。根据我国建筑法规定，建筑工程开工前，建设单位应向工程所在地县级以上人民政府建设行政主管部门申请领取施工许可证，建设行政主管部门对符合条件的申请颁发施工许可证。同时规定，从事建筑活动的建筑施工企业、勘察单位、设计单位和工程监理单位，按照其拥有的注册资本、专业技术人员、技术装备和已完成的建筑工程业绩等资质条件，划分为不同的资质等级，经资质审查合格，取得相应等级的资质证书后，方可在其资质等级许可的范围内从事建筑活动。

城市政府通过限制发放开发项目建筑许可证，能够起到限制城市土地使用，从而进一步控制城市人口增加的作用。图 4－21 以限制发放住宅建筑许可证为例，显示了其政策效应。

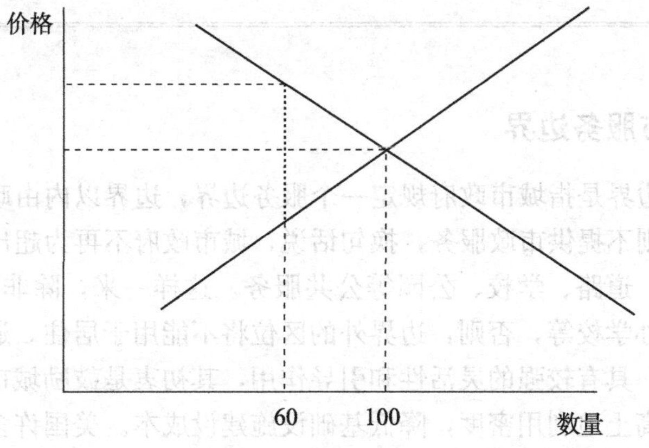

图 4－21　限制发放建筑许可证导致住宅价格上升

在图 4－21 中，横坐标为住宅数量，纵坐标为住宅价格，向右下方倾斜的直线为住宅需求曲线，向右上方倾斜的直线为住宅供给曲线。该图显示，城市住宅均衡数量和均衡价格取决于住宅供给与住宅需求，假设住宅初始均衡数量为 100 套。现在城市政府限制发放住宅建筑许可证，在初始均衡数量的基础上减少 40 套，住宅供给曲线因此发生改变，导致住宅均衡数量减少，均衡价格上升。随着住宅供给的减少，对土地的需求相应减少，土地价格随之下降，降低了住宅生产成本。因此，限制发放住宅建筑许可证的政策效应是住宅价格上升，同时，住宅生产成本下降。

对城市政府来说，当限制发放建筑许可证时，必须决定如何在开发商之间分配有限的建筑许可证。政府可以采取拍卖的方式，将建筑许可证拍卖给最高出价者，也可以根据城市开发目标设定一系列评价指标，包括建筑设计风格、建筑密度、配套设施等，对项目进行评级排序，将建筑许可证发放给与城市开发目标一致的项目。

资料卡

容积率

容积率是指一定地块内，地上总建筑面积计算值与总建设用地面积的比率。根据北京市规划委员会《容积率指标计算规则》的规定，地上总建筑面积计算值是指建设用地内各栋建筑物地上建筑面积计算值之和，地下有经营性面积的，经营面积不纳入计算容积率的建筑面积。建筑面积计算值按照《建筑工程建筑面积计算规范》的规定执行。

不同建筑类型容积率的大小是由政府规定的，不同城市有所差别，一般来说，独立别墅为0.2～0.5，联排别墅为0.4～0.7，6层以下的多层住宅为0.8～1.2，11层小高层住宅为1.5～2.0，18层高层住宅为1.8～2.5，19层以上住宅为2.4～4.5。容积率的大小反映了土地利用程度，对于建筑开发商和用户来说都有重要意义。容积率越低，建筑密度也就越低，开发商用于回收资金的建筑面积就越少，住户居住的舒适度越高。

三、规定城市服务边界

规定城市服务边界是指城市政府规定一个服务边界，边界以内由政府提供资金建设基础设施，边界以外则不提供市政服务，换句话说，城市政府不再为超出服务边界的地段提供诸如供水、排水、道路、学校、公园等公共服务。这样一来，除非居民自己修路修桥、建立排污系统、开办学校等，否则，边界外的区位将不能用于居住。通过规定城市服务边界来控制土地使用，具有较强的灵活性和引导作用，其初衷是鼓励城市在原有的基础上内聚式发展，从而提高土地利用密度，降低基础设施建设成本。美国许多州和城市都设定了城市服务边界，但效果不尽理想。下面借助效用曲线对城市服务边界的政策效果做一个一般均衡分析。

假设某地区只有两座城市A、B，初始均衡时人口各400万人，效用水平为U_1，此时，由于两个城市效用相等，不存在人口从一个城市迁移到另一个城市的动机。现在A城缩小服务边界，城市半径减小，假设有100万人口因土地超过服务边界而得不到市政服务，同时假设这100万人口没有向内迁移，而是向外迁移到B城。A城人口因此减少到300万人，效用水平提高到U_2。B城人口由400万人增加到500万人，效用下降为U_3，两个城市之间产生了效用差。考虑到人口在两个城市之间可以自由流动，这种效用水平的差距不会长期存在。在这一过程中，由于A城政府规定了城市服务边界，土地供给数量因此减少，导致A城土地价格上升，在300万人口规模上效用水平降低。如果A城的效用水平仍然高于B城，人口会在两个城市间继续流动，直至两个城市的效用水平相等。图4-22显示，在 $U_4=U_5$ 上可能实现新的区域均衡，两个城市的效用水平再次相同，人口在两个城市之间的选择无差异。可见，A 城政府规定城市服务边界会导致该城市人口数量减少，其他城市人口增加，整个区域的效用水平下降。在本例中，初始时同等规模的两个城市，变为一个大城市（B 城）和一个小城市（A 城），而这种改变是无效率的，因为 $U_4<U_1$，$U_5<U_1$。

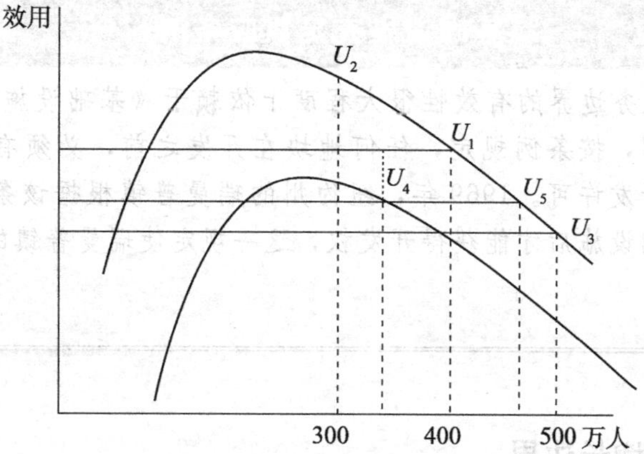

图 4－22　规定城市服务边界的政策效应

城市政府规定服务边界，对土地所有者将产生显著影响，这种影响表现为：服务半径内的土地，地租函数曲线向上移动，地租上升，土地所有者获益；相反，拥有服务边界外土地的土地所有者将受损。如图 4－23 所示。

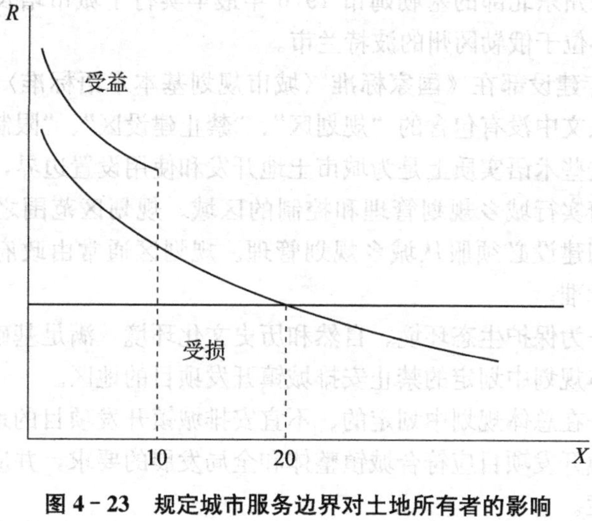

图 4－23　规定城市服务边界对土地所有者的影响

在图 4－23 中，横坐标为距离，纵坐标为地租，向右下方倾斜的曲线表示非农业用地的地租函数曲线，水平直线表示农业用地的地租函数曲线，两条曲线的交点决定了城市边界为 20。如果城市政府规定城市服务边界为 10，边界内土地的地租函数曲线将上移，10～20 范围内的土地实际上变为农业用地。服务边界内土地的所有者获益，边界外土地的所有者受损。

资料卡

《基础设施充足供应条例》

在美国，城市服务边界的有效性很大程度上依赖于《基础设施充足供应条例》，美国很多州执行该条例，按条例规定，任何地块在开发之前，必须有与之匹配的基础设施，否则不予发放开发许可。1969 年，纽约州的瑞曼普镇根据该条例规定开发商只有承诺提供足够的基础设施后才能获得开发权，这一规定使瑞曼普镇的住房建设减少了约 2/3。

四、设定城市增长边界

设定城市增长边界是指城市政府为城市发展设定一条界线，规定界线以内的土地可以开发为城市用地，界线以外的土地则在一定时期内不能作为城市化用地。一般情况下，设定城市增长边界时，应满足规划期内城市对住房、工商业、娱乐、空地等用地的需求，并且每隔一定时期对增长边界内的土地供给能力进行检验，以判断是否需要扩大已有的增长边界。美国马萨诸塞州东北部的塞勒姆市 1976 年最早实行了城市增长边界，目前美国最著名的城市增长边界位于俄勒冈州的波特兰市。

在我国，2005 年建设部在《国家标准〈城市规划基本术语标准〉局部修订征求意见稿》中，新增了原条文中没有包含的“规划区”、“禁止建设区”、“限制建设区”和“适宜建设区”等术语，这些术语实质上是为城市土地开发和使用设置边界，具体界定如下：

规划区——政府实行城乡规划管理和控制的区域。规划区范围之外禁止城乡建设行为；规划区内的一切建设必须服从城乡规划管理。规划区通常由政府在总体规划阶段划定，并由上级政府批准。

禁止建设区——为保护生态环境、自然和历史文化环境，满足基础设施和公共安全等方面的需要，在总体规划中划定的禁止安排城镇开发项目的地区。

限制建设区——在总体规划中划定的、不宜安排城镇开发项目的地区；确有进行建设必要时，安排的城镇开发项目应符合城镇整体和全局发展的要求，并应严格控制项目的性质、规模和开发强度。

适宜建设区——在总体规划中划定的可以安排城镇开发项目的地区。

2008 年起我国开始实施《中华人民共和国城乡规划法》，该法第 30 条明确规定：“在城市总体规划、镇总体规划确定的建设用地范围以外，不得设立各类开发区和城市新区。”这就表明，在城市建设用地范围以外的开发活动被视为“非法”，相当于为城市设置了增长边界。

资料卡

土地招拍挂

20 世纪 80 年代以来，我国在城镇国有土地使用制度方面进行了一系列改革，逐步建立起土地有偿使用制度，但土地出让方式主要采取协议出让的形式。协议出让国有土地存在寻租行为和腐败现象，导致国有资产流失。因此，从 2002 年起国土资源部出台相关规定，要求包括商业、旅游、娱乐、商品住宅用地的经营性用地必须通过招标、拍卖、挂牌方式出让。《国土资源部、监察部关于继续开展经营性土地使用权招标拍卖挂牌出让情况执法监察工作的通知》（国土资发［2004］71 号）更是严格规定 2004 年 8 月 31 日以后所有经营性用地出让全部实行招拍挂制度。经营性土地使用权招拍挂制度，对于完善城镇土地市场管理、规范市场秩序、杜绝腐败具有重要意义。

五、规划绿带

规划绿带是指城市政府通过建造环绕城市的绿化带，一方面保护环境和生态，净化空气，为城市居民提供良好的游憩场所，另一方面限制城市向外扩张，有效阻止城市无序蔓延。围绕城市的绿带发挥了城市边界的作用。一般来说，绿带的宽度多在 5～15 公里之间，欧洲一些大城市的绿带面积达到 800 平方公里以上，中等城市绿带面积也有 100 多平方公里。

伦敦在 20 世纪 30 年代末开始实施绿带政策，是世界上第一个实行绿带政策的大城市。1942—1944 年阿伯克隆比的“大伦敦规划”也涉及绿带，规划将整个伦敦地区划分为城市内环、郊区环、绿化带、乡村环 4 个同心圆，并提出进一步拓宽绿化带。韩国首尔的绿带政策以严格著称，1971—1973 年，首尔与韩国其他 13 个大中城市共同划定了城市绿带，禁止绿带内任何土地用途的改变，没有政府部门批准，任何人不能在绿带上进行任何工程建设。这一严格规定一直持续到 1999 年，当年进行的改革使绿带政策略带弹性，政府在考虑环境变化及其他因素的基础上，调整和重新划定了绿带的边界。我国实施绿带政策的城市有北京、上海、广州、重庆、沈阳等，其中，北京市的绿带（绿化隔离带）建立最早，实施时间最久。1958 年，北京市通过建立绿化隔离带来压缩城市人口，从最初 100%的“绿色空间地带”，到 1994 年允许建设体育和娱乐设施，再到 2000 年允许建设高新技术产业和休闲产业，北京的绿带政策不断经历调整。

资料卡

霍华德的田园城市

19 世纪末，由于快速城市化，英国的大城市出现了交通拥堵、环境恶化、农民大量涌入城市的现象，针对这些大城市病，英国社会活动家霍华德在其著作《明日——一条通向真正改革的和平道路》（第二版改名为《明日的田园城市》）中提出，建设一种既有城市优势又有乡村优点，同时又避免两者缺陷的“田园城市”。霍华德设计的田园城市占地6 000英亩，人口32 000人，包括城市和乡村两个部分。霍华德还将其构想付诸实践，分别于1903年和1920年在伦敦附近建立了莱奇沃思和韦林两座田园城市。

六、税收调节

城市政府可以运用税收政策来调节城市土地使用，对不同用途土地实行不同税率，借助差别税率实现对土地使用的调节。例如，日本的一些城市对城市建成区以及未来十年内优先发展地区内的土地，征收较高的土地税，而对农业用地则维持低税率，不同用途土地的差别税率能够有效抑制城市蔓延。对城市边界内外的农业用地实行差别税率，也可以起到这一效果。原因在于，如果城市内外的农业用地税率没有差别或差别很小，那么，城市外农地的所有者将可能放弃土地的农业用途，而从事其他开发活动，客观上使城市范围扩大。

本章小结

1. 城市经济学研究城市经济增长，主要侧重两个方面：一方面，借助劳动市场模型，分析城市总就业量增加或减少的原因；另一方面，运用相关方法如经济基础法或投入产出法，预测城市总就业量或产出量的变动。

2. 影响城市总就业量变化的因素包括：城市出口量、劳动生产率、环境质量、消费品及服务种类和数量、城市政府的税收政策和公共服务等。随着这些因素的变化，城市劳动供给曲线和劳动需求曲线发生移动，产生新的就业均衡点，引起城市总就业量的变化。

3. 经济基础法的关键是借助区位商法估计就业乘数和预测出口部门就业变动量。投入产出法的关键是借助投入产出表和消耗系数表计算出口乘数。

4. 城市政府在市场经济中扮演着特定类型产品与服务供给者的角色，这些特定类型产品和服务通常具有自然垄断特性、外部性、地方公共物品特征，诸如供水、排污、公园、绿地、消防、警察、教育等等。

5. 公共物品存在最优供给量，当市民以举手投票方式确定公共物品的供给时，通常遵循中数投票人原则，如果中数投票人的偏好偏离最优量，就会存在投票结果与最优供给量不一致的结果，从而是无效率的。

6. 蒂伯特模型认为当家庭发现其所居住的辖区不能满足其对公共物品的要求，而另一辖区能提供符合其要求的公共服务与税收组合时，就会采取“用脚投票”的办法，离开现住辖区，前往符合其要求的辖区居住。与举手投票相比，“用脚投票”选择公共物品供给量将更有效率。

7. 各国城市政府的支出普遍呈增长趋势，原因在于城市政府作为地方公共物品的供给者，其提供产品的成本在上升，同时，城市居民对地方公共物品的需求在增加。

8. 城市政府的收入主要来自各种税收、部分非税收入以及政府间转移支付，不同国家由于税收制度不同，城市政府的税收构成不同。所得税、财产税等都在不同程度上存在转嫁的可能。所得税征收地域范围越广，越容易转嫁。由于土地供给完全无弹性，住房所有者能够将土地税转嫁给土地所有者。可运用局部均衡和一般均衡分析，对房屋税的转嫁进行考察。

9. 为了解决地方政府财政赤字问题、补偿辖区间利益外溢、实现公共服务均等化、加强中央财政对地方财政的宏观调控，各国普遍实行政府间转移支付制度。消费者选择理论可以用来考察无条件转移支付和有条件转移支付的效应。

10. 在城市土地市场上，城市政府发挥着重要作用，通过实行分区制、限制发放建筑许可证、规定城市服务边界、设定城市增长边界、规划绿带以及税收调节，对城市土地的使用实行管理和控制。

11. 分区制的基本思想是规定和限制城市土地用途，根据目的不同，分区制可分为公害分区、财政分区、设计分区。公害分区是为了将污染源与住宅区分离，把这两类不相容的土地利用在空间上分隔开。财政分区的目的是减轻城市政府的财政负担，最小地块分区是典型代表。设计分区是出于城市规划和设计上的考虑，将土地和住宅开发引导到特定区位。

12. 限制发放建筑许可证能够限制城市土地使用，控制城市人口增加，同时可能导致住宅价格上升、住宅生产成本下降。规定城市服务边界是指城市政府规定一个服务边界，拒绝为超出服务边界的地段提供市政服务，其目的是鼓励城市在原有基础上内聚式发展，提高土地利用密度，降低基础设施建设成本。设定城市增长边界是指城市政府为城市发展设定一条界线，界线以内的土地可以开发为城市用地，界线以外的土地一定时期内不能作为城市化用地。规划绿带是指城市政府建造环绕城市的绿化带，限制城市向外扩张，阻止城市无序蔓延。城市政府还可以运用差别税率调节城市土地使用。

思考题

1. 绘图描述城市出口增加对城市总就业量的影响。
2. 比较经济基础法与投入产出法的差异。
3. 城市政府在市场经济中扮演什么角色？
4. 举例说明举手投票确定的公共物品供给量可能是无效率的。
5. 为什么“用脚投票”确定公共物品供给量更有效率？
6. 城市政府支出为什么普遍呈增长趋势？
7. 所得税的转嫁程度同其征收的地域范围有什么关系？
8. 解释住房财产税中土地税与房屋税的转嫁。
9. 图示无条件转移支付和有条件转移支付的效应。
10. 城市政府可以采取哪些办法控制城市土地使用？

参考文献与补充阅读

1. Bartik T J. Who Benefits from State and Local Economic Development Policies? //

W. E. Upjohn Institute for Employment Research. Upjohn Press，1991.

2. Samuelson P A. Diagrammatic exposition of a theory of public expenditure. The Review of Economics and Statistics，1995，37（4）：350－356.

3. Tiebout C. A Pure Theory of Local Expenditures. Journal of Political Economy，1956，64（5）：416－424.

4. Baumol W J. The Macroeconomics of Unbalanced Growth：The Anatomy of Urban Criss. American Economic Review，1967，57（3）：415－426.

5. 埃比尼泽·霍华德. 明日的田园城市. 北京：商务印书馆，2000.

6. 阿瑟·奥沙利文. 城市经济学. 4 版. 北京：中信出版社，2003.

7. 高鸿业. 西方经济学. 5 版. 北京：中国人民大学出版社，2011.

8. 刘起运，陈璋，苏汝劼. 投入产出分析. 北京：中国人民大学出版社，2006.

附录

1. 与就业相关的概念

就业者——根据联合国国际劳工组织规定，就业者包括：正在从事有报酬的工作的人；虽不直接领取报酬，但在家庭企业工作的人；有职业，但由于疾病、天气、休假等原因临时未在工作的人。

失业者——经济学上的失业者是指没有工作，但正在努力寻找工作的人。

劳动力——就业者与失业者之和。

退出劳动力队伍的人——没有工作，同时放弃寻找工作的人，这些人既不属于就业者，也不属于失业者。

潜在劳动力——劳动力加上退出劳动力队伍的人。

劳动力参与率——劳动力人数除以潜在劳动力人数。

失业率——失业人数除以劳动力人数。

就业率——就业人数除以潜在劳动力人数。

根据美国学者巴迪克在《谁从国家和地方经济发展政策中获益》中的研究，城市就业增长 1%，使就业率由 82.78%提高到 82.97%，如果初始均衡时城市就业量为 10 000 人，那么，潜在劳动力人数就等于 10 000/82.78%＝12 080 人，城市就业增长 1%，潜在劳动力人数变为 10 100/82.97%＝12 173 人。

2. 就业乘数

如果将城市生产部门分为为出口而生产的部门（出口部门）和为本地消费而生产的部门（本地部门），那么，当出口部门就业增加后，新增就业人口因收入提高会对本地消费产生更多需求，从而促使本地部门生产增加，就业增加。出口部门就业增加 1 单位所引起的城市总就业增加量，即就业乘数。用公式表示为：就业乘数＝城市总就业增加量/出口部门就业增加量。由于出口部门就业增加会通过本地部门就业增加而引起城市总就业多倍增加，因此，就业乘数是一个大于 1 的数值。例如，当就业乘数＝3 时，表明出口部门就业增加 1 人，引起本地部门就业增加 2 人，城市总就业增加 3 人。

3. 工资上升的替代效应与收入效应

工资上升会产生替代效应和收入效应，两种效应对劳动供给的影响方向相反。

替代效应：工资上升——闲暇的机会成本上升——家庭减少闲暇——增加劳动供给。

收入效应：工资上升——家庭收入增加——多购买闲暇（闲暇属于正常商品）——减少劳动供给。

4. 供求定理

需求定理反映的是价格与需求量之间的关系，供给定理反映的是价格与供给量之间的关系，供求定理则表明需求与供给的变动决定了均衡价格与均衡数量的变动。价格对需求量或供给量的影响体现为需求曲线或供给曲线上点的移动，称作需求量或供给量的变动。非价格因素对需求量或供给量的影响则体现为需求曲线或供给曲线的整体移动，称作需求或供给的变动。

5. 投入产出法

投入产出法是一种经济数量分析方法，它同时将投入与产出放在一起进行分析，所谓投入是指社会生产过程中对各种生产要素的消耗和使用，所谓产出是指社会生产的成果被分配使用的去向。投入产出法通常采取投入产出表和投入产出数学模型的分析形式。投入产出表的编制、系数的计算以及数学模型的建立都依据了相应的经济学理论，社会再生产理论和计划平衡思想是投入产出法的理论基础。

6. 列昂惕夫逆矩阵

该矩阵的含义是当国民经济中某行业的最终需求（例如出口需求）增加时，需要各个行业提供多少生产额，反映了某行业对其他各行业直接和间接的诱发效果，从而对国民经济产生的乘数效应。以投入产出法的创始人列昂惕夫的名字来命名。其计算公式是 $(\boldsymbol{I}-\boldsymbol{A})^{-1}$，其中，$\boldsymbol{I}$ 为单位矩阵，$\boldsymbol{A}$ 是直接消耗系数矩阵。

7. 自然垄断产品

公共基础设施领域中的一些产品和服务，需要借助庞大的管线系统才能实现供给，如果由单个厂商提供会更有效率，经济学上将具有这一特征的产品称作自然垄断产品。通常包括：供水、供电、供热、供气；电信；铁路、城市交通、海港、水运、机场；环境卫生设施和排污系统等。

8. 公共物品

市场经济中的绝大多数产品是私人物品，具有竞争性和排他性：竞争性是指某一产品如果被某人消费掉了，其他人就无法消费该产品；排他性是指不为产品付费的人得不到产品。公共物品与私人物品相对应，具有非竞争性和非排他性，因此，某人对公共物品的消费完全不影响其他人消费同一产品，并且所有的人可以不付费而消费公共物品。国防、立法、灯塔、路灯等都是典型的公共物品。正因为公共物品具有非竞争性和非排他性，所以，追求利润最大化的个人不会去提供公共物品，政府责无旁贷地成为公共物品的供给者。

第五章

城市规模分布

导读

本章包含四节内容。第一节介绍了城市规模分布的三种测定指标：城市规模分布的帕累托系数、城市集中的HH指数、首位城市比率。第二节是关于城市规模分布的两个主要法则。第三节从人均需求和集聚经济两个角度解释了城市之间规模与数量的差异。第四节探讨了影响城市规模分布的众多因素。

城市规模分布是指在既定的城市化水平下，一国或地区不同规模城市的数量分布状况，其实质是城市人口规模与城市数量之间的关系。表5-1显示了2010年我国城市规模和城市数量的具体情况，表中数据显示，2010年我国地级及以上城市共287个，如果以城市市辖区总人口为计量指标，其中拥有400万以上人口的城市14个，占当年地级及以上城市数量的4.9%，这14个城市年末市辖区总人口达10 160.15万人，人口规模占当年地级及以上城市总人口的26.1%，城市数量占比（4.9%）与规模占比（26.1%）之比为0.19。其余数据的含义依此类推。

表5-1　　2010年我国地级及以上城市数量与规模

人口分组	城市数量（个）；城市规模（万人） （数量占比；规模占比；数量占比/规模占比）
400万以上	14；10 160.15 （4.9%；26.1%；0.19）
200万～400万	30；7 719.37 （10.4%；19.9%；0.52）

续前表

人口分组	城市数量（个）；城市规模（万人） （数量占比；规模占比；数量占比/规模占比）
100 万～200 万	81；11 136.87 (28.2%；28.7%；0.98)
50 万～100 万	109；7 887.3 (38.0%；20.3%；1.87)
20 万～50 万	49；1 870.88 (17.1%；4.8%；3.56)
20 万以下	4；74.44 (1.4%；0.2%；7)
合计	287；38 849.01 (100%；100%；1)

注：根据《中国统计年鉴—2011》，三亚市属于 20 万人口以下组，修正了数据，同时将拉萨市人口设定为 20 万人（拉萨市人口数据缺失）。

资料来源：国家统计局城市社会经济调查司．中国城市统计年鉴—2011．北京：中国统计出版社，2001．

将表 5－1 中数量占比/规模占比绘制成图 5－1，图中显示，城市规模越小的分组，城市数量占比/规模占比越大。在 100 万～200 万人口的分组中，城市数量占比/规模占比接近于 1，换句话说，两种占比相差不大。在 200 万以上人口分组中，城市数量占比为 15.3%，规模占比为 46%，两者之比约为 0.33。而在 100 万以下人口分组中，城市数量占比为 56.5%，规模占比为 25.3%，两者之比约为 2.23，形象地说，我国一半多的地级及以上城市属于 100 万人口以下的中小城市，而这些城市的人口规模仅相当于地级及以上城市人口总规模的 1/4。这一现象在一定程度上表明，我国 100 万人口以下的地级市数量占比相对于其规模占比而言偏大，或者说在大量的城市中居住着较少的人口，这种现象也被称作“分散的城市化”。

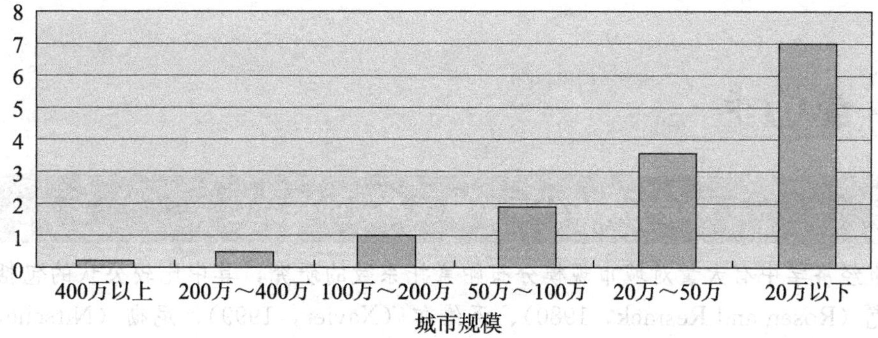

图 5－1　2010 年我国地级及以上城市数量占比/规模占比

如果以县级及以上城市作为样本，分散的城市化这一特征依然存在。2010 年我国县级及以上城市共 657 个，包括县级市、地级市、副省级市、直辖市。其中拥有 50 万以下人口的城市共 188 个，约占城市总数量的 28.6%，人口规模合计 6 191.12 万人，约占城市总人口规模的 9.7%，城市数量占比/规模占比约为 2.9。20 万以下人口的小城市共 38 个，数量占比约为 5.78%，人口 514.14 万人，规模占比约为 0.8%，城市数量占比/规模占比约为 7.2。

可见，一国或地区的城市数量与城市规模之间存在一定的关系，城市规模分布遵循着某些特定规律。如何测定城市规模分布状况？城市规模分布有什么规律可循？城市之间为什么存在规模与数量的差异？城市规模分布受哪些因素影响？本章将涉及这些话题。

5.1 城市规模分布的测定指标

一、城市规模分布的帕累托系数

20 世纪上半期，一些学者根据收入分配的帕累托法则推断认为，一国或地区内城市规模的分布也遵循帕累托法则，即大部分的城市人口最终流向少数城市。城市规模分布的帕累托法则可用公式表述为：

$$Y=CX^{-b} \quad (b\geqslant 0) \tag{5-1}$$

式中，X 为城市人口规模；Y 为城市的排序；C 为常数；b 为城市规模分布的帕累托系数，也称城市集中的帕累托系数。b 值的大小有重要含义，当 $b=1$ 时，$YX=C$，它表示城市排序与其人口规模的乘积是一常数，其含义参见 5.2 节的位序-规模法则。当 $b>1$ 时，意味着随着城市排序降低（例如排序由 1 降为 2），城市人口规模减小，但减小的程度不大，较为平缓，换句话说，城市规模的变化不显著，城市规模分布相对均匀。当 $b<1$ 时，表明随着城市排序降低，城市人口规模有较大程度的减小，城市规模变化显著，人口在大城市集中的可能性较大。

资料卡

城市规模分布帕累托系数的研究结论

城市经济学中有大量对城市规模分布帕累托系数的研究，其中比较公认的包括罗森和雷斯尼克（Rosen and Resmck，1980）、泽维尔（Xavier，1999）、尼彻（Nitsche，2005）的研究成果等。

罗森和雷斯尼克 1980 年考察了 44 个国家城市规模分布的帕累托系数，发现其中 3/4 国家的系数值大于 1，平均值为 1.136，表明大多数国家的城市规模分布比较均衡，澳大利亚的系数最高，为 1.963，摩洛哥最低，为 0.809。泽维尔 1999 年考察了美国的数据，如果以各城市人口数量的自然对数为横坐标，以各城市排序的自然对数为纵坐标，将美国 1991 年 135 个大都市地区的相应指标绘制成图，基本上可以得到一条斜率近似−1 的直线，回归结果是 $\ln Y=10.53-1.005\ln X$。尼彻 2005 年的研究显示，在 2/3 的样本城市中，城市规模分布的帕累托系数介于 0.8 和 1.2 之间，中值为 1.09。

城市规模分布的帕累托系数指标既有优势，也有一定的劣势。其优势在于先前的研究成果较多，易于比较借鉴，尤其在研究城市化问题时，该指标运用较为普遍。其不足在于它假设城市规模分布的帕累托方程即 $Y=CX^{-b}$ $(b\geqslant 0)$，对所研究的任何国家都适用。此外，必须运用一定的回归技术，才能对城市规模分布的帕累托系数进行估计，从这一点上说，城市规模分布的帕累托系数作为回归估计值的意义，比其作为衡量指标的意义更为显著。

二、城市集中的 HH 指数

城市集中的 HH 指数源于经济学中的 HH 指数，根据赫芬达尔和赫希曼名字命名的 HH 指数用于测定产业集中度，通常用特定市场上所有企业市场份额的平方和来表示。举例来说，如果某产业中有三家企业，各自的市场份额分别为 50%、30%、20%，如果用 HH 指数来衡量，该产业的市场集中度为：$0.5^2+0.3^2+0.2^2=0.38$。HH 指数的取值范围为 0～1，指数越大，表示市场集中程度越高，垄断程度越高。实际研究中通常会用到 HH 指数的倒数，也称作 N 指数，它表示市场中规模相同企业的数目。N 指数的值越大，表明产业分布越分散，值越小，表明产业集中程度越高。

借用 HH 指数，一国或地区内各城市的人口占该国或地区城市总人口份额的平方和，即为城市集中的 HH 指数，可用公式表示为：

$$\mathrm{HH}=\sum_{i=1}^{n}(P_i/P)^2 \tag{5-2}$$

式中，P_i 为 i 城市的人口规模；P 为一国或地区城市总人口；n 为城市数量。城市集中的 HH 指数越大，说明一国或地区的城市人口越集中在少数大城市，换句话说，城市集中度越高。

在实际研究中，通常也使用城市集中的 HH 指数的倒数 N 指数来解释研究结论，其含义为规模相同的城市的数量。如果 N 指数的值为 1，则 HH 指数的值为 1，这意味着一国或地区内只有一个城市，全部城市人口集中在该城市，城市规模分布属于一种极端情况，可称为完全集中。如果 N 指数取值较大，假设为 n，表示城市人口分散在规模相同的 n 个城市中，空间竞争突出，城市集中度极低，可称为完全分散。

城市集中的 HH 指数具有一定的优点，它考虑了一国或地区经济体系中所有城市的规模分布，因为 N 指数表示的是规模相同的城市数量，所以，城市集中的 HH 指数也衡量了城市之间的竞争程度。此外，该指标不需要回归估计，便于计算。但是，因为 HH 指数起源于对产业集中的测度，所以在城市经济学中的运用不是很普遍，经验数据相对较少。

三、首位城市比率

研究发展中国家的城市化问题时，多使用首位城市比率指标。首位城市比率有不同的定义，例如：

$$PR=P_1/(P_1+P_2) \tag{5-3}$$

式中，PR 为首位城市比率；P_1为一国或地区最大城市的人口规模；P_2为第二大城市的人口规模。

首位城市比率还可以界定为：

$$PR=P_1/(P_1+P_2+P_3) \tag{5-4}$$

式中，P_1、P_2的含义同前；P_3为一国或地区第三大城市的人口规模。

一般而言，首位城市比率可用公式表示为：

$$PR=\frac{P_1}{\sum_{i=1}^{n}P_i} \tag{5-5}$$

式中，P_1的含义同前；P_i为 i 城市的人口规模；n 为城市数量，$\sum_{i=1}^{n}P_i$ 即一国或地区全部城市人口的总和。

实际测度中，究竟使用哪个公式来计算首位城市比率，存在较大的灵活性和自由度。在一些著名的关于城市规模分布的研究文献中，有的学者使用 PR_5 和 PR_{50} 作为衡量指标，PR_5 的含义是一国或地区中最大城市人口占该国或地区前 5 个大城市人口的比例，PR_{50} 的含义是一国或地区中最大城市人口占该国或地区前 50 个大城市人口的比例。有的学者则利用一国或地区最大城市人口占该国或地区全部城市人口的比例作为衡量指标，研究城市规模分布如何影响经济增长。

首位城市比率的最大优点是数据获取方便，计算简单，但一个明显不足是忽略了最大城市之外的其他城市的分布，所以该指标是对城市规模分布的一个粗略估算。

资料卡

指标间的相关性

可以证明首位城市比率与城市规模分布的帕累托系数、城市集中的 HH 指数有较强的相关性，从而在一定程度上表明，首位城市比率指标具有相对的合理性和可取性。

第一，根据位序-规模法则，当把城市按照人口规模由最大到最小排序时，序号乘以规模等于一个常数。如果最大城市的人口规模已知，那么，其他城市的规模就可以由该法则推算出来，因此可以说，最大城市的人口规模决定了其他城市的人口规模。换句话说，如果认同城市规模分布的帕累托方程 $Y=CX^{-b}$ （$b\geqslant 0$），以及其特殊形式位序-规模法则（$b=1$），就等于认同最大城市的规模决定其他城市的规模，从而在一定程度上认同首位城市比率作为城市规模分布指标的合理性。

第二，城市集中的HH指数是各城市人口占城市总人口份额的平方和。当一个国家或地区内的城市数量既定时，如果城市人口集中倾向比较明显，那么，最大城市人口占城市总人口的份额将会较大，由此计算出的城市集中的HH指数值也将较大。可见，HH指数的计算结果受最大城市人口规模占比影响，从而表明首位城市比率与HH指数有一定的相关性。

5.2　齐普夫法则与位序-规模法则

一、齐普夫法则

哈佛大学语言学教授齐普夫发现，一段文字中某单词出现的概率，与该单词在频率表中的排序成反比。举例来说，如果频率表中单词“the”排序第一（序号最小），单词“of”排序第二，“he”排序第三……那么在一段文字中，“the”出现的概率将最大，并且当“the”出现了10次时，“of”将大约出现5次，“he”大约出现3次……运用到城市经济学中，齐普夫法则可用公式表示为：

$$P(S'>S)=\alpha\times S^{-\beta} \tag{5-6}$$

式中，S 为某一数值的城市规模，例如100万人口的城市规模；S' 为某城市的规模；$P(S'>S)$ 为规模超过 S 的城市出现的概率；α 为常数；β 为接近1的系数。式（5-6）的含义是，规模超过 S 的城市出现的概率与 S 成反比，S 越大，规模超过 S 的城市出现的概率就越小，数量也就越少。

齐普夫法则形象地表明城市规模越大，数量越少。实践证明，大多数国家的城市规模分布明显符合齐普夫法则。表5-2是2000年与2010年美国的城市规模和数量状况，无论是2000年还是2010年，包括波多黎各在内美国共有929个城市，其中大都市统计区388个，小都市统计区541个。人口超过1 000万的城市只有纽约和洛杉矶2个，而人口少于10万的城市则达到500多个。由表5-2可知，随着城市规模减小，城市数量在增加。同时，大量研究表明，通常情况下一国或地区城市规模分布在较长时期内变化不大，一些学者对法国和日本的研究发现，法国从1876年到1990年、日本从1925年到1985年的城市规模分布都基本保持不变。

表5-2　2000年与2010年美国城市规模与数量

城市规模（人）	城市数量（个），2000年	城市数量（个），2010年
1 000万以上	2	2

续前表

城市规模（人）	城市数量（个），2000 年	城市数量（个），2010 年
500 万～1 000 万	4	7
100 万～500 万	44	43
10 万～100 万	319	331
10 万以下	560	546
合计	929	929

资料来源：美国人口普查局官方网站。

二、位序-规模法则

所谓位序是指城市按人口规模排序时的序号，规模即城市人口规模，位序-规模法则（rank-size rule）是说一国或地区内城市的位序与其规模的乘积约为一个常数。该法则来源于公式：

$$Y=CX^{-b} \quad (b\geqslant 0)$$

如前所述，式中，Y 为城市的排序，也称为城市位序；X 为城市规模；C 为常数；b 为根据 Y 和 X 估计出的参数，即城市规模分布的帕累托系数。显然，当 $b=1$ 时，$YX=C$，即位序-规模法则。根据该法则，若一国最大城市人口为 1 200 万，则 $Y=1$，$X=$1 200 万，$C=$1 200 万，据此得出第二大城市人口约为 600 万，第三大城市人口约为 400 万，依此类推。现实中，b 值为 1 的情形较为少见。

下面运用数据对位序-规模法则在我国的适用性进行检验。需要说明的是：第一，城市位序用 R 表示，城市规模用 P 表示；第二，数据选取年份为 2008 年，当年我国地级及以上城市 287 个；第三，模型采用的函数形式是 $\ln R=C+b\ln P$；第四，我国城市规模分布如果符合位序-规模法则，$\ln P$ 的系数符号应为负数，b 值应在 1 左右。运行 EViews 软件，结果显示 $\ln R=10.184\ 19-1.216\ 909\ln P$，由此推断，我国地级及以上城市规模分布基本符合位序-规模法则。

可以进一步运用数据分省区测算，同时判断我国的城市规模分布状况。需要说明的是：第一，去除北京、天津、上海、重庆（四个直辖市），西藏和青海（当年分别只有一个地级市），海南和新疆（当年分别只有两个地级市）；第二，模型采用的函数形式仍然是 $\ln R=C+b\ln P$；第三，表 5－3 显示了各省区的 b 值，也即各省区城市规模分布的帕累托系数，当 $b=1$ 时，完全符合位序-规模法则，当 $b>1$ 时，表明城市规模的变化不显著，城市规模分布相对均匀，当 $b<1$ 时，说明城市规模的变化显著，城市规模分布不均匀。

表 5－3　　各省区城市规模分布的帕累托系数

省区	地级及以上城市数量	b 值
宁夏	5	1.685
湖南	13	1.451

续前表

省区	地级及以上城市数量	b 值
山东	17	1.378
安徽	17	1.373
江苏	13	1.343
河南	17	1.250
四川	18	1.227
辽宁	14	1.181
广西	14	1.180
山西	11	1.169
江西	11	1.161
浙江	11	1.158
河北	11	1.103
湖北	12	1.067
甘肃	12	1.046
内蒙古	9	0.999
陕西	10	0.954
贵州	4	0.948
黑龙江	12	0.939
福建	9	0.927
吉林	8	0.901
广东	21	0.881
云南	8	0.765
中值		1.158

从表5-3中可以看出，我国23个样本省区城市规模分布帕累托系数的中值为1.158，其中，宁夏、湖南、山东、安徽、江苏、河南、四川、辽宁、广西、山西、江西、浙江、河北、湖北、甘肃等15个省区的 b 值大于1，云南、广东、吉林、福建、黑龙江、贵州、陕西、内蒙古等8个省区的 b 值小于1，由此可以推断我国城市规模分布比较均匀。

资料卡

我国的城市群

《中华人民共和国国民经济和社会发展第十一个五年规划纲要》指出："要把城市群作为推进城镇化的主体形态，逐步形成以沿海及京广京哈线为纵轴，长江及陇海线为横轴，若干城市群为主体，其他城市和小城镇点状分布，永久耕地和生态功能区相间隔，高效协调可持续的城镇化空间格局。”通常来说，有一个到几个经济实力较强的中心城市、完善的城市体系、一定规模的人口与空间、较高的产业发展与分工协作水平、完善的基础设施网络是界定城市群的主要标准。2007 年，我国规划了十大城市群：长江三角洲城市群、京津冀城市群、珠江三角洲城市群、山东半岛城市群、川渝城市群、辽中南城市群、长江中游城市群、中原城市群、海峡两岸城市群、关中城市群。根据《2010 中国城市群发展报告》，我国正在形成 23 个城市群，分别是：长三角、珠三角、京津冀、山东半岛、辽东半岛、海峡两岸、长株潭、武汉、成渝、环鄱阳湖、中原、哈大长、江淮、关中、天山北坡、南北钦防、晋中、银川平原、呼包鄂、酒嘉玉、兰白西、黔中、滇中城市群。《国家新型城镇化规划（2014—2020 年）》明确提出“优化提升东部地区城市群”、“培育发展中西部地区城市群”和“建立城市群发展协调机制”。2015 年召开的中央城市工作会议要求“以城市群为主体形态，科学规划城市空间布局，实现紧凑集约、高效绿色发展”。党的十九大报告进一步指出“以城市群为主体构建大中小城市和小城镇协调发展的城镇格局”。

5.3 城市规模与数量差异的理论解释

一、中心地模型——从人均需求角度的解释

克里斯塔勒和勒施最早提出了市场区和中心地的概念，这两个概念可以在一定程度上解释城市的数量是由什么决定的，以及为什么会形成不同规模的城市。

可以简单地将市场区理解为厂商的势力范围，在该区域范围内，厂商销售某种商品的价格低于竞争对手的价格，因而具有优势。本书第二章 2.2 节已经介绍过市场区的概念，厂商市场区的大小取决于三个因素：其一，该地区对某种商品的人均需求量，用 d 表示；其二，该地区的人口密度，用 e 表示；其三，该地区内厂商实现规模经济时的平均销量，用 q 表示。厂商市场区大小 $M=q/(ed)$，例如，某城市对比萨的人均需求量是每人每月 10 个、该城市人口密度为每平方公里 500 人、城市内的比萨店的平均月销量为每家 30 000 个，则每家比萨店的市场区范围是 30 000/(10×500)=6 平方公里。可见，市场区大小与厂商的平均销售量成正比，与人均需求量和人口密度的乘积即需求密度成反比。

在市场区概念的基础上，中心地模型解释了一个地区内城市数量和规模的决定。下面以奥沙利文《城市经济学》（第 4 版）中一个简单的中心地模型为例予以说明。

假设某地区销售比萨、CD、珠宝三种商品，该地区具有如下特征：第一，地区总人口 80 000 人，初始时人口均匀分布；第二，不存在购物的正外部性，即不考虑商店的集聚效应；第三，所有区位上的要素投入无差异；第四，所有区位上同种商品的人均需求量相同；第五，三种商品具有不同的人均需求量和实现规模经济所需要的购买人数，具体来说，比萨的人均需求最大，一家比萨店只要 5 000 人的购买量才就能实现规模经济，珠宝

的人均需求最小，一家珠宝店需要 80 000 人的购买量才能实现规模经济，CD 居中，一家 CD 店要 20 000 人的购买量才能实现规模经济。因此，该地区内将有 1 家珠宝店、4 家 CD 店、16 家比萨店。下面通过珠宝店、CD 店、比萨店的选址来说明不同规模城市的形成。

首先，唯一的珠宝店将在地区中心选址，因为人口均匀分布，投入品成本在各区位都相等，所以在地区中心选址将使运输成本最低从而总成本最低。围绕珠宝店将会产生一个城市，原因在于珠宝店工人为节省通勤费用，在珠宝店附近居住，从而使珠宝店周围人口密度增大，因此，在地区中心产生一个城市，可称作 L 城。

其次，如果人口均匀分布，4 家 CD 店将把该地区分成 4 个相等的市场区，每家 CD 店都位于市场区中心。但是，由于地区中心出现了城市 L，对 CD 的需求多于其他区位，根据市场区的决定因素，市场区大小与人均需求量成反比，城市 L 中每家 CD 店的市场区将缩小。假设 L 城中有 2 家 CD 店，其余 2 家 CD 店把该地区的剩余部分分为 2 个市场区，围绕这 2 家 CD 店，将会产生另外 2 个城市，分别称作 M1 城、M2 城。

最后，由于城市 L、M1、M2 人口密度大，对比萨的需求多于其他区位，导致 3 个城市中每家比萨店的市场区缩小，假设城市 L 中需要 4 家比萨店以满足需求，城市 M1 和 M2 分别需要 2 家比萨店，其余 8 家比萨店把该地区的剩余部分分为 8 个市场区，围绕这 8 家比萨店，将会产生另外 8 个城市，分别称作 S1 城～S8 城。

可见，该地区将会形成 11 个城市：L、M1、M2、S1～S8。如图 5-2 所示，城市 L 位于地区中心，城中有 1 家珠宝店、2 家 CD 店、4 家比萨店，人口 20 000；城市 M1 和 M2 分别包括 1 家 CD 店、2 家比萨店，每个城市 10 000 人；城市 S1～S8 每个城市中仅有 1 家比萨店，只销售比萨，城市人口 5 000。整个地区的城市数量和规模如表 5-4 所示。

表 5-4　整个地区的城市数量和城市规模

城市	城中厂商	城市数量（个）	城市规模（人）
L	1 家珠宝店 2 家 CD 店 4 家比萨店	1	20 000
M	1 家 CD 店 2 家比萨店	2	10 000
S	1 家比萨店	8	5 000

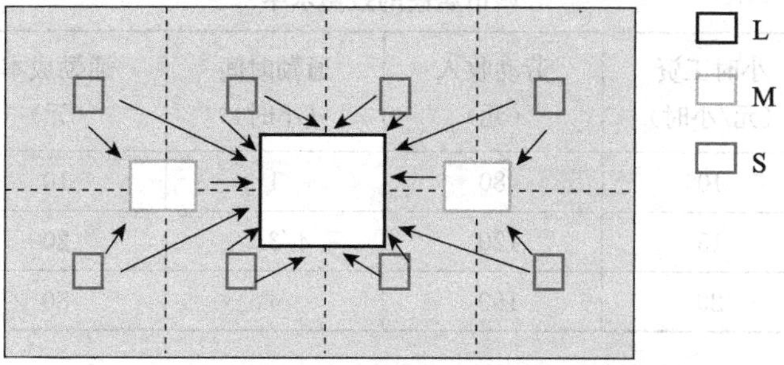

图 5-2　中心地模型

中心地模型表明，城市存在不同的规模，可以分为大（L）、中（M1、M2）、小（S1～S8）不同的规模层级。城市越大，销售的商品种类就越多，每个城市都从更高规模层级的城市“进口”商品（如图 5-2 中的箭头所示），向更低规模层级的城市“出口”商品。

实际经济中，消费者购物时可能会对商品的替代品进行比较，也可能会同时完成商品的互补品的购买，从而出现所谓的“比较购物”和“一站式购物”，导致厂商集聚。以本例来看，如果 4 家 CD 店集聚会引起购物的正外部性，那么这 4 家 CD 店将会在地区中心也即 L 城集聚，该地区将只有大城市和小城市两种类型，城市个数由 11 减少到 9，但城市规模层级仍然存在。

如果考虑不同区位上同种商品人均需求量有所差异的实际情况，模型结果会有所不同。现实中，有些商品的人均需求随着城市规模的扩大而增加，有些商品则相反，人均需求随着城市规模的扩大而减少。前者导致城市个数减少，但城市规模层级仍然存在；后者则会打乱城市规模层级，即中小城市提供大城市所没有的商品，同时城市个数相应增加。

总之，产品和服务有人均需求的差异，如比萨、理发的人均需求显然大于珠宝、脑外科手术的人均需求，人均需求大的产品和服务，其厂商的市场区小，因此，这类产品和服务几乎随处可见，而人均需求小的产品和服务，其厂商的市场区相对较大，换句话说，这类产品和服务并不能轻易见到。有些区域既生产和销售人均需求大市场区小的产品，又生产和销售人均需求小市场区大的产品，这些区域有可能成为大城市。而有些区域通常只生产和销售人均需求大市场区小的产品，这些区域则可能成为小城市。

二、倒 U 形效用曲线——从集聚经济角度的解释

（一）倒 U 形效用曲线

市场经济中家庭拥有劳动、资本、土地等多种生产要素，城市居民的效用水平取决于多种要素的报酬，为简化起见，令城市居民效用水平＝劳动收入－通勤成本。通常情况下，大城市的劳动效率较高，如果劳动市场是竞争性的，厂商之间为得到高效率劳动的竞争将会导致工资水平提高，因此，大城市居民拥有较高的劳动收入。同时，由于大城市人口多，容易发生交通拥堵，因此，通勤时间通常较长，导致通勤成本较高。

可见，城市居民劳动收入和通勤成本随着城市规模增大而提高，假设劳动收入以递减的速度提高，劳动时间为每天 8 小时，通勤成本以递增的速度提高，用通勤时间的机会成本来计算，设置城市居民效用水平数据，如表 5-5 所示。

表 5-5　　城市居民的效用水平

城市规模（万人）	小时工资（元/小时）	劳动收入（元）	通勤时间（小时）	通勤成本（元）	效用水平（元）
100	10	80	1	10	70
200	15	120	4/3	20	100
400	20	160	4	80	80

表 5-5 中的小时工资和通勤时间为已知，劳动收入等于小时工资乘以 8。用机会成本

的思路来计算通勤成本，表中显示在 100 万人口的城市中，居民通勤需 1 小时，所以通勤成本为居民 1 小时的劳动收入，即 10 元。依此类推，在 200 万人口的城市中，居民通勤需 1 小时 20 分钟，通勤成本即 20 元。在 400 万人口的城市中，居民通勤需 4 小时，通勤成本即 80 元。效用水平为劳动收入与通勤成本的差额。根据表 5－5 的数据绘制图 5－3 如下。

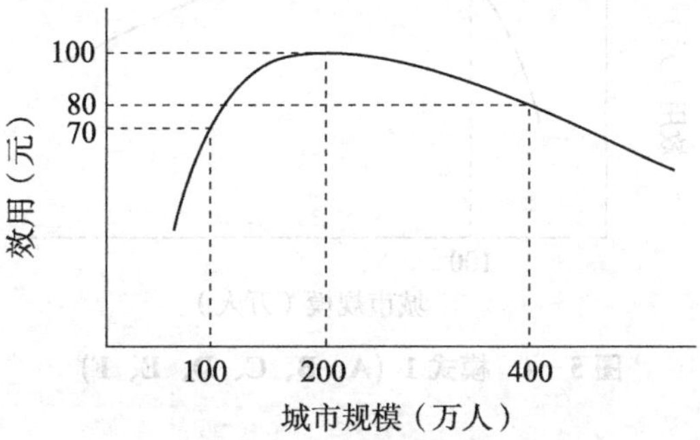

图 5－3 城市居民倒 U 形效用曲线

图 5－3 中横坐标为城市人口规模，纵坐标为城市居民效用水平，图形显示，随着城市人口增加，居民效用水平提高，达到峰值后，随着人口增加，效用水平下降，曲线呈倒 U 形，称为城市居民倒 U 形效用曲线。在曲线的正斜率部分，城市居民劳动收入提高超过通勤成本增加，效用水平提高，而在曲线的负斜率部分，通勤成本增加超过劳动收入提高，效用水平下降。图 5－3 虽然是根据设置的数据绘制成的，但它反映了城市居民效用水平变动的一般规律。通常情况下，当城市规模还不大时，随着人口的增加，城市居民劳动收入增加会超过通勤成本增加，效用水平提高。达到一定人口规模之后，变化趋势则相反，通勤成本增加超过劳动收入增加，效用水平下降。

（二）城市规模在倒 U 形效用曲线的负斜率部分容易实现均衡

倒 U 形效用曲线经历了一个斜率由正数变为负数的过程，下面证明城市人口规模在倒 U 形效用曲线负斜率部分处于相对稳定状态。假设某区域内有 600 万人口，存在两种分布模式，现在考察这两种分布模式的稳定性。

模式 1：区域中有六个小城市，每个城市有 100 万人口，区域均衡时六个城市的效用水平相同，均为 70 元。

模式 2：区域中有两个大城市，每个城市有 300 万人口，区域均衡时两个城市的效用水平相同，也均为 70 元。

模式 1 和模式 2 分别如图 5－4、图 5－5 所示。

由图 5－4 可知，模式 1 的六个小城市 A、B、C、D、E、F，人口规模各为 100 万，效用水平相同，城市规模与初始均衡效用的组合点为（100，70），处于效用曲线的正斜率部分。假设由于非经济原因，部分居民由 A 城向 B 城迁移，A 城人口减少，效用下降，B 城人口增加，效用提高，A、B 两个城市间出现效用差，进一步促使居民由 A 城向 B 城迁移，人口迁移越多，A、B 城之间效用差就越大，迁移动力也因此更强。在这一过程中，C、D、E、F 四城的效用也会与 B 城存在差异，从而引发人口向 B 城迁移。只要 B 城人口规模所对应的效用水平处于曲线正斜率部分，这种迁移过程就会持续。随着B城人口不断增加，城市居民效用水平达到峰值后开始下降，当再次实现区域均衡时，将不再是每个城市100万人口的分布模式。由此断定，模式1是不稳定的。

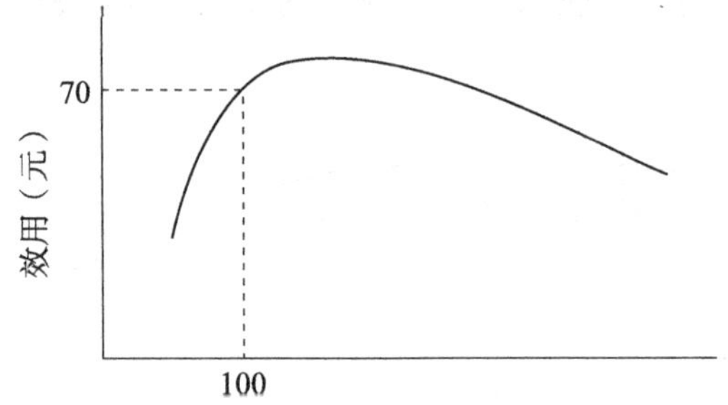

图5-4　模式1（A、B、C、D、E、F）

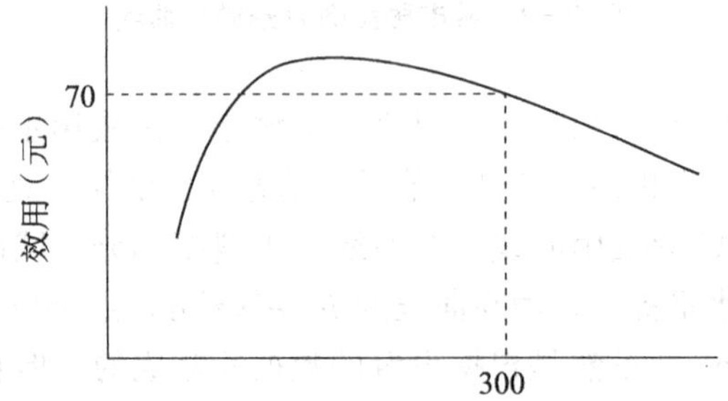

图5-5　模式2（G、H）

由图5-5可知，模式2中的两个城市G、H，人口规模各为300万，效用水平相同，城市规模与初始均衡效用的组合点为（300，70），处于效用曲线的负斜率部分。同样假设非经济原因使部分居民由G城向H城迁移，G城人口减少，效用提高，H城人口增加，效用下降，两个城市之间产生效用差，促使原G城居民回迁，或者H城原有居民向G城迁移，最终恢复初始状态，因此，模式2是稳定的。

（三）集聚经济影响城市规模

集聚经济是地方化经济与城市化经济的统称。所谓地方化经济是指同行业中的企业在地理上相互靠近形成企业群，随着行业总产量的增加，企业的生产成本下降，为此所获得的好处。所谓城市化经济是指随着城市人口规模增加，企业的生产成本下降，为此所获得的好处。

地方化经济形成的原因主要有三：其一，企业集聚使中间投入品的生产具有规模经济，导致中间投入品价格降低，企业成本降低；其二，企业集聚能够降低劳动力转换工作时发生的搜寻成本和迁移成本，便于劳动力流动，使企业获得劳动市场共享的好处；其三，企业集聚能够促使信息和技术快速传播和扩散，这种知识外溢有助于企业提高技术水平，降低成本。

城市化经济产生的原因与地方化经济产生的原因相同，也是由于中间投入品成本降低、劳动市场共享及知识外溢。所不同的是，城市化经济源于整个城市经济规模的扩大，地方化经济只源于某一行业生产规模的扩大；同时，城市化经济是就整个城市的企业而言的，受益者是城市中的所有企业，地方化经济只是就某一行业的企业而言，受益者只是这一行业的企业。

现实经济中，特别是在市场经济国家，城市规模的确定主要取决于市场的力量。所谓市场的力量，包含两方面的内容：一方面，随着城市规模的扩大，会产生集聚经济，导致劳动生产率提高和城市居民收入增加，这是城市规模扩大的收益。另一方面，当城市规模达到一定程度时，又会出现集聚不经济，城市生活中住房紧缺、活动空间狭小、交通拥堵、环境污染等等，都是集聚不经济的体现，它是城市规模扩大的成本。

城市规模的确定就是城市居民对这种收益与成本进行权衡的结果，认为大城市的高效率和高收入足以弥补大城市各种不利因素的人，将会选择在大城市生活，那些认为在大城市生活的成本大于收益的人，将会选择离开大城市。城市居民的效用水平是集聚经济与集聚不经济的函数，从而是城市规模的函数。城市居民在效用最大化的原则下进行选择，正是在其选择过程中，城市规模得以确定。

可以运用城市居民倒 U 形效用曲线来简单描述集聚经济与集聚不经济的力量对比。在曲线正斜率部分，随着城市规模增加，劳动收入提高，通勤成本也提高，但前者超过后者，或者说集聚经济超越了集聚不经济，表现为效用水平提高。而在曲线负斜率部分，随着城市规模增加，劳动收入和通勤成本都提高，但后者超过前者，或者说集聚不经济超越了集聚经济，表现为效用水平下降。

不同形状的倒 U 形效用曲线也传递了不同的含义，试比较图 5－6 中的三条效用曲线 OA、OB、OC 的形状。

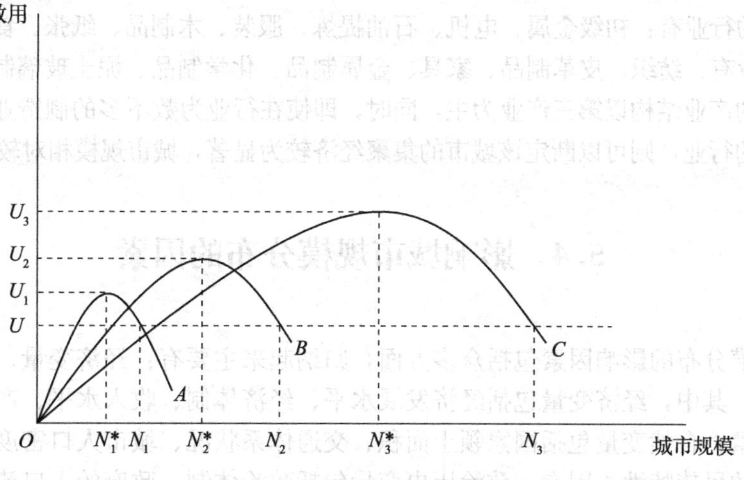

图 5－6　集聚经济影响城市规模

可以看到，三条曲线均呈倒 U 形，表明城市居民效用水平随着城市规模扩大先升后降。所不同的是，OA 曲线形状最为陡峭，变化较快，即随着城市规模增加，居民效用水平提高较快，但是很快就达到了效用水平的最大值 U_1，效用最大化时的城市规模为 N_1^*，之后效用水平开始降低。OC 曲线形状最为平坦，随着城市规模增加，居民效用水平以较慢的速度提高，致使在较大的城市规模 N_3^* 上实现效用最大化，最大化的效用水平 U_3 高于 U_1，随后效用下降。OB 曲线介于 OC 曲线与 OA 曲线之间，最大效用水平为 U_2，相对应的城市规模为 N_2^*。

如果将集聚经济显著界定为在较大的城市规模上集聚经济依然超越集聚不经济，并因此带来较高的效用水平，那么，容易推导出，集聚经济显著的城市，城市规模与居民效用水平之间的关系大致可以用图 5－6 中的 OC 曲线来描述：随着城市规模增加，集聚经济以较强力量呈现，居民效用水平不断提高，当城市规模和效用水平都达到一个较高的数值后（N_3^*，U_3），集聚不经济才开始超越集聚经济，居民效用水平随之下降，但下降的速度并不是很快。与 OC 曲线相对应，OA 曲线可以在一定程度上代表集聚经济不显著的城市其规模变化与居民效用水平之间的关系。当然，OB 曲线反映了介于两者之间的城市集聚经济状况。

从整个区域的角度看，当实现区域均衡时，整个区域内居民的效用水平是相同的。因此，不妨假设，在图 5－6 中的效用水平 U 上，各城市居民实现了相同的效用水平，整个区域实现了均衡。同时，因为城市规模与均衡效用的组合点（N_1，U），（N_2，U），（N_3，U）都处于效用曲线的负斜率段，所以，各城市都处于稳定的均衡状态。

从图 5－6 中可以明显看出，区域均衡状态下，城市规模会因集聚经济的显著性不同而有所差异，集聚经济显著的城市，人口规模大，集聚经济不显著的城市，人口规模相对较小。那么，集聚经济的显著性取决于什么因素？换句话说，不同城市为什么会在集聚经济显著性上存在差异？一个主要因素是城市的产业结构与行业类型，不同城市的产业结构与行业类型不同，决定了城市的集聚经济程度不同。研究发现，第三产业集聚经济效应高于制造业。即使同为制造业，也有集聚经济显著行业与不显著行业之分。普遍认为，制造业中集聚经济显著的行业有：初级金属、电机、石油提炼、服装、木制品、纸张、食品，集聚经济不显著的行业有：纺织、皮革制品、家具、金属制品、化学制品、泥土玻璃制品。因此，如果一个城市的产业结构以第三产业为主，同时，即使在行业为数不多的制造业中，也多是集聚经济显著的行业，则可以断定该城市的集聚经济较为显著，城市规模相对较大。

5.4 影响城市规模分布的因素

城市规模分布的影响因素包括众多方面，归纳起来主要有：经济变量、自然变量、政治历史变量。其中，经济变量包括经济发展水平、经济体制、收入水平、产业结构、对外开放度等因素；自然变量包括国家领土面积、交通体系状况、城市人口密度、城市的地理位置、国家的民族特性等因素；政治历史变量包括政治体制、政府的人口流动政策、殖民历史、城市集中的历史等因素。

一、经济变量

（一）经济发展水平

经济发展水平对城市规模分布的影响，体现了威廉姆森的倒 U 形理论思想。随着一国经济不断发展，该国的城市集中度即人口向少数城市集中的程度先提高后降低，呈倒U形。具体来说，当一国处于经济发展初期阶段时，随着经济增长，城市之间的规模差异比较显著，人口倾向于在少数城市集中；而当经济发展到成熟阶段时，随着经济增长，城市之间的规模差异变得不显著，城市规模分布日益均匀。

一般来讲，当一国经济发展水平较低时，该国的剩余产品通常较少，市场购买力有限，城市基础设施不充分，城市的数量相对不多。在这种情况下，城市基础设施的整体不可分性（基础设施只有达到一定规模时才能有效地提供服务）促使产业集中于数量有限的城市中，从而使得低水平经济下的城市集中度较高。随着经济发展，市场规模扩大，企业数量增加，为了服务其他区位市场，一些企业会离开大城市，导致产业分散。同时，大城市的原材料供给瓶颈、周边地区信息可获得性的增强、大城市中资本的边际产量下降等因素，都加剧了企业在其他地区投资，导致城市集中度降低。

具体来说，经济发展水平对城市规模分布的影响机制可以从以下六个方面加以解释：

第一，城市负外部性的收入弹性。有些产品在生产过程中存在技术上的不可分性，具有较强的规模经济，只有当产量或销量达到较大值时，才能使平均成本最低。显然，这一类型产品适宜在人口集中区位（大城市）生产销售，从而导致大城市具有较强的吸引力，这也是大城市的正外部性所在。然而，大城市也存在负外部性，如环境污染、交通拥堵、住房紧张等。一般认为，人们对负外部性的敏感程度具有较高的收入弹性，即收入水平越高，对城市存在的负外部性就越在意。由此可以推断：当经济发展水平较低，人们的收入水平较低时，对城市的负外部性不是很注重，因此，向城市移民尤其是向大城市移民比较普遍，导致城市集中度提高。而当经济发展到较高阶段，人们的收入水平提高时，对城市的负外部性就很敏感，往往会通过移出城市来回避大城市的负外部性。同时，经济发展、收入提高后，人们对收入弹性高的资源需求（如对温和气候的需求）增加，促使家庭和厂商在能提供这类产品的地区选址，从而有可能离开城市，使城市集中度降低。

第二，资本饱和程度。经济发展初期，投资机会相对较多，资本尚未达到饱和。同时，生产过程中的成本构成会发生一定的变化，即不变成本相对于可变成本的份额增加，规模经济的作用比较明显，大城市因为规模经济而获益。所以，在经济发展初期，城市规模逐渐增大。而当经济发展达到一定阶段后，资本趋向饱和，规模不经济开始显现，城市规模因此减小。

第三，劳动市场的变化。城市生产的正外部性提高了劳动的边际产品价值，使得城市工人的收入高于其他区位上工人的收入，吸引工人到城市工作。尽管城市存在失业风险，但工人对实际收入的预期通常会超过对农村或其他小城市收入的预期。同时，劳动密集型产业的发展降低了移民进入城市的门槛。这些原因都导致经济发展早期城市集中度较高。而当城市发展达到一定水平后，由于劳动供给缺乏弹性、城市负外部性造成生活成本提高、工会力量增强等原因，城市劳动成本提高，迫使厂商向城市外发展。

第四，交通体系的完善程度。交通体系的完善程度大致分为三个层面：很不完善、逐渐完善、非常发达。当一个地区的交通体系很不完善时，地区的市场范围、区内贸易以及规模经济的利用都会受到限制，城市的发展也会因此受到制约。随着交通体系的逐渐完善，地区市场范围扩大，区内贸易增多，促使一些区位大量生产，导致专业化城市产生并快速发展。

在此过程中，较强的产业联系和规模经济的利用，进一步推动了城市规模的扩大。而当交通体系非常发达，同时大城市的负外部性开始突出时，市场的力量就会促使一国人口重新分布，大城市周边地区交通通信网络的发展，使厂商远离大城市寻找低成本区位选址成为可能。

第五，贸易保护程度。如果一国贸易保护主义倾向严重，贸易障碍设置较多，则国内市场相对于国外市场而言就显得更为重要。此时，厂商倾向于在城市集聚，以节省投入品与产成品的运输成本和建立稳定的前后向联系。厂商在城市集聚，为工人提供了相对广阔的劳动市场，吸引人口向城市集中，城市集中度较高。一般来说，当一国处于经济发展的早期阶段时，贸易障碍设置较多，随着经济发展，贸易障碍相对减少，当关税很低时，进口商品可能成为国内消费的主要部分，而进口商品在城市的价格并不一定比其他地区更便宜，因此，产业和人口趋于分散，城市集中度随之下降。

第六，运输成本的高低。当运输成本很高时，产业倾向于集聚，导致城市集中度较高。随着产业前后向联系的增强，城市的吸引力也增强。当运输成本非常低时，各区位都能容易地实现前后向联系，此时如果城市负外部性凸显，可能会导致城市吸引力下降，城市集中度下降。需要说明的是，运输成本对城市规模分布的影响效果并不唯一，这里仅指出了一种可能性，当运输成本很低时，也存在城市集中度提高的可能，参见下文“自然变量”中的“交通体系状况”。

资料卡

经济发展水平对城市规模分布影响的实证研究

经济发展水平对城市规模分布的影响，是否符合威廉姆森倒U形理论？国外众多学者对此进行了验证，在已有研究中，当运用单一国家的时间序列数据进行检验时，结论全部得到验证。但是，当进行跨国家分析时，却得出了不同的研究结果。众多研究中比较有影响的包括：其一，艾尔萨克斯1972年运用英国的时间序列数据，证实英国经济发展水平与城市集中度确实呈倒U形关系；其二，阿尔佩洛维奇1992年验证了以色列的经济发展水平与城市集中度也存在倒U形关系；其三，罗森和雷斯尼克1980年运用城市规模分布的帕累托系数，分析了44个国家影响城市规模分布的因素，得出结论认为，一国GDP越高，该国城市人口分布就越均匀；其四，惠顿和宍户1981年运用城市集中的HH指数，根据38个国家的数据，证实了城市集中度与经济发展水平之间倒U形关系的存在；其五，帕尔1985年选用城市规模分布的帕累托系数作为指标，运用12个国家的相关数据进行研究，结果显示澳大利亚、法国、瑞士、美国等高收入国家存在明显的倒U形，其中，澳大利亚在1910年，瑞士、美国在1930年，法国在1954年分别达到倒U形的高峰，巴西、日本、西班牙、苏联等国家倒U形不明显，埃及、印度、尼加拉瓜、土耳其等低收入国家则不存在倒U形；其六，理查德森和舒华兹1988年选用116个国家的大样本数据的研究结论认为，城市规模分布与一国经济发展水平之间不存在任何关系。

（二）经济体制

经济体制基本上可以分为市场经济体制和计划经济体制两种类型，一般认为，与市场经济体制相比，计划经济体制下人口向城市集中的倾向明显偏弱，城市规模分布较为均匀。原因在于：第一，计划经济体制下，中央政府通过各种指令性计划直接控制经济，包括控制不同经济主体的实际收入，以此控制移民流动，严格的户籍制度也限制了人口流动。第二，计划经济体制下，政府通常会以牺牲效率为代价，采取完全就业政策，不同经济主体之间、不同城市之间的收入差距不会过大，经济主体趋向于某一高收入城市的推力和拉力都不存在。第三，计划经济体制下，政府严格控制产业类型及其区位，产业综合体的规模通常都很大，具有独立自主的能力，不需要集中在特定城市以利用集聚经济。第四，计划经济体制下，政府控制着投资类型，因为自然资源分布广泛，政府投资时通常会分散产业人口，以适应分散的自然资源。第五，计划经济体制下，强调自给自足，限制对外联系的规模，政府对贸易实行控制，产业或人口因为对外贸易而集中在某一港口城市的可能性减小。

（三）收入水平

在低收入国家，收入通常集中在少数城市，限制了这些城市之外的市场规模，加上低收入国家不充分的基础设施，使得大城市有明显的吸引力，其他城市与大城市相比，不具有竞争力，最终导致城市集中度较高。当收入水平提高后，面对城市负外部性较高的收入弹性，人们会选择离开大城市。

（四）产业结构

当一国的产业结构处于低级阶段，即经济活动主要以农业生产为主，农业人口占劳动力的绝大部分时，因为农业严重依赖不可移动的自然资源，不能重新选择区位，所以，大量劳动力被束缚在土地上，产业活动和劳动力的空间流动减少，城市集中度较低。随着产业结构的演进，当经济活动由以第一产业为主转向以第二、第三产业为主时，区位对产业活动的束缚大大减少，产业活动的流动性增强。此时，如果产业活动和劳动力的流向偏好于已有城市，那么，将会导致城市集中度提高。

（五）对外开放度

一国的对外开放度通常用该国的进出口贸易总额与国内生产总值的比率来衡量。一般情况下，开放的贸易体制会促使产业和人口分散。大城市人口密集，是厂商的市场所在地，如果一国实行封闭的贸易体制，与其他国家不存在贸易往来，厂商势必趋向于国内市场，导致城市规模越来越大。反之，如果一国实行开放的贸易体制，广泛地与世界各国进行经济往来，那么，厂商是否靠近大城市这一国内市场就显得不重要了。因此，开放的贸易体制通常与城市集中度负相关。研究发现，一国的最大城市是不是港口城市或国际贸易中心，对该国城市规模分布有着重要意义。具体来说，如果一国的最大城市不是港口城市或国际贸易中心，则该国对外开放程度越高，其城市集中度就越低，并且这种影响的力度很大。相反，如果一国的最大城市是港口城市或国际贸易中心，对外开放程度的提高反倒会使人口在最大城市集中，从而提高城市集中度。

二、自然变量

(一) 国家领土面积

从影响方向上来看，一国领土面积越大，该国城市集中度就越低，城市规模分布越均匀，反之亦然。原因在于：第一，领土面积大的国家，通常拥有更多的港口和交通枢纽，使更多城市的出现从载体上具备了可能性。第二，一国领土面积大意味着该国国内不同地区之间的差异大，有利于不同类型城市体系的发展。一般来说，为了给分散的农村人口提供一定规模的服务或行政功能，领土面积大的国家倾向于发展大量中等规模城市。第三，对于领土面积小的国家来说，由于产品运输成本较低，所以厂商主要考虑生产成本，着眼于通过追求内部规模经济来降低生产成本，这将导致规模经济突出，城市数量较少，城市集中度高。经验研究也发现，领土面积小的国家，交通运输成本基本上不会对城市规模分布产生影响，相反，地理或邻国因素是决定该国城市规模分布的主要变量。

(二) 交通体系状况

通常使用一定区域面积上的道路公里数或可通航的水路公里数来衡量该区域的交通体系状况。交通体系状况对城市规模分布的影响不确定。原因在于：如果一国铁路公路网络密集，交通体系发达，运输成本必然较低，较低的运输成本对城市集中度具有不同的影响方向。一方面，较低的运输成本使得厂商在中心城市生产，再经过运输向边缘地区销售的可能性增强，边缘地区相对于中心城市的竞争力减弱，吸引力下降，中心城市作为生产、消费的区位优势增强，城市集中度提高，所以，交通发达便捷程度与城市集中度正相关。另一方面，较低的运输成本降低了距离的重要性，因此，厂商出于节省中间投入品的运输成本而集聚的动机随之减弱，可能会选择离开中心城市，离开高土地成本，离开拥堵和污染，城市集中度随之降低，可见，交通发达便捷程度与城市集中度也呈负相关。需要指出的是，交通体系状况的改善对降低城市集中度的作用，在经济发达、收入较高国家的效果要比在经济不发达、收入较低国家的效果明显。因为当一国经济不发达、收入较低时，促使产业空间集中的力量相对于促使产业分散的力量来说偏大。

(三) 城市人口密度

通常情况下，城市人口密度大，城市集中度就低，两者的负相关性可以从两点上得到解释。第一，城市人口密度越大，人口集中产生的负外部性如交通拥堵、空气污染、住房紧张等就越突出，为了减轻这些城市病，政府通常会对城市人口规模规定最高界限，一旦达到规定的界限，政府就会采取多种办法鼓励人口分散，从而降低城市集中度。第二，较高的人口密度为人口分散提供了可能。一方面，原有城市人口密度大，表明存在大量合格劳动力；另一方面，大量人口的存在，必然会产生对某些产品的地方需求，促使新的城市产生。所以，较高的人口密度从劳动力的供给以及对地方产品的需求两个方面为人口分散提供了可能。

(四) 城市的地理位置

城市的地理位置主要指城市是不是交通枢纽或者港口城市。作为交通枢纽的城市，因其运输上的便利容易导致人口集中。作为港口城市，通常会从国际贸易中获益，也容易导致较高的人口集中度。

(五) 国家的民族特性

如果一个国家是多民族国家，各民族之间存在明确的地界，通常不易导致城市集中。更进一步，如果某一少数民族地处国家边缘，该民族通常会以不公正、不均等为理由，具有使用暴力的倾向，结果将促使资源流向边缘地区，边缘地区的城市得到发展，也不易导致城市集中。在民族性较强的区位中，人们会因为文化或历史的原因而不愿意迁移和流动。当人们考虑到随着迁移，需要学习一种新的语言或需要改变生活文化环境，从而需要付出成本时，也可能会不愿意流动。无论出于什么原因，都会降低人们的空间流动性，最终降低城市集中度。极端情况下，如果一国中的各区位都是民族性很强的区位，根本不存在人口流动，该国的城市集中倾向将会消失。

三、政治历史变量

(一) 政治体制

一般认为，在非联邦政治体制下，政府的各项空间政策是为了保证对政权、对人口、对国土控制的最大化，因此，政府支出有比较明显的政治意图。政府对首都城市的投资规模和各种优惠政策通常多于其他城市，导致首都城市的吸引力明显高于其他城市，人口向首都城市集中。所以，非联邦的政治体制与城市集中度正相关，换句话说，非联邦政治体制下，首都城市的人口规模明显偏大。

相反，联邦体制能够在一定程度上降低城市集中度。联邦体制下，健康、教育、安全等社会基础设施分散化，地方市场分散化，人力资本分散化，各区域经济增长保持相对稳定，生产、消费活动向某一城市集中的动力减弱。需要指出的是，联邦体制下，尽管各区位的竞争力相等，边缘地区相对于非联邦政治体制下有更大的权力提供自己所需的产品、服务和基础设施，但是，如果联邦体制下的最大城市是首都城市，政府出于稳定政权的考虑，也会向首都城市进行特殊投资，使其具有相对于其他地区的较高吸引力，从而导致城市集中度提高。此外，联邦体制下的政治体制变量或者说政府政策变量对城市集中度的影响并不是直接的，政府主要通过地区间交通运输或基础设施投资对城市规模的分布起间接调节作用。

(二) 政府的人口流动政策

各国政府对人口流动有不同的政策规定，导致对城市规模分布的影响不同。如果一国或地区内人口流动有较高的自由度，边缘地区的居民将会选择向中心城市移民。促进这种移民的动力在于：中心城市相对于其他区位来说，具有多样化的经济，从而具有其他区位所没有的各种机会，比如，中心城市存在的各种劳动市场为边缘地区居民提供了开始新生活的机会。在边缘地区劳动市场、保险市场、信贷市场等严重缺乏的情况下，向中心城市移民是边缘地区居民风险最小化的选择，移民趋势会因此更加明显，最终导致城市集中度提高。所以，宽松的人口流动政策与城市集中度正相关，会导致人口向大城市集中。

(三) 殖民历史

如果一国在历史上曾经是殖民地，则该国的首都城市必然与宗主国有较强的经济政治联系，生产和贸易主要以宗主国需求为中心，而不是以国内人口需求为中心。这样，势必导致首都城市与国内其他地区资本联系的减少，从而阻碍国内城市体系的发展，加剧城市集中。由此推断，曾经是殖民地的国家，其城市集中度偏高。此外，殖民地与宗主国关系的存在，不仅倾向于提高殖民地的城市集中度，而且对于宗主国的城市集中也会产生影响，表现为宗主国的首都通常要比其他国家首都规模大。

（四）城市集中的历史

一般认为，历史上的城市集中会对今天的城市集中产生一定的影响，换句话说，城市集中有一定的历史渊源。鉴于研究成果的有限性，城市集中的历史模式究竟会对今天的模式产生多大影响，以及这种影响会持续多久，目前都尚无明确结论，有待进一步的研究探讨。

综上所述，众多因素影响着一国或地区的城市规模分布，表 5－6 将这些因素归纳在一起，列举了它们对城市规模分布的影响方向。需要说明的是：第一，表 5－6 中以城市集中度来描述城市规模分布状况，两者的关系是，城市集中度高意味着人口倾向于在少数大城市集中，城市之间人口规模差异较大，城市规模分布不均匀；城市集中度低表明城市之间人口规模差异不大，城市规模分布均匀。第二，表 5－6 中经济体制、产业结构、政治体制三个因素对城市集中度的影响方向被描述为 U 形右侧或 U 形左侧，其具体含义是：当经济体制由计划经济体制转变为市场经济体制时，当产业结构由第一产业为主转变为第二、三产业为主时，城市集中度由低变高，恰似 U 形右侧部分，当政治体制由权力集中转变为权力分散时，城市集中度由高变低，恰似 U 形左侧部分。第三，表 5－6 中对外开放度、国家领土面积、城市人口密度、国家的民族特性对城市集中度的影响方向被描述为负相关，城市地理位置、人口流动政策、殖民历史的影响方向被描述为正相关，其具体含义是：对外开放度越高、领土面积越大、城市人口密度越大、民族越多，一国的城市集中度就越低，城市地理位置越便利、人口流动政策越宽松、越有殖民和被殖民的历史，一国的城市集中度就越高。

表 5－6　城市规模分布的影响因素及影响方向

影响因素	对城市集中度的影响方向
经济变量	
经济发展水平	倒 U 形
经济体制	U 形右侧
收入水平	倒 U 形
产业结构	U 形右侧
对外开放度	负相关
自然变量	
国家领土面积	负相关
交通体系状况	不确定
城市人口密度	负相关
城市的地理位置	正相关
国家的民族特性	负相关
政治历史变量	
政治体制	U 形左侧
政府的人口流动政策	正相关
殖民历史	正相关
城市集中的历史	历史渊源

总之，城市集中度受到来自经济、自然、政治历史等各方面因素的共同影响，尽管一国的城市规模分布在较长的时间内相对稳定，变化不大，然而，当上述因素发生实质性改变时，城市规模分布也将会经历较大的变化。

资料卡

人口为什么在特大城市集聚？

一些国家尤其是发展中国家，最大城市人口占全国总人口的比例相当高。例如，乌拉圭首都蒙得维的亚的人口几乎达到全国人口的一半，智利首都圣地亚哥的人口占全国人口的比例约为1/3，墨西哥首都墨西哥城的人口占全国人口的比重超过20%。

人口为什么倾向于在这些特大城市集聚？换句话说，城市人口分布的这种非均衡性是由什么原因引起的？从理论上说，特大城市的出现是人们空间选择的结果，任何规模的城市都有其利弊，在大城市生活，通常意味着更高的收入、更多的商品和服务、更广的见识、更强的“刷新”能力、更多的机会……这些都是收益，与此同时，也伴随着天价的住房、拥堵的交通、狭小的空间、污浊的空气、巨大的精神压力……这些都是成本。只有当一个人认定在大城市生活的收益超过成本时，才会选择大城市，否则不会青睐大城市。除了人们的自由选择外，一些现实因素也导致了特大城市的出现。具体包括：第一，为了发展国际贸易，政府通常集中投资建设一两个港口，形成特大港口城市。第二，发展中国家有限的交通、通信等基础设施投资，一般向首都及其周边地区倾斜，致使其他区域基础设施落后，促使人口向首都集中，首都因此成为特大城市。第三，为了保持政权稳定，集权者通常将资源从首都外地区调进首都进行分配，首都居民由此获益，人口增加。

本章小结

1. 城市规模分布是指在既定的城市化水平下，一国或地区不同规模城市的数量分布状况，其实质是城市人口规模与城市数量之间的关系。

2. 城市规模分布的测定指标主要有：城市规模分布的帕累托系数、城市集中的HH指数、首位城市比率。城市规模分布的帕累托系数即公式 $Y=CX^{-b}$ （$b\geqslant 0$）中的 b 值。城市集中的HH指数可用公式表示为 $HH=\sum_{i=1}^{n}(P_i/P)^2$。首位城市比率的计算公式是 $PR=\frac{P_1}{\sum_{i=1}^{n}P_i}$。

3. 城市规模分布研究中的两个主要法则是齐普夫法则和位序-规模法则。齐普夫法则可用公式表示为 $P(S'>S)=\alpha\times S^{-\beta}$，表明城市规模越大，数量就越少，大多数国家的城市规模分布明显符合齐普夫法则。位序-规模法则可用公式表示为 $YX=C$，其含义是，一国或地区内城市的位序与其规模的乘积约为一个常数。运用相关数据进行检验，我国地级及以上城市人口规模分布基本符合位序-规模法则。

4. 中心地模型解释了区域内为什么会形成不同规模的城市：产品有人均需求的差异，人均需求大的产品，厂商的市场区小；人均需求小的产品，厂商的市场区相对较大。当某一区域既生产、销售人均需求大市场区小的产品，又生产、销售人均需求小市场区大的产品时，该区域可能是大城市；而当某一区域只生产、销售人均需求大市场区小的产品时，该区域可能是小城市。

5. 城市居民效用曲线通常呈倒 U 形，可以证明，城市规模在倒 U 形曲线的负斜率部分容易实现区域均衡。集聚经济是地方化经济与城市化经济的统称，每个城市的产业结构和行业类型不同，导致集聚经济程度不同，致使城市居民倒 U 形效用曲线的形状有所差异，在稳定均衡下，各城市人口规模也就不同。

6. 经济、自然、政治历史变量影响着一国或地区的城市规模分布。经济变量包括经济发展水平、经济体制、收入水平、产业结构、对外开放度等因素；自然变量包括国家领土面积、交通体系状况、城市人口密度、城市的地理位置、国家的民族特性等因素；政治历史变量包括政治体制、人口流动政策、殖民历史、城市集中的历史等因素。

思考题

1. 如何界定城市规模分布的帕累托系数、城市集中的 HH 指数、首位城市比率?

2. 运用相关数据计算我国城市规模分布的帕累托系数、城市集中的 HH 指数、首位城市比率。

3. 什么是齐普夫法则?

4. 什么是位序-规模法则? 它与城市规模分布的帕累托系数有何联系?

5. 如何运用相关数据对位序-规模法则进行检验?

6. 中心地模型怎样解释某区域内大、中、小城市的形成?

7. 如何运用城市居民倒 U 形效用曲线从集聚经济的角度解释城市规模差异?

8. 影响一国或地区城市规模分布的因素有哪些? 这些因素是如何影响城市规模分布的?

参考文献与补充阅读

1. Rosen K T, Resnick M. The Size Distribution of Cities: An Examination of the Pareto Law and Primacy. Journal of Urban Economics, 1980, 8 (2): 165 - 186.

2. Gabaix X. Zipf's Law for Cities: An Explanation. Quarterly Journal of Economics, 1999, 114 (3): 739 - 767.

3. Nitsch V. Zipf Zipped. Journal of Urban Economics, 2005, 57 (1): 86 - 100.

4. Eaton J, Eckstein Z. Cities and Growth: Theory and Evidence from France and Japan. Regional Science and Urban Economics, 1997, 27 (4/5): 443 - 474.

5. Henderson V. How Urban Concentration Affects Economic Growth. Policy Research

Working Paper 2326，2000.

6. August L. The Economics of Location，New Haven，Conn：Yale University Press，1954.

7. 沃尔特·克里斯塔勒. 德国南部中心地原理. 北京：商务印书馆，1998.

8. 阿瑟·奥沙利文. 城市经济学. 4 版. 北京：中信出版社，2003.

附录

1. 收入分配的帕累托分布

20 世纪初，意大利经济学家、社会学家帕累托观察到一个现象：意大利 20%的人口拥有 80%的财产。后来的学者将这一现象概括为“帕累托法则”或“80/20 法则”，并进一步总结出帕累托分布的概念。某一部分人群的人口占比，与这部分人群的财富占比之间，具有相对确定的定量关系，绝大部分社会财富最终流向少数人群，这种不平衡模式可以重复出现，社会财富的这种分布状态即收入分配的帕累托分布。

2. 效用

家庭消费产品和服务时所感受到的满足程度称作效用。就如何衡量效用的大小来说，存在两种观点：基数效用论认为效用可以用一定的计量单位来度量，并且可以加总；序数效用论认为效用不能被度量，只能通过排序来比较效用的大小。效用水平取决于家庭所拥有的各种要素的报酬。

3. 外部性

经济主体从事某项活动时，如果给予活动无关的其他个体带来危害或利益，却并未因此付出代价或得到补偿，其行为就具有外部性。外部性分为正外部性和负外部性。带来危害并未因此付出代价即负外部性，带来利益并未因此得到补偿即正外部性。随着城市规模的扩大，会出现以污染、拥堵等为代表的负外部性，城市规模越大，这种负外部性就越突出。同时，随着城市规模的扩大，也会出现以集聚经济来体现的正外部性。解决外部性可供选择的办法有：私人磋商谈判；对负外部性征税，对正外部性补贴；借助法律、法规、程序解决；政府直接调节等。

4. 威廉姆森倒 U 形假设

美国经济学家威廉姆森 1965 年发表了一篇题为《区域不平衡与国家发展过程》的论文，论文以库兹涅茨的“倒 U 形假说”为基础，利用 24 个国家的数据进行实证分析，提出了区域经济差距的倒 U 形曲线理论。威廉姆森认为，随着国家经济发展，区域之间的增长差异呈倒 U 形变化规律，即在国家经济发展初期，随着经济增长，区域差异逐渐扩大，其后保持稳定，当国家经济发展进入成熟阶段后，随着经济增长，区域差异将逐渐缩小。

第六章

城市问题之一

导读

生活在城市尤其是大城市的人们，在享受城市所带来的诸多好处的同时，不可避免地也会遇到一系列的烦恼，其中，住房短缺、交通拥堵、空气污染、贫困及治安问题成为公认的城市问题。难怪美国哲学家梭罗这样说："城市是几百万人孤独地生活的地方，我宁愿独自坐在一只南瓜上，而不愿拥挤地坐在天鹅绒的座垫上。"本章考察城市中的两大主要问题：城市住房与城市交通。第一节"城市住房"从四个方面介绍了城市住房的特殊性，列举了我国和美国的一些住房政策。第二节"城市交通"主要探讨了缓解城市交通拥堵的各种办法。

6.1 城市住房

从经济学的角度看，城市住房属于一种特殊商品，与一般的普通商品有较大不同。城市住房的供给者可以是私人也可以是政府，政府针对不同群体实行不同的住房政策，对于缓解和改善城市低收入者的住房问题起到了积极的作用。

一、住房与其他商品的不同之处

与其他商品相比，住房有其固有的特性，主要体现在四个方面：唯一性、使用时间长、搬迁成本高、可过滤性。

1. 唯一性

任何两套住房都存在差异，不可能完全相同，换句话说，每套住房都是唯一的。一套住房与另一套住房之间的差异，可以体现在很多方面，归纳起来，主要集中在两点，一是住房的居住特征，具体包括面积、房龄、户型、楼层、朝向、建筑质量、地基、屋顶、供热、供电、管道等；二是住房的位置特征，具体包括可达性、公共服务、空气质量、社区环境等。

如果将住房之间的差异简化为“面积”与“可达性”的差别，可运用无差异曲线与预算约束线来体现收入与偏好对家庭住房选择的影响，如图 6－1 所示。

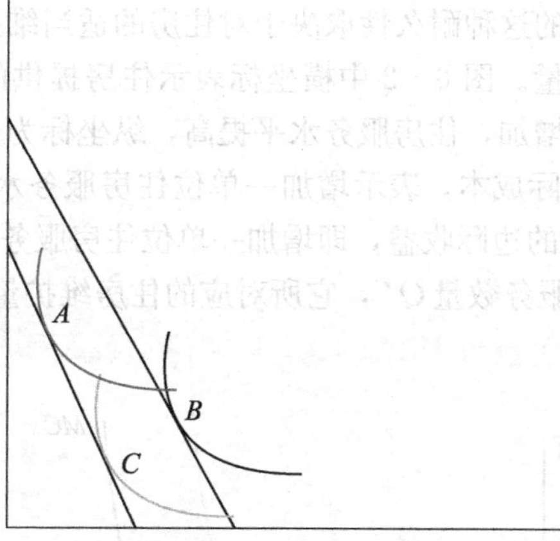

图 6－1　收入与偏好影响家庭的住房选择

图 6－1 中横坐标表示住房面积，代表住房的居住特征，纵坐标表示住房的可达性，代表住房的位置特征，向右下方倾斜的直线是家庭预算约束线，凸向原点的曲线是无差异曲线，*A*、*B*、*C* 分别代表三个家庭的消费均衡点。可以看出，*A*、*C* 家庭的收入相同，但偏好不同，*A* 家庭偏好面积小位置好的住房，*C* 家庭则喜欢面积大位置相对差的住房。*B*、*C* 家庭的偏好相近，但 *B* 家庭的收入高于 *C* 家庭，因此，*B* 家庭的住房在面积和位置上都优于 *C* 家庭。可见，收入与偏好是影响家庭住房选择的主要因素。

正因为住房存在差异性，住房与住房之间在居住特征与位置特征上不尽相同，才导致各种住房子市场的存在。例如，可将住房市场细分为新建住房市场与二手住房市场、城中心住房市场与郊区住房市场、小户型住房市场与大户型住房市场等。住房子市场的存在影响家庭的住房选择，这是因为新建住房与二手住房、城中心住房与郊区住房、小户型住房与大户型住房，相互间是不完全替代品的关系，家庭选择某一类型住房时，必然会受到其替代品相对价格的影响。例如，当家庭决策是否购买一套新建住房时，必然要考虑二手住房的价格。

资料卡

街区效应

街区效应是指当住房所有者改进其住房外观，比如粉刷房屋外墙、修理窗户后，导致邻近住房的价格提高。它属于一种正外部性或者说利益外溢效应。根据有关测算，街区效应的产生有较为严格的地理局限性，通常仅限于几百英尺以内的范围。

2. 使用时间长

与其他大多数商品相比，住房可使用的时间相对较长，如果维护适当，一套住房通常可使用一百年以上。住房的这种耐久性取决于对住房的适当维护修理，下面借助经济学原理来分析住房的最优维护量。图 6－2 中横坐标表示住房提供的服务水平，它与住房维护量之间正相关，即维护量增加，住房服务水平提高，纵坐标为金额。图中向右上方倾斜的曲线 *MC* 为住房维护的边际成本，表示增加一单位住房服务水平所增加的住房维护成本，水平直线 *MR* 为住房维护的边际收益，即增加一单位住房服务水平所增加的房租。*MC* 与 *MR* 的交点即最优的住房服务数量 Q^*，它所对应的住房维护量即最优的住房维护量。

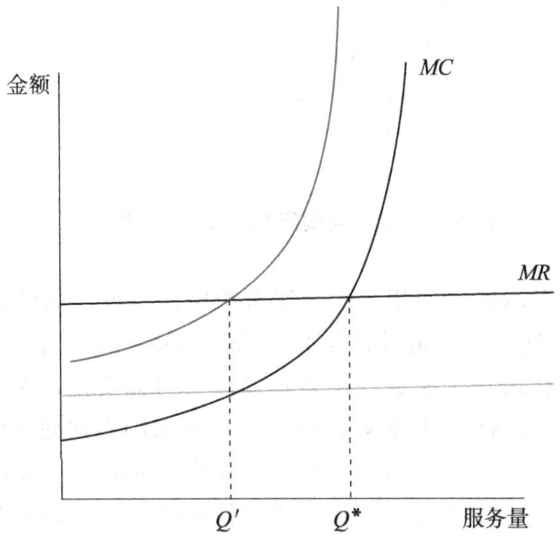

图 6－2　住房的最优服务水平（维护量）

图 6－2 也显示了住房维护成本和住房收益变化后，住房的最优服务水平进而最优维护量的变化。例如，当住房变得陈旧后，增加一单位住房服务水平所需的维护成本增加，图中 *MC* 曲线向左移动，表明同一住房服务水平上的边际维护成本增加，如果住房维护的边际收益不变，那么，住房的最优服务水平变为 Q'，注意到 Q' 小于 Q^*。又如，当住房市场需求下降导致房租下降后，*MR* 曲线向下平移，如果住房维护的边际成本不变，那么，住房的最优服务水平也会减少。因此，当住房变旧维护成本增加或住房需求减少房租下降时，住房所有者的利润减少，住房的最优维护量也相应减少。

既然住房可以在相当长的时间内存续和使用，因此也就有必要考察住房供给在长期中随价格变化的状况，即考察住房的供给价格弹性。以房价提高为例，短期中，住房供给是一个固定量，因此，随着住房价格提高，住房供给完全无弹性。长期中，对于住房价格提高，市场存在三种供给反应，分别是建造新住房、改建旧建筑、减缓旧住房折旧。就这三种供给反应来说，因为新建住房占住房存量的比例较低、住房所有者对改建旧建筑比较谨慎、住房折旧本身很慢，所以，通常认为住房供给在长期中是缺乏弹性的。这就意味着当市场上的住房需求增加，引起住房价格上升时，住房供给增加相对较慢，住房价格将会在较长时间内维持在高水平上。

资料卡

政府削减财产税反而可能会导致财政盈余

根据奥沙利文在《城市经济学》中的介绍，在美国住房市场上，当住房所有者出租住房无利可图时，通常面临三种选择：其一，将住房转为非居住用途，如厂房、办公楼、商店等，称为“转向”；其二，当住房所有者预期一段时间后租金会提高，同时，等待的机会成本相对较低时，可考虑临时退出市场，称为“封存”；其三，当转向成本和等待的机会成本过高时，鉴于较高的财产税，住房所有者可能会放弃住房所有权，称为“放弃”。美国学者怀特研究了影响纽约市住房放弃的多种因素后发现，在众多因素中财产税是最重要的一个。这一研究结论对政府的启示在于：如果政府削减财产税，反而可能会导致财政盈余，原因是如果政府削减财产税，那么，被放弃的住房数量会大量减少。从政府收入方面看，尽管相对于较高税率，每套住房缴纳的财产税减少了，但是税基相对增大了。同时，在政府支出方面，由于住房放弃减少，政府必须接管或拆除的房屋减少了，相应的支出也就减少了。税基扩大，政府支出减少，有可能导致财政盈余。

3. 搬迁成本高

当家庭离开原有住房，搬迁到新的居住地时，除了要支付一定的搬迁费用，承担货币成本外，还要为搬迁投入大量的时间和精力，面临一定的机会成本。同时，也要承受与旧街区分别的成本，包括告别原有的生活习惯、与老邻居老朋友分别等等。住房之所以拥有较高的搬迁成本，主要原因是机会成本和分别成本较高。

正因为住房的搬迁成本较高，所以家庭要审慎决策是否搬家。通常情况下，家庭收入增加后，对住房的需求会随之提高，当现有住房的服务水平不能满足家庭的住房需求时，家庭会考虑搬迁。此时，家庭要权衡搬迁的成本与收益，只有当收益超过成本时，家庭才会选择搬家。家庭的搬迁决策如图 6-3 所示。

图 6-3 中横坐标表示住房提供的服务水平，纵坐标为其他商品的数量，初始均衡点上，家庭的住房能提供 Q_1 数量的服务水平，家庭消费住房服务和其他商品获得的效用水平为 U_0。家庭收入增加后，预算约束线向右移动，新的均衡点上，家庭的效用水平由 U_0 提高到 U_2，新的住房服务水平为 Q_2。$Q_1<Q_2$，显然，现有住房不能满足家庭收入提高后的住房服务需求，家庭是否因此搬家呢？先来看图中 U_1 的含义，U_1 表示家庭收入增加后不搬家时的效用水平，家庭是否搬家，取决于 U_2 与 U_1 之间的效用差。考虑到高昂的搬迁

成本，家庭只有在U_2与U_1的效用差也即搬迁收益足够大，足以抵消搬迁成本时，才会选择搬家。

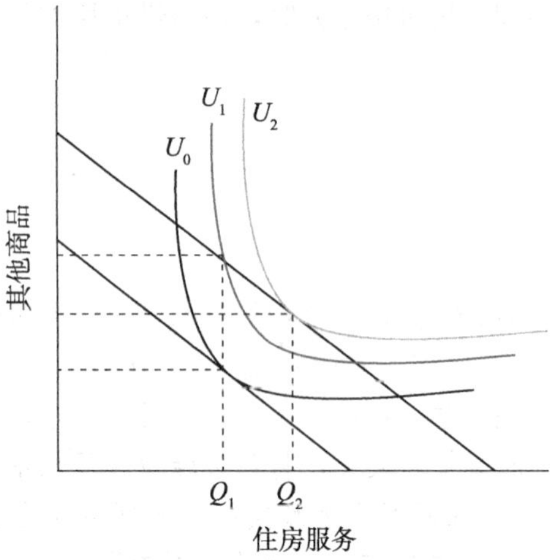

图 6-3　家庭的搬迁决策

4. 可过滤性

住房的可过滤性是指高收入家庭居住过的住房，在该家庭搬迁之后，可以用于中等收入家庭居住，同理，中等收入家庭居住过的住房，在该家庭搬迁之后，可以用于低收入家庭居住。举例来说，城市有高、中、低收入三类家庭，假设三类家庭对住房服务的需求都等于其收入的 10%，住房的服务水平每年减少 1 单位，当实际住房服务水平与家庭的理想值差距达到 10 单位时，家庭将选择搬迁。图 6-4 展示了上述假设下住房的过滤情况。

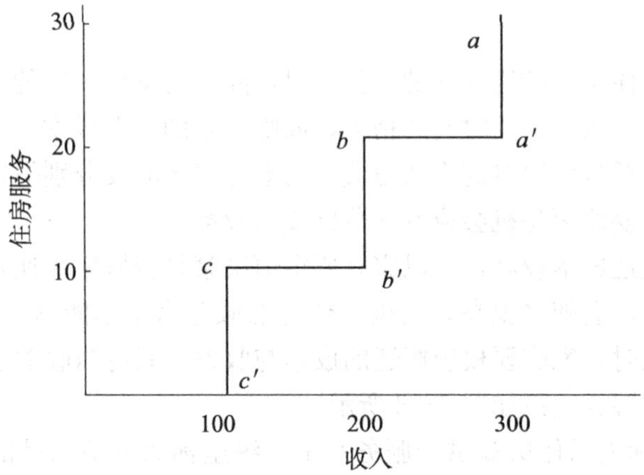

图 6-4　住房的过滤

图 6-4 中横坐标为家庭收入，假设高收入家庭的收入为 300，中等收入家庭为 200，低收入家庭为 100，纵坐标为住房服务水平。因为各类家庭对住房服务的需求都等于其收入的 10%，所以，高收入家庭住房提供的服务在价值上等于 30，中等收入家庭为 20，低

收入家庭为10。初始时，高收入家庭位于 a 点(300，30)，中等收入家庭位于 b 点(200，20)，低收入家庭位于 c 点(100，10)。根据假设，十年后三类家庭的住房均折旧了10个单位，也即住房服务水平减少10，如果三类家庭的收入保持不变，从图中看，高收入家庭位于 a' 点(300，20)，中等收入家庭位于 b' 点(200，10)，低收入家庭位于 c' 点(100，0)。因为三类家庭实际住房服务水平与理想值的差距都达到10单位，所以，三类家庭都将选择搬迁。高收入家庭搬迁后，原有住房的服务水平为20，符合中等收入家庭对住房服务的需求，从而为中等收入家庭居住。中等收入家庭搬迁后，旧住房为低收入家庭居住。低收入家庭搬迁后，旧住房的服务水平变为零，退出住房市场。

资料卡

住房的需求价格弹性与需求收入弹性

就住房的需求价格弹性来说，大量研究较为一致的观点是缺乏弹性，至于具体的弹性系数，则没有定论。就住房的需求收入弹性来说，公认总的弹性系数约为0.75，不同要件的弹性有所差异，住房质量、住房周边环境与安全等要件的弹性较大，住房面积则缺乏弹性。换句话说，当收入增加从而住房需求增加时，家庭更加看重住房的质量、周边环境与安全等，而非住房面积大小。

二、住房政策

(一) 我国的住房政策

根据住房价格的决定机制，可将我国的住房分为两大类：商品性住房和保障性住房。

商品性住房的价格由市场供给和需求决定，政府对房地产市场进行调节和控制，必要时可运用行政手段。2010年以来，面对居高不下的房价，我国各大城市纷纷严格商品房限购政策，提高购房首付比例，紧缩住房消费信贷，重庆、上海还进行了房产税试点。以北京市为例，北京市商品性住房限购政策规定，对于已经拥有一套住房的北京市户籍居民家庭，和对于持有北京市有效暂住证、在北京市不拥有住房、连续5年（含）以上在北京市缴纳社会保险或个人所得税的非北京市户籍居民家庭，限购一套住房（含新建商品性住房和二手住房）。对于已经拥有两套及以上住房的北京市户籍居民家庭，对于拥有一套及以上住房的非北京市户籍居民家庭，和对于无法提供北京市有效暂住证和连续5年（含）以上在北京市缴纳社会保险或个人所得税缴纳证明的非北京市户籍居民家庭，暂停向其售房。在北京购买商品性住房，不分面积大小，首套购房首付款比例不得低于住房总价的30%，二套购房首付款比例不得低于60%，利率不得低于基准利率1.1倍。

保障性住房是城市政府面对低收入和特殊群体住房困难家庭的一项住房政策，包括公共租赁住房、廉租房、经济适用房、限价商品房等。

（1）公共租赁住房

公共租赁住房简称公租房，为政府或公共机构所有，以低于市场价的价格向城市中低收入住房困难家庭出租，属于一种过渡性住房，套型建筑面积以40平方米为主。以北京市为例，根据《北京市公共租赁住房申请、审核及配租管理办法》，符合下列条件之一的，可以申请公共租赁住房：第一，廉租住房、经济适用住房、限价商品住房轮候家庭。第二，申请人具有本市城镇户籍，家庭人均住房使用面积15平方米（含）以下；三口及以下家庭年收入10万元（含）以下、四口及以上家庭年收入13万元（含）以下。第三，外省市来京连续稳定工作一定年限，具有完全民事行为能力，家庭收入符合上款规定标准，能够提供同期暂住证明、缴纳住房公积金证明或社会保险证明，本人及家庭成员在本市均无住房的人员。按照北京市的规定，公共租赁住房租赁合同期限由双方约定，一般为3年，最长不超过5年。公共租赁住房租金可以按月、季或年收取，但最长不得超过1年。

（2）廉租房

廉租房的目标是满足城市低收入住房困难家庭的基本居住需求，通常采取租金补贴和实物配租两种方式，廉租房的套型建筑面积全部控制在50平方米以下。以北京市为例，2009—2011年共有3.3万户家庭享受廉租房政策，其中2.4万户实行实物配租，由政府提供住房，家庭缴纳较低的住房租金，0.9万户实行租金补贴，政府按配租面积和有关标准对家庭进行补贴。根据《北京市城市廉租住房申请、审核及配租管理办法》，申请廉租房应当以家庭为单位，并同时具备下列条件：申请人必须具有本市城镇户籍，在本市生活；申请家庭人均住房面积、家庭收入、家庭资产符合规定的标准，具体标准按照北京市每年向社会公布的标准执行。例如，2015年的申请标准包括：第一，家庭上年人均月收入连续1年低于580元。一人户家庭年收入低于6 960元，两人户低于13 920元（申请家庭每增加一人，按增加6 960元计算）。第二，家庭总资产为一人户家庭低于15万元，两人户低于23万元，三人户低于30万元，四人户低于38万元，五人户及以上低于40万元。第三，家庭住房人均使用面积低于7.5平方米，且申请人和家庭成员5年内未出售或者转让过房产。第四，具备下列情形之一：被拆迁；有特殊病、重残人员；有60岁（含）以上人员；居住市政府确定的解危排险范围内房屋；申请楼房配租的家庭人口应当在两人以上。

资料卡

北京"史上最便宜廉租房"

北京"史上最便宜廉租房"位于北京海淀区中关村甲3号，在繁华的中关村商业区内，紧邻地铁13号线五道口站，旁边就是中关村第二小学。2011年，租住43平方米的家庭每月缴纳的房租是130元，最小房屋的月租金只有48.6元。

（3）经济适用房

经济适用房指已经列入政府计划，由城市政府组织房地产开发企业或集资建房单位建造，以微利价向城市中低收入住房困难家庭出售的住房。政府为经济适用房提供的优惠政策主要是免收土地出让金和二十多项费用减免一半，同时，政府对经济适用房的面积、价格、开发建设单位利润进行限制。经济适用房多为中小户型，套型建筑面积一般控制在60平方米以内。北京市经济适用房的准入标准是：第一，一人户家庭，年收入在22 700元及以下；人均住房面积在10平方米及以下；家庭总资产净值在24万元及以下。第二，两人户家庭，年收入在36 300元及以下；人均住房面积在10平方米及以下；家庭总资产净值在27万元及以下。第三，三人户家庭，年收入在45 300元及以下；人均住房面积在10平方米及以下；家庭总资产净值在36万元及以下。第四，四人户家庭，年收入在52 900元及以下；人均住房面积在10平方米及以下；家庭总资产净值在45万元及以下。第五，五人户及以上家庭，年收入在60 000元及以下；人均住房面积在10平方米及以下；家庭总资产净值在48万元及以下。

（4）限价商品房

限价商品房也称打折的商品住房或两限房，其销售价格和套型面积由政府在采取招标、拍卖、挂牌方式出让建设用地时加以确定，建设单位通过公开竞争方式取得土地，向规定对象销售住房。以北京市两限房为例，套型建筑面积以90平方米以下为主，其中一居室控制在60平方米以下，两居室控制在75平方米以下。两限房供应对象为本市中等收入住房困难的城镇居民家庭、征地拆迁中涉及的农民家庭以及市政府规定的其他家庭。北京市两限房的准入标准是：第一，三人及以下家庭，年收入在8.8万元及以下；人均住房面积在15平方米及以下；家庭总资产净值在57万元及以下。第二，四人及以上家庭，年收入在11.6万元及以下；人均住房面积在15平方米及以下；家庭总资产净值在76万元及以下。

资料卡

北京四类保障性住房统一申请审核

2013年4月19日之前，北京市民申请保障房时，是按照各类保障房的收入、资产、住房面积等门槛，对应自身的各项条件，申请公共租赁住房、廉租房、经济适用房、限价商品房中的一种保障房。2013年4月19日起，北京开始在全市范围内实行保障房统一申请审核制度，并按照租售并举、以租为主的原则进行分配。通过统一申请审核备案的家庭，政府先配租公共租赁住房予以保障，待有可配售房源时，按照届时政策进行配售。对于统一申请审核政策施行前已备案的保障房轮候家庭，仍然按照原方式进行保障。

（二）美国的住房政策

根据所针对的家庭不同，可将美国的住房政策分为两大类：针对低收入家庭的住房政策和针对中高收入家庭的住房政策。前者包括提供公共住房、对租住私人住房进行补贴、提供住房优惠券、对建造低收入家庭住房进行补贴、城市改造与社区开发等，后者主要指为住房抵押贷款利息提供补贴。

（1）提供公共住房

目前，美国的公共住房由成立于 1965 年的住房和城市发展部负责管理，管理工作包括：维护公共住房开发资金、处置陈旧的公共住房、变更公共住房所有权等。在住房和城市发展部官方网站上，清楚地表明美国公共住房的目的是“为符合条件的低收入家庭、年长者、残障者提供体面而安全的出租住房”。在美国，约有 120 万户家庭居住在公共住房中，缴纳的租金不超过家庭收入的 30%。公共住房面积不等、户型各异，由分散在各地的大约 3 300 个公共住房机构在住房和城市发展部的协调下进行管理。2012 财政年度之前，美国联邦政府用于公共住房的费用每年约 70 亿美元，主要用于弥补租金与营运成本之间的差额，以及用于维修、改良、拆除旧住房。2011 年 9 月，美国众议院批准了 2012 年度财政拨款法案，削减公共住房开支 14 亿美元，同比下降了 20%。美国民众对此的反应是“这简直比通货膨胀还可怕”。

从理论上看，政府为低收入家庭提供公共住房，有助于提高家庭的效用水平，图 6-5 显示了这一点。图中横坐标为住房服务水平，纵坐标为家庭消费的其他商品数量，假设家庭收入为 800 美元，住房服务和其他商品的单位价格均为 1 美元，家庭消费的初始均衡点为A 点(300，500)，表示此时家庭消费 300 单位住房服务、500 单位其他商品。现在家庭获得政府提供的一套公共住房，以其收入的 30%即 240 美元支付房租，公共住房提供的服务水平显然高于低收入家庭先前住房的服务水平，假设为 600 单位。图中 A'点(600，560) 是家庭居住公共住房后的消费组合，因为家庭此时支付房租 240 美元，所以可消费的其他商品数量为 560，可以看出，A'点的效用水平高于A 点。

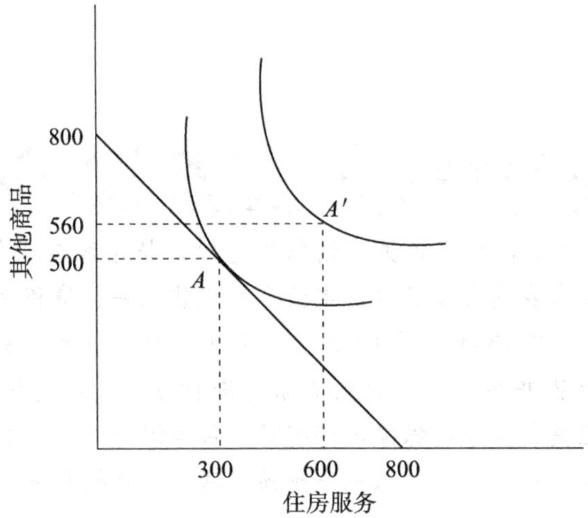

图 6-5　公共住房有助于提高家庭效用水平

尽管公共住房对于提高低收入家庭的生活水平有重要作用，然而与公共住房的建造、维护成本相比，其租金或市场价格严重偏低，研究表明，在美国，政府提供公共住房的生产效率只有 0.5，即公共住房的成本是其价格的 2 倍。

(2) 对租住私人住房进行补贴

低收入家庭通过市场租住私人住房时，只要所租住的住房符合相关要求，就会得到补贴。补贴资金来自联邦政府，由住房和城市发展部协调各地的公共住房机构发放。家庭在住房市场寻找适合的住房，征得住房所有者同意后，可纳入补贴项目，由公共住房机构直接将补贴金额支付给住房所有者，家庭只需支付实际房租与补贴金额之间的差额。在美国，100 多万户家庭得到该项目援助。普遍认为补贴租住私人住房的效率高于政府直接提供公共住房。

(3) 提供住房优惠券

提供住房优惠券是向租住私人住房进行补贴的另一种形式，优惠券的面值等于公平的市场租金减去家庭收入的 30%。所谓公平的市场租金是指市场上拥有相同数量卧室的住房，各自收取的租金不一定相同，假如说有 100 种可能，把租金由低到高排列，处在第 46 位上的租金即公平的市场租金，换句话说，在众多的租金中 45%的租金低于该值的租金值。家庭可用住房优惠券交纳房租或者购买住房。家庭获得一定面值的住房优惠券相当于增加了收入，研究表明，与公共住房相比，由于住房优惠券有更多的选择自由，所以能使家庭获得更高的效用水平。按照规定，家庭用住房优惠券购买住房时，只能购买低收入家庭通常居住的住房类型，因此可以预期，住房优惠券政策的实行将会提高这类住房的价格。

(4) 对建造低收入家庭住房进行补贴

除了直接投资兴建公共住房之外，政府通过建立完善的补助体系，鼓励私人部门建造供低收入家庭居住的住房，也能从供给的角度改善低收入家庭的住房状况。美国 1986 年实行的低收入家庭住房建设税收抵免制度，就是一项针对住房开发建设实行的补贴。该项制度规定，如果开发商开发建设的住房中，至少有 20%的住房为收入不超过本地区中等收入 50%的家庭占有，或者至少有 40%的住房为收入不超过本地区中等收入 60%的家庭占有，那么，开发商在 10 年内每年可获得相当于项目成本 9%的信贷，同时，支付的联邦税也减少相同数量。1995—2010 年，美国平均每年完成低收入家庭住房项目 1 500 个，涉及 180 多万个住房单元。

资料卡

住房补贴对非补贴市场的影响

如果住房市场分为补贴住房市场和非补贴住房市场两大类，当政府对某些住房实行补贴时，会对非补贴住房产生怎样的影响？可借助经济学的基本工具对此进行分析。图 6-6 为非补贴住房市场的供给曲线和需求曲线，向右下方倾斜的直线表示非补贴住房的需求曲线，向右上方倾斜的直线表示非补贴住房的供给曲线，均衡数量为300套。当政府对100套供低收入家庭居住的住房进行补贴时，将会导致非补贴住房市场需求减少，非补贴住房需求曲线向左平移100，非补贴住房的均衡数量减少。根据默雷1999年的研究结果，非补贴住房的减少量大约相当于补贴住房增加量的1/3。由此带给我们的启示是：补贴一部分住房开发虽然会导致补贴住房增加，但同时也会引起非补贴住房减少，因此，通过补贴较难增加总的住房存量。

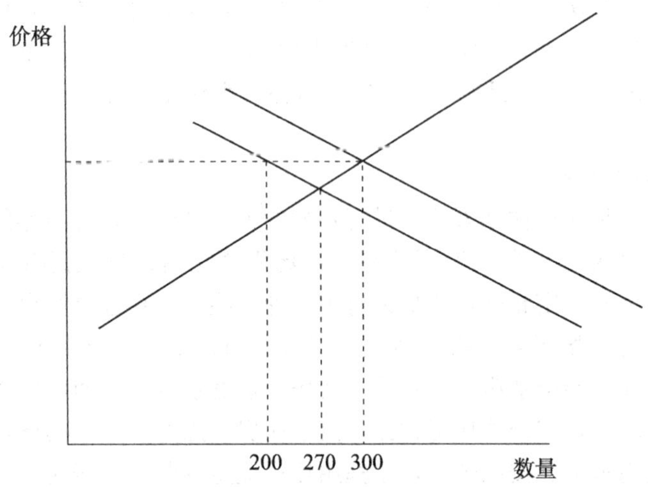

图6-6 住房补贴对非补贴市场的影响

(5) 城市改造与社区开发

20世纪40年代末到70年代初，美国城市经历了一场所谓的城市更新改造，其主要目标有二：一是使城市衰退地区重获新生，二是改善低收入家庭住房条件。20多年间，60万套旧住房被拆除，修建了25万套新住房，大约200万低收入者搬迁到新居住地。城市改造由联邦政府授权并提供大部分资金，地方政府负责清理土地、修建公共设施。70年代以后，虽然没有大规模的城市改造，但依然有一些社区开发项目，用于改善低收入家庭的住房状况。例如HOPEIV项目专门对旧公共住房进行改造，HOME项目资金则用于修建和维护低收入家庭住房。

(6) 为住房抵押贷款利息提供补贴

美国针对中高收入家庭的住房政策主要体现在为抵押贷款利息提供补贴，即允许住房所有者纳税时将抵押贷款利息从总收入中扣除后再计税。据统计，此项政策引起联邦政府税收总额每年减少约600亿美元，同时导致中高收入家庭提高住房消费量，促使家庭拥有住房，而不是租住住房。1945年，美国大约有一半的家庭拥有住房，现在拥有住房的家庭约占家庭总数的2/3，研究发现，针对中高收入家庭的住房抵押贷款利息补贴是导致家庭住房拥有率提高的一个非常重要的因素。

资料卡

美国公共住房分配

目前美国约有120万户家庭居住在公共住房中，这些公共住房面积不等、户型各异，由分散在各地的大约3 300个公共住房机构在住房和城市发展部的协调下进行管理。有意申请居住公共住房的家庭，通常需要经历申请—许可—分配三大程序才能实现其居住梦想。美国公共住房分配具有下列特点：

第一，公共住房机构的工作细致明确。公共住房机构在整个分配过程中的作用举足轻重，公共住房的申请、许可、分配诸环节都离不开其具体工作。即使最终完成与承租人的签约，承租人顺利入住公共住房，公共住房机构的工作仍在继续。除了要时刻确保租约的履行外，还要确定可能发生的收费标准（如对住房的损坏赔偿等），至少每隔12个月要对承租人的家庭收入进行重新核实，遇到分配不合适或住房维修等原因，还要重新调整住房分配，是否终止租约也是要考虑的事情。

第二，政策规定全面细致。公共住房分配必须以健全的法律法规和政策规定为依据，否则将会出现人为操作的可能，不仅使公共住房政策的效率大打折扣，而且影响政府的公信力。美国公共住房的分配，伴随着对一系列法律法规和政策规定的遵守和执行。例如，就分配过程中的非歧视性要求而言，涉及《1964年民权法》第6章、《1968年民权法》第8章、《1973年康复法》第504款、《1975年反对就业年龄歧视法》、肯尼迪总统1962年签署的第11063号总统令、《联邦行政法典》第24篇（关于住房与城市发展）的相关规定等。此外，住房和城市发展部也印发了相应的手册指南，不仅是对政策法规的具体落实，而且细致通俗地阐述了操作流程和注意事项。例如，《公共住房居住手册》包含了许可的一般要求、申请、许可资格、承租人适合性、承租人选择、特殊情形、附录等章节，从政策层面和操作层面较为详细地介绍了公共住房分配程序。

第三，许可标准软硬兼备。美国公共住房的许可标准有软硬之分，收入界限和家庭资格是硬标准，适合性评价是软标准。公共住房机构通常采用会见申请者、向申请者的房东核实、联系申请者的雇主、从相关部门获取信息、考察申请者的信贷状况、实地拜访申请者等多种方式，对申请者进行适合性评价。如果公共住房机构认定申请者的行为方式和生活习惯会对其他承租人或未来的生活社区产生不利影响，那么，申请者即使符合硬性标准，其申请也不会得到许可。

第四，分配环节灵活掌握。公共住房机构分配公共住房时，一般遵循其制定的基本原则，然而当公共住房存在空置时，为了避免资源浪费，公共住房机构会进行一些灵活调整。例如，分配给某家庭的住房有可能在面积上超过标准，当出现这种情况时，公共住房机构会告知该家庭（假设称A家庭），当另一户符合标准的家庭需要这套住房，同时有合适的小面积的住房可提供给A家庭时，A家庭就应搬迁，同时，将这一要求写进租约中。

第五，对特殊群体照顾有加。所谓的特殊群体是指老年人、残疾人、智障者、无家可归者以及自然灾害中的受害者等弱势群体，这些群体是公共住房的主要受益者。因此，公共住房许可标准之一的家庭资格标准，专门界定了“老年人家庭”，其范围涵盖老年人、残疾人、智障者这样三类人群。一些公共住房机构在确定承租人选择偏好时，包括了无家可归者、退役军人等，也显示了对特殊群体的关注。此外，对于家庭成员可能存在智障者、老年人、残疾人等情况，公共住房机构会结合这些家庭的实际需求来分配住房。例如，特殊设计的无障碍住房，通常含有坡道、扶手杆以及一些特殊设施，公共住房机构会根据申请者的要求，分配给那些行动不便或身体有残疾的人居住。

6.2 城市交通

如果把城市比作人，城市交通就好比人体内的血管，其重要性不言而喻，遗憾的是，血管不畅通已经成为世界上各个城市的通病，而且城市越大，交通拥堵问题就越严重。本节主要探讨缓解城市交通拥堵的办法，并运用经济学原理和方法对消费者的出行方式选择问题及城市交通安全问题进行考察。

一、缓解城市交通拥堵的办法

2010 年 8 月 24 日出版的《外交政策》（*Foreign Policy*）杂志上，刊登了一篇题为“The World's Worst Traffic”（《世界拥堵之最》）的文章，文章盘点了世界上交通最差的五个城市，分别是北京、莫斯科、墨西哥城、圣保罗、拉各斯。其中，北京的上榜契机是 2010 年 8 月发生的京藏公路大堵车，当时堵车长龙超过 100 公里。文章说：“北京居民似乎对堵车习以为常……北京修建有六条环路，有地铁、城铁，政府还限制私家车的使用，但限行政策依然难以跟上新车的流入速度……84%的人称交通情况影响他们工作和学习……每天平均花费 1 小时赶路。”

（一）交通拥堵的经济学解释

消费者驾车出行的成本包括货币成本和时间成本：前者如车辆的磨损、汽油费、停车费、过路费等，可以用一定数量的货币来计量；后者指驾车出行所用时间的机会成本，也可以折算成一定的货币量。无论是货币成本还是时间成本，都是驾驶者所考虑的个人需要支付的成本，统称为私人行驶成本。当消费者在拥堵的道路上行驶时，还会增加其他驾驶者的成本，私人行驶成本加上拥堵使其他驾驶者增加的成本，称作社会行驶成本。可见，在拥堵的道路上驾车行驶具有负外部性，社会行驶成本高于私人行驶成本，图 6－7 解释了交通拥堵的形成。

图 6－7 中横坐标为车流量，纵坐标为金额，向右下方倾斜的曲线 MR 表示驾车行驶的边际收益，向右上方倾斜的两条曲线，一条是 PMC，表示驾车行驶的私人边际成本，一条是 SMC，表示驾车行驶的社会边际成本。鉴于在拥堵的道路上驾车行驶具有负外部性，所以，SMC 曲线在 PMC 曲线的上方。当驾驶者个人进行决策时，均衡车流量由 MR 与 PMC 的交点所决定，对应的车流量为 Q'，考虑到外部性的存在，最优车流量应当由

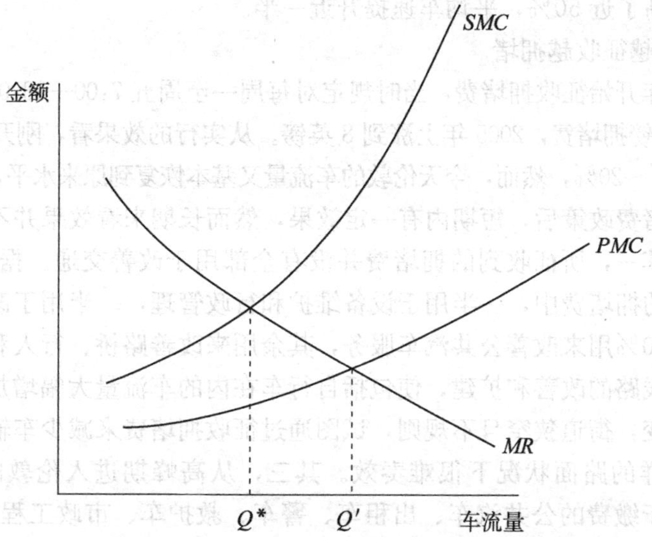

图 6-7 交通拥堵的形成

MR 与 *SMC* 的交点决定，对应的车流量为 Q^*，两者之间的差 Q^*Q' 就是交通拥堵量。

（二）缓解交通拥堵的对策

如果将驾车出行看成一种产品，面对该产品旺盛的需求，可考虑采用如下办法减少驾车出行的数量，从而缓解交通拥堵：第一，提高产品本身的价格——征收交通拥堵费；第二，提高产品互补品的价格——提高汽油价格、停车费；第三，降低产品替代品的价格——补助公共交通；第四，拓宽道路；第五，其他非市场的办法。

1. 征收交通拥堵费

（1）各国征收交通拥堵费的实践

1）新加坡——最早的拥堵费实践

在新加坡的大街小巷上，一般很难看到交通警察，即使在早晚交通高峰期，大街上也几乎看不到行人。究其原因，一方面与遍布新加坡的 City-Link 地下通道有关，这些地下通道连接着主要建筑物和地铁站，人们通过附近建筑物的地下通道就可以直接到达地铁站；另一方面也与新加坡的缓堵措施之一——征收拥堵费密切相关，新加坡是世界上最早征收拥堵费，通过价格手段控制交通量的城市。

新加坡 1975 年开始实施拥堵费政策，将一些区域划为拥堵收费控制区，对早晚高峰期在控制区行驶的私人小汽车和出租车，每天收费 2 新元。1989 年，拥堵费政策扩大到所有类型车辆。1998 年之前，拥堵费采取停车缴费、手工收费的办法，之后启用了电子收费系统，在收费路口建设电子收费闸门，车辆的前挡风玻璃上安装读卡器和收费卡，与每辆车的车牌号对应。车辆在高峰时段进入收费区时，必然会经过道路上的闸门，闸门上的无线探测器自动按照相应标准，从读卡器的 IC 卡上扣除相应的路费。政府会根据时间、车流量、车型等来调节收费标准，通常情况下，高峰时段一次最多缴纳 4 新元（约合 20 元人民币）。

新加坡实行拥堵费政策后，效果较为显著，中心城区高峰时段交通量下降了 45%，乘坐公交出行率提高了近50%，平均车速提升近一半。

2）伦敦——越征收越拥堵

伦敦于2003年开始征收拥堵费，当时规定对每周一至周五7:00—18:00进入市中心的车辆，每天征收5英镑拥堵费，2005年上涨到8英镑。从实行的效果看，刚开始收取拥堵费时，车流量减少了15%～20%，然而，今天伦敦的车流量又基本恢复到原来水平，拥堵照旧。

伦敦实行拥堵费政策后，短期内有一定效果，然而长期来看效果并不理想，其中的原因是多方面的：其一，所征收到的拥堵费并没有全部用于改善交通。据统计，2008/2009财政年度所征收的拥堵费中，一半用于设备维护和行政管理，一半用于改善交通，在改善交通的投入中，80%用来改善公共汽车服务，其余用来改善路桥、行人和自行车设施。路桥及自行车专用线路的改善和扩建，使包括自行车在内的车流量大幅增加。其二，伦敦的地表路况复杂多变，街道狭窄且不规则，试图通过征收拥堵费来减少车辆进而大幅提高车速的做法，在这样的路面状况下很难奏效。其三，从高峰期进入伦敦的车辆构成来看，90%的车辆是免于缴费的公共汽车、出租车、警车、救护车、市政工程车、残障用车等，由于免费，这些车辆并不会减少。其余10%的车辆要么是弹性较小的快递物流车、旅游大巴等，这些车辆不可能因为征收拥堵费就不进入城市，要么是私家车，每天8英镑的费用对于拥有私家车的车主来说，好比九牛一毛，弹性也很小。基于上述原因，伦敦征收拥堵费才会“越收越堵”。

3）纽约——未实施的拥堵费计划

2008年3月31日纽约市议会通过决议，决定对高峰时段进入曼哈顿第60街以南地区的车辆征收拥堵费，设计的收费标准为：汽车每天8美元，卡车21美元（废气排放量较低的卡车7美元），出租车和小型公交车1美元。然而，此项决议由于没有在纽约州议会上得到通过而最终流产。当时的纽约市长布隆博格曾就此叹息说：“今天对纽约市及纽约客而言，是最悲伤的一天！”

4）圣迭戈——变相的拥堵费

为了减少车流量，提高车辆利用率，美国15号州际公路上设有类似快车道的HOV车道，HOV（high occupancy vehicle）是指高利用率车辆，要求车内至少乘坐2人或3人。加利福尼亚州圣迭戈市将15号州际公路上的HOV车道改为HOT车道，HOT（high occupancy and toll）既包括高利用率车辆也包括付费车辆，这就意味着高利用率车辆和其他付费车辆都可以使用该车道，相当于对非高利用率车辆征收了拥堵费。圣迭戈市的收费标准随路面交通状况即时调整，微波雷达被用来实时监控路面交通量，每6分钟调整一次收费标准，收费在0.5～4美元之间。

资料卡

对北京征收拥堵费的网上争议

根据《北京市2017年国民经济和社会发展统计公报》，截至2017年年底全市机动车保有量 590.9 万辆，其中私人汽车 467.2 万辆。首都被戏称为“首堵”。面对日益严重的交通拥堵，是否应在北京征收拥堵费受到了越来越多的关注。根据 2012 年 2 月 16 日《中国青年报》报道，有关部门组织的征收拥堵费网络投票结果显示，超过八成的投票者反对征收拥堵费。不仅如此，网民们还罗列了拥堵费的“七宗罪”：

第一，拥堵费是否合理合法？根据我国《汽车产业发展政策》规定，“各地在汽车购买、登记和使用环节不得新增行政事业性收费和政府性基金项目和金额，如确需新增，应依据法律、法规或国务院批准的文件按程序报批”，征收拥堵费是否符合这一规定？第二，因拥堵产生的收费应该用来治理拥堵，然而具体由哪个部门负责征收、监管和分配拥堵费，法律上没有明文规定。第三，征收拥堵费的目的是改变市民的出行方式，鼓励大众乘坐公共交通工具，以此来缓解拥堵，这就要求城市有发达的公共交通系统。如果只征收拥堵费，公共交通设施跟不上，也就达不到征收拥堵费的初衷，从而无法解决拥堵问题。第四，大量的公务车是否征收拥堵费？如果不征收，将难缓拥堵状况，如果征收，最后为其买单的将是公共财政。第五，一些对拥堵费不敏感的高收入群体，不会因征收拥堵费而减少出行，反而可能影响社会公平。此外，不进出收费区而是始终在收费区内行驶的车辆是否征收拥堵费？技术上如何操作？第六，征收拥堵费势必会抑制汽车消费，是否符合相关产业政策？是否会影响到汽车产业发展？第七，如果征收拥堵费之后依旧难以缓解拥堵状况，又将作何选择？

(2) 拥堵费政策的设计

征收拥堵费后，驾驶者面对较高的驾车出行成本，要重新进行权衡和选择。表 6-1 显示了驾驶者所做出的收益与成本分析。有的驾驶者认为征收拥堵费后，道路上的车流量减少，行驶时间大大缩短，从中获得的收益远高于拥堵费本身，这类驾驶者将会选择支付拥堵费，并继续沿付费道路驾车行驶。有的驾驶者则认为所征收的拥堵费相对较高，放弃使用付费道路将是合理的，这类驾驶者或者选择其他出行方式，例如公共交通工具，或者改变驾车出行的时间，避开高峰期出行，或者选择其他路段行车，避开交通拥堵区域，或者干脆放弃行程。

表 6-1　　驾驶者面对拥堵费的选择

选择	收益	成本
继续驾车出行	节省行驶时间	支付拥堵费
放弃驾车出行	节省拥堵费	支付改道成本

征收拥堵费时应注意差别化，拥堵费应随时间和空间的不同而不同。所谓随时间不同是指高峰期的拥堵费应高于非高峰期，所谓随空间不同是指拥堵严重路段的拥堵费应高于拥堵不太严重路段。一个典型例子是加拿大多伦多 407 高速公路，高峰期间的拥堵费是每公里 0.1 加元，其他上班时间为每公里 0.07 加元，周末则减少为每公里 0.04 加元。

要想使拥堵费政策产生理想效果，就必须弄清征收拥堵费之所以能够减少交通量的道理。具体来说，征收拥堵费会产生如下效应：其一，拥堵费增加了行驶成本，促使驾驶者改变出行方式；其二，高峰期收费高，促使驾驶者改变出行时间；其三，拥堵严重路段收费高，促使驾驶者改换其他路段；其四，拥堵费增加了单位距离的行驶成本，促使驾驶者减少通勤距离。在四种效应所形成的合力作用下，交通拥堵得以缓解。这就给拥堵费政策设计带来了相应的启示：要想使拥堵费产生较为显著的效果，政策设计者必须明确城市中拥堵严重的路段和时间点，以实行差别化收费；准确掌握对拥堵费反应弹性小的行驶占比，如果占比较大，那么，促使驾驶者改变出行方式、改变出行时间、改换其他路段、减少通勤距离的效应将得不到充分发挥，拥堵费的效果势必欠佳；确保城市公共交通极其便利，使驾驶者有可能改变出行方式，从而减少交通量。

2. 提高汽油价格

汽油是汽车的互补品，提高汽油价格会促使驾车出行的需求减少，驾驶者可能会改变出行方式，也可能会减少通勤距离，从而达到缓解交通拥堵的效果。

我国的汽油价格参照国际油价的变动而变动，2009 年开始，根据《石油价格管理办法（试行）》规定，当国际市场原油连续 22 个工作日移动平均价格变化超过 4%时，可相应调整国内成品油价格。2013 年 3 月，进一步完善了国内成品油价格形成机制，成品油调价周期由 22 个工作日缩短至 10 个工作日，并取消了挂靠国际市场原油移动平均价格变动 4%的调价幅度限制。国内成品油价格以国际市场原油价格为基础，根据国内平均加工成本、税金、合理流通费用及适当利润来确定。完善后的成品油价格形成机制朝着市场化方向迈出了重要一步，能够更灵敏地反映国际市场变化，有利于利用境外资源，保障国内市场供应。

3. 提高停车费

停车费提高后，驾驶者会考虑改变出行方式或改变行驶时间，从而达到缓堵的效果。国外大量研究发现，提高停车费确实能够减少出行车辆。斯莫尔 1992 年的研究显示，当洛杉矶一家公司将门前停车由免费增加到每月 28.75 美元时，独自驾车者减少了 44%，增加到每月 57.5 美元时，独自驾车者则减少了 81%。迪兰佐、大岛伸彦、巴伯 1981 年的研究发现，渥太华将政府雇员停车费从免费提高到市场价格的 70%时，驾车上班的职员减少了 23%，公共汽车乘客则增加了 16%。肖普 1994 年的研究表明，雇主免费提供停车场的政策，使 25%的通勤者由其他通勤方式转向独自驾车上下班。

资料卡

北京的停车费

北京市停车收费实行差别化价格管理政策。2010 年 4 月 1 日起，北京 13 个中心城区停车费大幅上涨，这 13 个中心城区包括：东单—王府井商业区、崇外商业区、前门商业区、北京站地区、中关村西区、西站地区、西单商业区、东直门东中街地区、朝外商务区、燕莎地区、CBD 地区、翠微商业区、金融商务区。收费标准是：占道停车由原来的

2.5 元/半小时调整为 5 元/半小时，对占道停车首次实行累进加价政策，首小时后收费加价 50%。

2011 年 4 月 1 日北京再次出台新政，将非居住区占道停车场分为三类区域：一类地区为三环路（含）以内区域及中央商务区（CBD）、燕莎地区、中关村西区、翠微商业区等 4 个重点区域；二类地区为五环路（含）以内除一类地区以外的其他区域；三类地区为五环路以外区域。详细规定了不同区域的收费标准，离市中心越近，收费越高。例如，白天（7:00—21:00）小型车占道停车首小时内一类地区 2.5 元/15 分钟，二类地区 1.5 元/15 分钟，三类地区 0.5 元/15 分钟。大型车收费标准为小型车的两倍。

根据有关调查，提高停车费后，城六区商业区停车数量减少，停车时间变短；居民区中不“出勤”的车辆增多；地下停车场停车数减少约一半；部分车主乘公交车出行，一些途经重要区域的公交线路客流增加。

4. 拓宽道路

拓宽或新建道路似乎是缓解交通拥堵的最直接做法，然而现实中尽管道路越修越多、越拓越宽，交通拥堵却依旧严重，很难因此得到有效缓解。路多了、道宽了，车自然也就多了，很多驾驶者先前是因为拥堵而放弃驾车，道路拓宽后，很有可能重新驾车，造成再次拥堵。

笔者借助消费者剩余的概念，从经济学的角度考虑拓宽道路的有效性。如图 6-8 所示，图中横坐标为车流量，纵坐标为金额，向右下方倾斜的直线 *MR* 表示驾车行驶的边际收益，向右上方倾斜的曲线 *MC* 表示驾车行驶的边际成本，其中，MC_1 为在较窄的道路上行驶的边际成本，MC_2 为在较宽的道路上行驶的边际成本，显然，在同一车流量上 MC_1 大于 MC_2。政府通常是修建或拓宽道路的出资人，如果政府是理性的经济人，在是否拓宽道路的问题上进行权衡抉择时，其思路如下：窄路被拓宽变为宽路后，收益在图中体现为消费者剩余的增加，其大小等于图中梯形面积，该梯形由一个矩形加一个三角形组成，矩

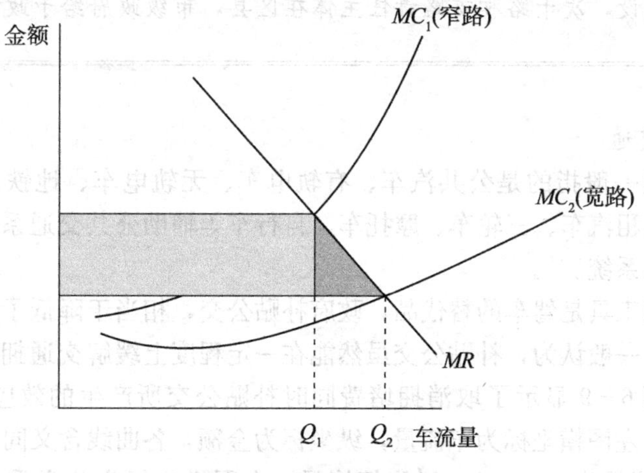

图 6-8 拓宽公路的收益

形面积的含义是原有的车流量 Q_1 在道路拓宽后所增加的好处，三角形面积的含义是由于拓宽道路，均衡的车流量由 Q_1 增加到 Q_2，因新增车流量所获得的好处。政府同时还要考虑拓宽道路的成本支出，只有当收益大于成本时，拓宽道路才是有效的。

反对拓宽道路的理由，除了对拓宽道路的有效性存在质疑外，还因为现有道路存在改善的可能性，例如通过设置单行线、增加交通标识和标线引导驾驶、限制路边停车、在交通枢纽处安装禁停灯、设计智能交通信号灯等措施，都可以在一定程度上改善交通拥堵状况。

资料卡

北京市道路规划

根据《城市道路设计规范》第 2.1.1 条规定，按照道路在道路网中的地位、交通功能以及对沿线建筑物的服务功能等，城市道路分为四类：快速路、主干路、次干路、支路。快速路为城市中大量、长距离、快速交通服务，其对向车行道之间应设置中间分车带，进出口应采用全控制或部分控制。快速路两侧不应设置吸引大量车流、人流的公共建筑物进出口，对其两侧一般建筑物的进出口应加以控制。主干路为连接城市各主要分区的干路，以交通功能为主。自行车交通量大时，宜采用机动车与非机动车分隔形式，如三幅路或四幅路。主干路两侧不应设置吸引大量车流、人流的公共建筑物进出口。次干路与主干路结合组成道路网，起集散交通的作用，兼有服务功能。支路为次干路与街坊路的连接线，解决局部地区交通，以服务功能为主。

北京市规划的道路网中，快速路、主干路、次干路、支路的比例为 1∶1.7∶2.4∶4.2。由次干路、支路组成的区域道路网络，称为城市道路微循环系统，2011 年，北京市开始实施微循环道路项目。城市道路建设的责任主体是市、区两级政府，快速路、主干路由市级政府投资建设，次干路和支路责任主体在区县，市级政府给予政策支持。

5. 补贴公共交通

城市公共交通一般指的是公共汽车、有轨电车、无轨电车、地铁、轻轨、高速铁路等，此外还包括出租汽车、三轮车、摩托车、自行车等辅助公共交通系统，以及轮渡、缆车等特殊公共交通系统。

乘坐公共交通工具是驾车的替代品，政府补贴公交，相当于降低了公交价格，驾车需求量会相应减少。一般认为，补贴公交虽然能在一定程度上缓解交通拥堵，但不如征收拥堵费效果明显。图 6－9 显示了取消拥堵费同时补贴公交所产生的效应，左图表示驾车，右图表示乘公交。左图横坐标为车流量，纵坐标为金额，各曲线含义同图 6－7，均衡车流量为 A'，最优车流量为 A^*，A^*A' 为拥堵量。右图横坐标为公交乘坐量，纵坐标为金额，向右下方倾斜的直线 MR 表示乘坐公交的边际收益，水平直线 MC 表示乘坐公交的边际成本，即公交票价。

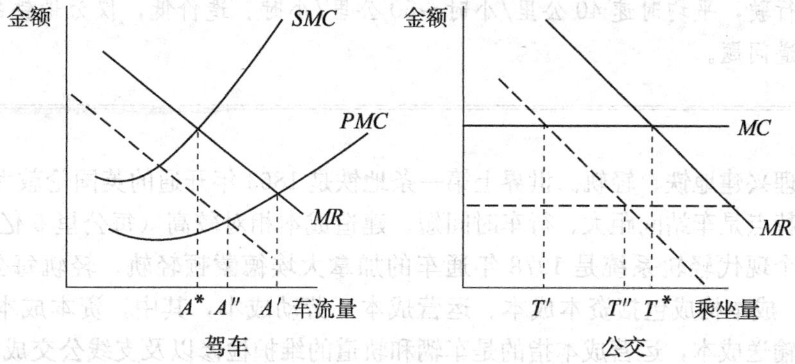

图 6-9 补贴公交的效率

假设城市通过征收拥堵费解决了交通拥堵问题，驾车量为 A^*，此时所对应的公交乘坐量为 T^*，这是一种最优状态。由于某种原因，城市政府决定取消拥堵费，如果出现交通拥堵，则通过补贴公交来解决。这一措施会带来哪些变化？首先，取消拥堵费后，驾车成本下降，车流量增加，假设增加到 A'，注意 $A'>A^*$；驾车成本下降，产生拥堵，导致乘坐公交的边际收益曲线左移，公交乘坐量减少，假设减少到 T'，注意 $T'<T^*$。其次，面对拥堵，政府对公交进行补贴，公交成本下降，边际成本曲线向下平移，均衡量变为 T''，补贴公交导致驾车需求减少，驾车边际收益曲线左移，均衡量变为 A''。最后，图形显示两个市场上的均衡量都向先前的最优量靠近，并且公交乘坐增加量（$T'T''$）大于驾车减少量（$A'A''$），两个市场都没有再次达到最优，体现出补贴公交是有效率的，但不如征收拥堵费效果明显。

与公共交通相关的话题通常涉及如下几个方面：

一是采取措施让市民愿意乘坐公共交通工具。与公共交通有关的经验研究数据显示：通勤者把花在公交车上的时间成本视为工资的 1/2，把步行到车站和等候车辆的时间成本视为工资的 1.5～3 倍。这表明公交需求对行驶时间、进站时间、等候时间都比较敏感，因此，通过改善公交服务缩短这些时间，能增加乘坐人次。鼓励市民乘坐公交的措施包括：降低公交票价、提高发车频率、增设公交站点、设立公交车道以提高车速等。

资料卡

BRT 与立体快巴

BRT 是快速公交系统的简称，被称作“地面上的地铁系统”。BRT 拥有全时段、全封闭的公交专用车道，配置大容量、低排放的公交车辆来保证运量，建造车外售检票、实时信息监控的新式公交车站，实行交通信号优先、自动车辆定位。

立体快巴是一种先进的公交工具，它采取有人看管的自动驾驶方式，上层载客、下层通车，上层可载客 1 400 人，悬空的下方可让高 2 米以下的两辆小汽车通过。车高约 4.5 米，沿轨道行驶，平均时速 40 公里/小时～50 公里/小时。造价低，仅为地铁的 1/10，并且不存在占道问题。

二是合理兴建地铁、轻轨。世界上第一条地铁是 1863 年开通的英国伦敦大都会铁路。地铁的主要特点是车站间距大、行车时间短、建造成本相对较高（每公里 5 亿～8 亿元）。世界上第一个现代轻轨系统是 1978 年通车的加拿大埃德蒙顿轻轨，轻轨每公里成本 3 亿～4 亿元，成本构成包括资本成本、运营成本、劳动成本，其中，资本成本包括车辆、轨道、动力输送成本，运营成本指的是车辆和轨道的维护检修以及支线公交成本，因为轻轨一般需要支线公交配合，所以运营成本相对较高，但轻轨的劳动成本较低。

三是正确认识公交垄断与亏损问题。公交服务具有自然垄断的特征，同时，公共交通是通过对盈利线路实行高收费来弥补亏损线路，如果允许竞争，将降低盈利线路的收费，从而无法弥补亏损线路。这两方面的原因导致了公交垄断。国际上通常用车票收入占运营成本的比例来衡量公交亏损状况，1960 年，美国的车票收入占运营成本的比例为 103%，2002 年降低为 35%。表 6 - 2 反映了 2002 年美国各种公共交通工具车票收入占运营成本的比例，可以看出，当年美国公共交通普遍存在亏损。2002 年，美国公交因亏损获得 232 亿美元的补贴，其中 30%来自联邦政府、36%来自州政府、34%来自地方政府。车票价格低、公交工人工资提高导致劳动成本增加、通向人口密度低的区域的行车里程增加、非弹性的用工制度等是公交亏损的一般性原因。

表 6 - 2　　美国各种公共交通工具车票收入占运营成本的比例（2002 年）

公共交通工具	车票收入占运营成本的比例（%）
公共汽车	29
通勤火车	48
重轨	58
轻轨	29
无轨电车	32
全部	35

资料来源：阿瑟·奥沙利文. 城市经济学. 6 版. 北京：北京大学出版社，2008：238.

资料卡

北京的公交补贴

2007 年，北京市实施的公交票价优惠政策规定地面公交实行 1 元起步，使用公交卡乘车刷卡 4 折，地铁实行 2 元/次一票。2008 年，北京市政府为地铁补贴 7.9 亿元，为地面公交补贴 91.5 亿元。2010 年，北京市地面公交和轨道交通补贴共计 128 亿元，2011 年上升到 156.9 亿元。可见，北京市公共交通的财政补贴呈较快增长趋势，随着更多地铁线路的开通，财政补贴将会越来越高，一定程度上说，公交补贴是在为廉价票制买单。2014 年年底，北京市调整了公共交通价格，地面公交起步 10 公里内每人次 2 元，以后每增加 5 公里加价 1 元，一卡通普通卡刷卡实行 5 折优惠，学生卡刷卡实行 2.5 折优惠。地铁起步 6 公里内每人次 3 元，6～12 公里每人次 4 元，12～32 公里每 10 公里加 1 元，32 公里以上每 20 公里加 1 元，票价不封顶。

6. 其他办法

除了经济手段外，也可以采取非市场的办法来缓解交通拥堵，例如，按照汽车车牌尾号规定限行时间、通过摇号限购或车牌拍卖来限制发放汽车牌照、错峰上下班、设置潮汐车道等等。

资料卡

北京的潮汐车道

为了缓解交通拥堵，2013 年 9 月 12 日起北京市在朝阳路首次实行潮汐车道试点，规定晚高峰 17 时至 20 时，主路进城方向的 1 条社会车道改由出城方向机动车使用，同时，主路进城方向只允许公交车辆通行，这样一来主路出城方向除 BRT 快速公交车道外，2 条社会车道由西向东行驶，其中 1 条即潮汐车道。

总之，针对交通拥堵，城市政府可采取多种方法，运用多种手段，多管齐下，综合治理。现实生活中，城市交通关系到老百姓的切身利益，市民对于缓解交通拥堵的各项措施都非常关注并且有各自的偏好和价值取向。2011 年 6 月中旬至 7 月上旬，北京市交通委员会在其官方网站上进行了一项“交通缓堵民意调查”，在“各类交通措施中，哪些方面对缓解市区交通拥堵最有效（或您最满意），可多选”这一项调查中，提供了 6 个选项，分别是：1. 通过小客车指标调控并采用摇号方式实施机动车总量控制；2. 停车价格调整（但保持居住区及周边停车较低价格）和加强停车管理；3. “公共交通快起来”（京通快速路开辟高峰公交专用道、社区通勤快车、多条地铁线增加车辆以缩短高峰发车间隔等）；4. 加强交通信息服务（发布交通指数、路况提示等）和交通管理（高峰时间控制外地机动车进入中心区、快速处理事故等）；5. 推进城区道路微循环、疏堵工程建设，采用夜间施工等加强道路维修改造，保障较好路况；6. 倡导和实践“3510”（3 公里步行、5 公里骑车、10 公里乘公交地铁出行）绿色出行。本次调查共有 34 534 人次参与了投票，结果显示，六项措施有效性的得票率由高到低依次是：6（27.56%）、5（18.29%）、

3（18.26%）、4（17.12%）、2（11.89%）、1（6.87%）。从中可以看出，绿色出行是市民对缓堵措施的首选，道路改造、发展公交以及交通管理的有效性基本相当，通过行政手段控制机动车数量和提高停车费则不被看好。

二、消费者出行方式的选择

日常生活中，消费者的出行方式有多种选择，例如独自驾车、合伙用车、乘坐公交、步行等。在美国，超过3/4的通勤者选择独自驾车，只有约5%的通勤者选择公共交通。20世纪五六十年代，美国公交乘客数量急剧减少，之后趋于稳定，其中，乘坐公共汽车的人数最多。数据显示，在规模小的城市中，低收入者乘坐公交的比例大，在规模大的城市中，高收入者乘坐公交的比例大。我国的情况以北京市为例，北京市交通委员会发布的数据显示，北京市民公交出行比例逐年提高，由2010年的39%提高到2015年的50%。

作为理性人，消费者在选择出行方式时，是以出行成本最低为目标。消费者的出行成本既包括货币成本，即乘坐不同交通工具的费用，也包括时间成本。假设某通勤者可选择的出行方式有三种：公共汽车、地铁、出租车，该通勤者的整个行程分为三个阶段：住所至车站、车上、车站至工作地点。根据三种交通工具的差别，可以预见，住所到车站这段行程中，由于地铁站间距较大，站点较少，因此，通勤者到达地铁站的时间最长，公共汽车次之，出租车最短。车上这段行程中，由于地铁不存在拥堵问题，因此，地铁用时最少，出租车次之，公共汽车既存在拥堵问题，又要靠站停车，用时最多。车站至工作地点这段行程与住所至车站同理。根据上述分析，设置数据如表6-3所示。根据表6-3中的数据，显然，对于该通勤者来说，乘坐公共汽车的总成本最低，因此，乘坐公共汽车是其最佳的出行方式。

表6-3　　某通勤者的出行成本

	公共汽车	地铁	出租车
住所至车站用时（分钟）	10	15	0
时间成本（元）	6	9	0
车上用时（分钟）	50	30	40
时间成本（元）	5	3	4
车站至工作地点用时（分钟）	5	10	0
时间成本（元）	3	6	0
时间成本累计（元）	14	18	4
货币成本（元）	1	2	15
总成本（元）	15	20	19

注：假设通勤者工资为每分钟0.2元，视行车时间的机会成本为工资的1/2，视行走与等待时间的机会成本为工资的3倍，乘坐公共汽车的票价1元，乘坐地铁的票价2元，乘坐出租车需15元。

通常情况下，住所或出行目的地距离公交车站较近的消费者，由于住所至车站及车站至目的地的时间成本较低，所以选择乘坐公交较为合适。对于收入较低的消费者来说，由于时间的机会成本较低，所以也适宜乘坐公交。政府对学生和退休者在公交票价上实行优惠，降低了货币成本，这些人也适宜选择乘坐公交出行。

三、城市交通安全问题

除了拥堵外，安全是城市交通中的另一个重要问题。据统计，美国每年的交通事故导致4万人死亡，310万人受伤，财产损失3 000亿美元，相当于美国人均损失近1 000美元，在1～24岁的人群中，机动车事故是头号杀手。在我国，每年2万多名中小学生因交通事故伤残或死亡，交通事故也已成为我国未成年人的头号杀手。

交通事故发生后，会产生多种成本，包括人员伤亡、财产损失、精神损失、交通中断造成拥堵等等。据介绍，在北京二环路高峰时段发生一起小的剐蹭事故后，如果不及时挪移车辆，5分钟内就会最少造成2公里的拥堵。国外学者研究认为，美国交通事故导致的交通延误，每年造成约50亿美元的损失。

美国《机动车安全法案》对机动车安全装置，诸如安全带、防震挡风玻璃、双重刹车系统、安全气囊等做了详细规定和要求，这些安全装置使每辆车的价格平均上升了1 000美元。从安全装置的效果来看，虽然车辆碰撞率并没有因此下降，然而机动车驾驶员的死亡率的确有所减小，从而说明机动车安全装置能够起到降低交通死亡率的作用。

机动车安全装置虽然在一定程度上能够改善交通安全状况，但同时也产生了交通安全隐患，这是因为机动车安全装置对车速会产生影响。思考一下开快车的收益与成本：开快车的收益体现为能够节省行驶时间，降低机会成本，驾驶者可以因此有更多时间做别的事情；开快车的成本体现为增大了碰撞的概率，而且一旦发生交通事故，与车速较慢情况下相比，损失更加巨大。机动车安全装置对车速的影响如图6-10所示。图中横坐标为车速，纵坐标为金额，向右下方倾斜的直线*MR*表示开快车的边际收益，向右上方倾斜的直线*MC*表示开快车的边际成本。同一车速下，驾驶有安全装置的机动车发生交通事故后，安全装置使得人员和车辆的损伤相对较小，从而医疗和维修费用相对较低，体现在图中即同一车速下有安全装置的*MC*低于无安全装置的*MC*。该图显示，驾驶无安全装置的机动车时，最优车速为V_1，驾驶有安全装置的机动车，将导致最优车速由V_1提高到V_2，车速的提高增加了交通安全隐患。

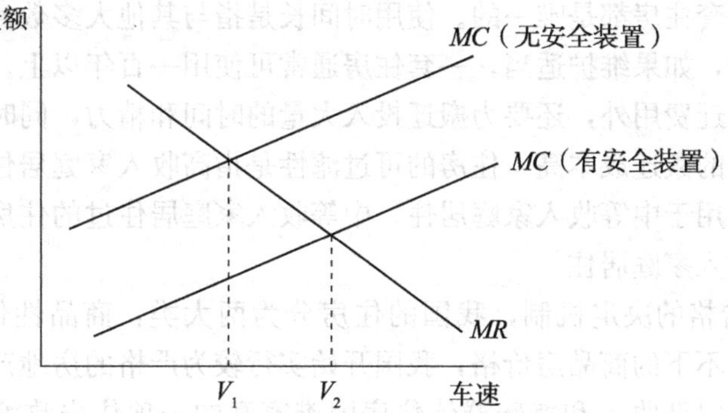

图6-10　安全装置对车速的影响

资料卡

小汽车的安全问题

与大型车辆相比，小汽车有明显的优势：消耗燃料少、污染轻、占用空间小等。小汽车的最大劣势在于其安全性，尽管小汽车发生碰撞的概率与大型车辆一样，但碰撞后小汽车的驾驶者更容易受重伤。来自美国纽约州的数据显示，当大车与大车发生碰撞时，驾驶者的受伤率为5.2%，当大车与小车碰撞时，大车驾驶者的受伤率为3.7%，小车驾驶者的受伤率为13.8%，后者为前者的近4倍，而当小车与小车发生碰撞时，驾驶者的受伤率为9.7%。这些数据充分表明，小汽车的安全性明显弱于大型车辆。

为了有效减少交通事故，城市政府可采取一定的政策措施，概括起来包括：一方面，征收机动车行驶里程税。考虑到驾驶机动车行驶里程越多，发生碰撞的概率越高，所以对行驶里程征税，能有效减少机动车行驶距离，从而减少交通事故。例如，美国俄勒冈州立法委员会提议，机动车每行驶1英里缴纳0.85美分机动车行驶里程税，得克萨斯州和明尼苏达州也在考虑采纳类似的提案。另一方面，针对已经发生的交通事故，采取多种快速反应措施，及时清理无法行驶的机动车，尽快恢复交通。例如，建立配备有拖车的事故反应小组，第一时间赶到事故现场，清理现场；安排装有无线电通信设备的拖车在道路上巡逻，及时发现事故；在路基上安装环形探测器，探测车速减慢的原因；运用微型照相机对城市交通状况进行监控等。

本章小结

1. 城市住房属于一种特殊商品，与一般的普通商品有较大不同。与普通商品相比，住房具有唯一性、使用时间长、搬迁成本高、可过滤性等特征。唯一性是指没有两套住房是完全相同的，每套住房都是唯一的。使用时间长是指与其他大多数商品相比，住房可使用的时间相对较长，如果维护适当，一套住房通常可使用一百年以上。当家庭搬迁时，除了要支付一定的搬迁费用外，还要为搬迁投入大量的时间和精力，同时承受与旧街区分别的成本，因此住房的搬迁成本高。住房的可过滤性是指高收入家庭居住过的住房，在该家庭搬迁之后，可以用于中等收入家庭居住，中等收入家庭居住过的住房，在该家庭搬迁之后，可以用于低收入家庭居住。

2. 根据住房价格的决定机制，我国的住房分为两大类：商品性住房和保障性住房。近年来，面对居高不下的商品房价格，我国开始实行较为严格的房地产调控政策。保障性住房是城市政府面对低收入和特殊群体住房困难家庭的一项住房政策，包括公共租赁住房、廉租房、经济适用房、限价商品房等。

3. 美国的住房政策分为两大类：针对低收入家庭的住房政策和针对中高收入家庭的

住房政策。前者包括提供公共住房、对租住私人住房进行补贴、提供住房优惠券、对建造低收入家庭住房进行补贴、城市改造与社区开发等，后者主要指为住房抵押贷款利息提供补贴。

4. 在拥挤的道路上驾车行驶具有负外部性，社会行驶成本高于私人行驶成本，均衡车流量与最优车流量之间的差额即交通拥堵量。可考虑采用如下办法缓解交通拥堵：第一，征收拥堵费；第二，提高汽油价格；第三，提高停车费；第四，补助公共交通；第五，拓宽道路；第六，其他非市场的办法。

5. 设计拥堵费时要因时间和空间的不同而不同，高峰期的拥堵费应高于非高峰期，拥堵严重路段的拥堵费应高于拥堵不太严重路段。汽油是汽车的互补品，提高汽油价格会促使驾驶者改变出行方式，减少通勤距离。提高停车费后，驾驶者会考虑改变出行方式或改变行驶时间。拓宽或新建道路似乎是缓解交通拥堵的最直接做法，然而在现实中尽管路越修越多、越拓越宽，拥堵却依旧严重，很难得到缓解。乘坐公交是驾车的替代品，补贴公交降低了公交价格，驾车需求量相应减少。非市场的缓堵办法有：按照汽车车牌尾号规定限行时间、通过摇号限购或车牌拍卖来限制发放汽车牌照、错峰上下班等。

6. 城市居民有多种出行方式，如独自驾车、合伙用车、乘坐公交、步行等。作为理性人，消费者在选择出行方式时，是以出行成本最低为目标，出行成本包括货币成本和时间成本。

7. 交通安全是城市交通中的另一个重要问题，交通事故发生后会产生多种成本，包括人员伤亡、财产损失、精神损失、交通中断造成拥堵等。机动车安全装置降低了交通死亡率，同时也提高了最优车速，从而产生了交通安全隐患。

思考题

1. 与其他商品相比，住房在哪些方面有其独有的特征？
2. 我国有哪些住房政策？
3. 怎样评价美国的住房政策？
4. 怎样用经济学中的外部性原理解释交通拥堵现象？
5. 如何缓解城市交通拥堵？
6. 消费者如何选择出行方式？
7. 机动车安全装置对最优车速的决定有什么影响？

参考文献与补充阅读

1. White M J. Property Taxes and Urban Housing Abandonment. Journal of Urban Economics，1986，20（3）：312－330.

2. Murray M P. Subsidized and Unsubsidized Housing Stocks 1935 to 1987：Crowding Out and Cointegration. Journal of Real Estate Finance and Economics，1999，18（1）：107－124.

3. The World's Worst Traffic. Foreign Policy，August 24，2010.

4. Small K A. Urban Transportation Economics. Philadelphia，Penn.：Harwood Aca-

demic Publishers，1992.

5. DiRenzo J，Cima B，Barber E. Parking Management Tactics. Vol. Ⅲ：Reference Guide. Washington，D. C.：U. S. Department of Transportation，1981.

6. Shoup D C. Cashing Out Employer-Paid Parking：An Opportunity to Reduce Minimum Parking Requirements. University of California Transportation Center Working Paper 204，1994.

7. 交通拥堵费被指“七宗罪”. 中国青年报，2012-02-16.

8. 北京停车费调价首日重点区域路侧停车骤减. 京华时报，2011-04-02.

附录

1. 替代品与互补品

替代品是指与一种产品和服务具有相同或大体相同用途的产品和服务，例如发 E-mail 的替代品可以是打电话、写信、发短信等，餐馆用餐的替代品可以是在家做饭、订餐等，CD 的替代品可以是磁带、MP3 等。既然打电话是发 E-mail 的替代品，那么，打电话的价格上升后，由于通话次数减少，发 E-mail 的次数则增加。因此，某种产品和服务的替代品价格上升（下降），这种产品和服务的需求量增加（减少）。

互补品是指与一种产品和服务互为补充，共同使用的产品和服务，例如，信封的互补品是邮票、信纸等，汽车的互补品是汽油、保险等，普通相机的互补品是胶卷。既然相机是胶卷的互补品，那么，相机价格上升，由于相机需求量减少，胶卷的需求量也减少。因此，某产品和服务的互补品价格上升（下降），这种产品和服务的需求量减少（增加）。

2. 消费者剩余

消费者剩余是指消费者在购买一定数量的某种商品时愿意支付的金额与实际支付的金额之间的差额，是衡量消费者福利的重要指标，其实质是消费者自身所感觉到的额外收益。一般用需求曲线下方、价格线上方和价格轴围成的面积来表示消费者剩余的大小。

第七章

城市问题之二

导读

本章集中探讨另外三个城市问题：城市污染、城市贫困、城市犯罪。鉴于机动车尾气排放日益成为城市大气污染的主要来源，如何治理由机动车尾气排放引起的空气污染，就成为很有意义的话题，本章第一节探讨城市污染的治理措施。城市同样存在贫困，其形成的原因是多方面的，本章第二节从经济和非经济两个角度分析了城市贫困的形成原因。犯罪问题是城市经济学研究的一项基本内容，可以运用经济学原理和方法考察哪些人容易犯罪，本章第三节围绕城市犯罪展开阐述。

7.1　城市污染

城市中的经济主体在生产生活过程中，每天都要排放各种污染物，包括工厂煤烟、机动车尾气、工业废水和废渣、生活污水、建筑垃圾和生活垃圾、各种噪声等等，这些污染物一旦超过了自然界的自净能力，势必污染环境，破坏生态平衡，给人们的生产和生活带来危害。城市污染包括空气污染、水污染、固体废弃物污染、噪声污染等，本节主要考察城市空气污染。

一、城市空气污染状况

根据美国环保局的界定，空气污染物包括颗粒物、地面臭氧、一氧化碳、氧化硫、氮氧化物、铅等六种类型，城市空气污染的源头可分为静态和动态两类，化工厂、发电厂等属于静态源头，机动车、飞机等则为动态源头。在美国，一半的挥发性有机化合物排放量、75%的一氧化碳排放量、一半以上的氮氧化物排放量是由机动车的使用引起的。作为发展中国家，我国正处于工业化进程中，城市空气污染呈混合型，即煤烟污染与机动车尾气排放污染的混合。我国城市空气主要污染物有：一氧化碳、可入肺颗粒物（PM2.5）、可吸入颗粒物（PM10）、二氧化氮、臭氧、二氧化硫等。随着城市机动车保有量的逐年快速增加，机动车尾气排放日益成为我国城市大气污染的主要来源。根据生态环境部《2017中国生态环境状况公报》，2017 年，监测的 338 个城市中只有 99 个城市环境空气质量达标，239 个城市环境空气质量超标。世界卫生组织提供的数据显示，全球每 10 人中就有 9 人呼吸含有高浓度污染物的空气，每年因环境和室内空气污染造成的死亡数达到 700 万人。90%以上的与空气污染有关的死亡发生在低收入和中等收入国家，主要是亚洲和非洲。目前，全世界 108 个国家的 4 300 多个城市被纳入世界卫生组织的环境空气质量数据库，使之成为世界上最为全面的环境空气污染数据库，数据库建立在完善的空气质量公共监测系统基础上，是获取世界不同地区和城市空气污染信息的一个可靠来源。

资料卡

北京市空气污染构成

2013 年上半年，北京市频繁出现雾霾天气，以 1 月份为例，一个月中雾霾天气的天数达到 25 天，只有 5 天空气质量相对较好。按照 2013 年 1 月 31 日《新京报》给出的数据，北京市空气污染构成比例如下：24.5%来自北京周边地区，22%属于机动车直接和间接的尾气排放，17%是煤炭污染，工业污染和城市扬尘污染各占 16%，4.5%源于农村污染。

资料卡

表 7-1　四城市机动车保有量与 PM2.5 极端值对比

城市	机动车保有量（万辆）	PM2.5（微克/立方米）
纽约	800	15
伦敦	700	50
北京	520	大于 900
东京	300	35

资料来源：新京报. 2013-01-31，A10.

二、针对机动车引起的空气污染可采取的应对措施

机动车的使用是一把双刃剑，它在提高公众生活水平的同时，也不可避免地带来环境

负外部性，尤其是在车辆集中的城市，机动车使用过程中所产生的有害物质若排放到空气中，则会引起多种疾病，严重影响公众健康，因此，各国政府普遍重视对机动车排放污染的治理。针对机动车排放污染，可采取的应对措施有：

第一，监测车辆尾气排放量，据此征收污染税。在车辆上安装能够测量尾气排放量的监测装置，根据车辆的尾气排放量向车主征收污染税。这种做法能够促使行驶者购买排放量小的汽车，或者减少出行里程，也向行驶者传递了一种理念，即行驶者要为其机动车的污染付费。英国、德国、日本等国都有征收污染税的实践，在英国，每公里二氧化碳排放量少于 100 克的机动车不需缴税，超过 226 克则需缴纳 215 英镑。在德国，载客汽车按照排量和尾气排放征收污染税，卡车则按照重量、尾气排放、噪声征收污染税。在日本，对电动汽车、CNG（压缩天然气）汽车、甲醇汽车等使用新能源的环保型车辆减税 50%。

第二，消费者购车时向其一次性征收污染税。所征收的污染税数额按下述方法计算：首先，估算某种车型终生的污染物排放量，假设某车型终生的一氧化碳排放量为 X 单位、氮氧化物排放量为 Y 单位、氧化硫排放量为 Z 单位等；其次，估算每单位污染物的治理成本，假设每单位一氧化碳治理成本 A 元、氮氧化物治理成本 B 元、氧化硫治理成本 C 元等；最后，计算该车型终生的污染物治理成本，即 $XA+YB+ZC$。某种车型污染税的大小就等于该车型终生的污染物治理成本，消费者购车时向其一次性征收。这种做法能促使消费者购买污染轻的环保车型，从而减轻空气污染。

第三，征收汽油税。向行驶者征收汽油税，提高了单位距离的行驶成本，有助于减少行驶里程，从而减轻机动车污染物排放。汽油税的数量应依据每单位汽油的污染成本来确定，根据国外研究，每辆车每英里的污染成本在 0.007～0.037 美元之间，如果按照普通汽车每加仑汽油行驶 22 英里计算，则每辆车每加仑汽油造成的污染成本在 0.15～0.82 美元之间，按 1 加仑等于 3.8 升、1 美元等于 6 元人民币折合计算可得，每辆车每升汽油的污染成本在 0.23～1.3 元人民币之间，可据此征收汽油税。世界上绝大多数国家征收汽油税的目的一是促使消费者节约能源，减轻空气污染，二是为公路建设筹集资金。

第四，鼓励乘坐公共交通工具。市民乘坐公共交通工具出行时，尽管公交车也会产生空气污染，但人均污染相对较轻。北京市倡导的“3510 绿色出行”，即 3 公里步行、5 公里骑车、10 公里乘公交地铁，受到广大市民的肯定和响应。

第五，强制性措施。当城市空气污染异常严重，达到一定预警级别时，城市政府可采取强制性污染减排措施。例如，实行机动车单双号行驶、停驶一定比例的公务用车等。

资料卡

我国成品油税费改革

2009 年年初我国实施了成品油价格和税费改革，提高了成品油消费税单位税额，不再新设立燃油税。成品油消费税包含在油价内，具体税额为：无铅汽油 1 元/升，含铅汽油 1.4 元/升，柴油 0.8 元/升，石脑油、溶剂油和润滑油 1 元/升，航空煤油和燃料油

0.8元/升。成品油消费税属于中央税，纳税环节在生产环节，采取向企业征收的方式，因此，消费者在加油站加油后，发票上并未出现“成品油消费税”金额明细，但实际上油费中已经包含了税。成品油消费税收入主要用于替代公路养路费等六项收费的支出。目前，国家正在考虑对成品油消费税征收环节进行改革，或将试点在加油站对消费者征收成品油消费税，届时成品油消费税将由价内税改为价外税。

资料卡

美国治理机动车排放污染的经验和启示

1948年10月，发生在美国宾夕法尼亚州的多诺拉烟雾事件，使14 000人的小镇中6 000人患病，20人死亡，这一事件促使美国政府开始重视空气污染问题。1963年出台了《1963年空气清洁法》，1970年国会通过了更加严格而全面的《1970年空气清洁法》，1971年5月组建美国环保局（EPA），授权其执行该法律，1990年国会修正并通过《1990年空气清洁法》。州政府和地方政府也设立机构，监督检查辖区内的空气质量，制定治污计划以及配套的各种规定、项目和政策。

1970—2005年，美国机动车行驶里程增长了178%，并以每年2%～3%的速度继续增长。目前，美国国内上路行驶的小汽车和轻型卡车约2.1亿辆。但1970年以来，美国空气污染中的主要成分减少超过50%，小汽车的清洁程度提高90%以上。应当说，在减少机动车排放污染方面，美国的确取得了显著的成就，处于世界领先地位。

总结美国的成功经验，可概括为“三管齐下”：①车净——制定严格的车辆污染物排放标准，确保机动车和发动机是清洁的；②油净——开发利用新型汽油、柴油和非石油燃料替代品，确保燃油是清洁的；③洁净出行——及时检查、诊断机动车使用中出现的排放问题，及时修理，同时，鼓励公众选择清洁的交通出行模式，如公共交通、自行车、步行等。

美国成功治理机动车排放污染，也给我们带来了相应的启示：

第一，强大的执行机构是治污的组织保障。《空气清洁法》是治污的法律基础，美国环保局是相应的责任人，美国环保局交通与空气质量办公室是实际的操作者，它相当于连接国家法律与普通公众的纽带，有完整的部门体系和庞大的来自各领域的专业人员队伍。这些专业人员既有汽车机械、工程、化学方面的技术人员，也有经济、法律、资源管理等公共政策领域的学者，分别从事技术研发、标准评估、战略创新、实验、气候变化研究、地区项目管理等工作。

第二，系统的项目体系是治污的核心内容。美国环保局交通与空气质量办公室的项目体系包括三类分项目：公路车辆与发动机项目；非公路发动机、设备、车辆项目；燃油及燃油添加剂项目。在每个分项目下又都有不同的子项目，例如，在非公路发动机、设备、车辆项目下就设有飞机，柴油驳船和货轮，汽油驳船与私人船只，非公路柴油设备，叉车、发电机、压缩机，草坪与园艺设备，铁路机车，雪地车、轻型摩托车、沙滩车八类子项目。

第三，多方的参与主体是治污的人员基础。以“全国清洁柴油运动”为例，该项目包括全国范围内500多个合作机构，参与者中有制造商、车辆驾驶者、空气质量专家、环境和社区组织、州和地方政府官员等等。

第四，严格的车辆检测是治污的重要环节。美国环保局不仅重视制定新车的污染排放标准，而且保证车辆在使用寿命期内都符合标准，毕竟路上行驶的绝大多数车辆都不是新车。美国环保局会同汽车制造商，专门就污染排放对车辆进行检测，充分了解和掌握影响车辆污染排放的各种因素。达标车辆将获得合格证书，一旦在25辆以上既定款型的车辆中发现与污染排放相关的缺陷，汽车制造商必须报告美国环保局，环保局对缺陷的严重性及制造商的解决方案进行评估，查明问题，并警示车辆使用者。

7.2 城市贫困

发生在城市的贫困即城市贫困，贫困的标准通常用“贫困线”来衡量，各个国家对贫困线有不同的界定。城市贫困产生的原因可以从经济与非经济两个角度加以考察。

一、城市贫困状况

在美国，80%以上的人口生活在城市，因此，美国的贫困问题主要是城市贫困。美国政府为不同人口规模的家庭规定了一个最低食品开支数额，该数额乘以3就得到美国的贫困线，表7-2是2011年美国的贫困线标准，总收入低于贫困线的家庭就是贫困家庭。从该表中可知，仅有一个65岁及以上孤寡老人的1人户家庭，贫困线为10 788美元；有两个18岁以下孩子的四口之家，贫困线为22 811美元。可以看出，相同人口规模的家庭中有65岁及以上老人的，贫困线设置得相对低一些；有18岁以下孩子的相同人口规模家庭，多数情况下，18岁以下孩子越多，贫困线规定得越低。

表7-2　**2011年美国的贫困线**　单位：美元

家庭人口规模	18岁以下孩子的数量（个）							
	0	1	2	3	4	5	6	7	8
1人									
65岁以下	11 702								
65岁及以上	10 788								
2人									
户主65岁以下	15 063	15 504							
户主65岁及以上	13 596	15 446							
3人	17 595	18 106	18 123						
4人	23 201	23 581	22 811	22 891					

续前表

家庭人口规模	18岁以下孩子的数量（个）								
	0	1	2	3	4	5	6	7	8
5人	27 979	28 386	27 517	26 844	26 434				
6人	32 181	32 309	31 643	31 005	30 056	29 494			
7人	37 029	37 260	36 463	35 907	34 872	33 665	32 340		
8人	41 414	41 779	41 027	40 368	39 433	38 247	37 011	36 697	
9人	49 818	50 059	49 393	48 835	47 917	46 654	45 512	45 229	43 487

资料来源：美国人口普查局官方网站。

根据美国人口普查局提供的数据，2010年美国总人口为305 688千人，其中，处于贫困线以下的人口为46 180千人，贫困率约为15.1%，差不多7个人中就有一个贫困者。从历史数据看，2006—2010年的5年间，美国的贫困率分别为：12.3%、12.5%、13.2%、14.3%、15.1%。此外，美国的贫困状况还呈现出以下特点：其一，以女性为户主的单亲家庭贫困率较高，2010年为34.2%，高于平均水平19.1个百分点；其二，18岁以下人口的贫困率相对较高，2010年为22%，超过平均水平6.9个百分点，换句话说，超过1/5的18岁以下人口生活在贫困线以下；其三，城中心的贫困率高于城中心外，2010年前者为19.7%，后者为11.8%；其四，65岁及以上人口的贫困率相对较低，1959年为35%，1997年为10.5%，2010年为9%，一定程度上表明20世纪60年代以来，美国对老年人的社会保障相对比较充分。

长期以来，我国的贫困问题主要集中在农村，国家统计局发布的贫困标准，无论是绝对贫困线（农村贫困标准）还是相对贫困线（农村低收入标准），都是就农村贫困而言的，国家统计局一直未正式公布我国的城市贫困标准。由于缺乏统一标准和专项调研，我国城市贫困人口数量尚不确定。一些较有影响的研究认为，2002年我国城镇贫困人口约为3 000万人，2009年上升到5 000万人。20世纪90年代以后，随着国有企业改革的深化和经济结构的调整，城镇贫困人口数量呈现出不断上升的趋势。物价上涨、就业困难、贫富差距扩大也促使越来越多的城镇人口陷入贫困。近年来，我国城镇化飞速发展，2011年城镇化率达到51.27%，城镇人口首次超过农村人口。在被统计为城镇人口的人群中，有大约2亿农民工，这些人收入偏低，并不完全享有城市政府提供的社会公共服务，他们中的绝大部分极有可能成为城市的新贫困人口。据统计，我国每年进入城市的农民工约1 000万人，其中70%～80%属于贫困人口，这就相当于农村贫困人口中每年有700万～800万人口转移到城市中，形成我国城镇化中的新贫困现象。

资料卡

我国的农村贫困线和贫困人口

我国的农村贫困标准也称绝对贫困线，采用世界银行推荐的马丁法进行测算，首先确定维持人体生存所必需的最低营养需求，其次分别计算食物贫困线和非食物贫困线，最后将两者相加，贫困线确定后，每年随着消费价格指数变动进行调整。2000年，国家统计局又测算了农村低收入贫困标准，称为相对贫困线。2009年，绝对贫困线与相对贫困线合二为一，统一采用低收入贫困标准。表7-3列举了1990年以来个别年份我国的农村贫困线。

表7-3 我国农村贫困线（1990—2012年）

年份	绝对贫困线（元）	相对贫困线（元）
1990	300	
1992	317	
1994	440	
1995	530	
1997	640	
1998	635	
1999	625	
2000	625	865
2006	693	958
2007	785	1 067
2008	786	1 067
2009		1 196
2010		1 274
2011		2 300
2012		2 300

资料来源：新京报. 2013-02-21，A15.

从表7-3中可知，2011年国家统计局大幅提高了农村贫困标准，由2010年的农村居民家庭人均纯收入1 274元/年提高到2 300元/年，折合每天每人生活费约6.3元。我国的贫困标准就是2011年的不变价2 300元。

就农村贫困人口数量来看，2000年年底为9 422万人，2010年年底减少到2 688万人。中国科学院《2012中国可持续发展战略报告》指出，根据2011年新的标准，中国还有1.28亿贫困人口。经过几年的精准扶贫、精准脱贫，我国的贫困人口大幅减少，根据国家统计局对全国31个省、自治区、直辖市16万户居民家庭的抽样调查，2017年年末，全国农村贫困人口3 046万人，比上年年末减少1 289万人，贫困发生率3.1%，比上年年末下降1.4个百分点。

二、城市贫困的经济原因

（一）经济增长速度放慢或经济衰退

宏观经济学中用实际 GDP 的增长率来反映一国或地区经济增长状况，家庭收入取决于宏观经济增长状况，当经济增长速度放慢或经济衰退时，失业增加，家庭收入减少，处于贫困线以下的人口因此增加，贫困率提高。不同类型的家庭受经济增长速度放慢或经济衰退影响的程度不同，通常情况下，当失业率上升时，低收入家庭与中高收入家庭的收入都会下降，但前者收入下降的程度是后者的数倍。换句话说，经济增长速度放慢或经济衰退给贫困家庭造成的损失更大，其中的原因一定程度上可以用失业的排队理论予以解释。

失业的排队理论是说没有工作日在努力寻找工作的失业者，在厂商门外排成一支求职队伍，每个失业者在队伍中的位置由其劳动的边际产量所决定，劳动边际产量高的人排在队伍的前列，生产能力越低的人位置越靠后。通常来说，低收入家庭的劳动者受教育程度较低，知识水平和技术能力相对不高，从而多数情况下会排在队伍的后面。当厂商有劳动需求时，如果面对的是要求相同工资的劳动者，自然要从队伍的最前列挑选。经济增长速度放慢或经济衰退时，厂商的劳动需求增加减缓，排在队伍后面的低收入家庭失业者就更难获得就业机会。

（二）经济结构变化

经济增长与贫困之间是一种怎样的关系？按照宏观经济学的基本原理，当经济增长时，就业增加，家庭收入随之增加，贫困人口相应减少，贫困率下降，美国 20 世纪六七十年代的情况就是这样。表 7－4 反映了美国 1959—1973 年的贫困率，可以看到，战后黄金发展时期，总体而言美国在经济繁荣的同时贫困率逐年下降，从 1959 年的 22.4%下降到 1973 年的 11.1%。

表 7－4　　1959—1973 年美国的贫困率

年份	贫困率（%）
1959	22.4
1960	22.2
1961	21.9
1962	21.0
1963	19.5
1964	19.0
1965	17.3
1966	14.7
1967	14.2
1968	12.8
1969	12.1
1970	12.6

续前表

年份	贫困率（%）
1971	12.5
1972	11.9
1973	11.1

资料来源：美国人口普查局官方网站。

从 20 世纪 70 年代初期开始，就美国的情况来看，经济增长与贫困之间的关系出现了新变化：在经济增长、收入提高的同时，贫困也在增加。数据显示，从 1973 年到 1994 年，美国的实际人均收入提高了 31%，但同一时期，贫困率则由 11.1%上升到 14.5%。之所以出现人均收入提高与贫困率上升并存的状况，原因在于经济结构的调整导致劳动的需求结构发生了变化。

20 世纪 70 年代初的科技革命在提高生产力水平的同时，也导致产业结构进一步高度化，体现在劳动市场上即对受教育程度高、技术水平高的高技能劳动者需求增加，带动其工资水平提高，相反，对受教育程度低、技术水平低的低技能劳动者需求减少，工资下降。数据显示，从 1979 年到 1994 年，美国大学毕业生的实际收入提高了 5%，高中毕业生的实际收入则下降了 20%。因此，当经济增长从而对劳动者的需求增加时，增加的是对高技能劳动者的需求，这些人的工资水平本身相对较高，即使提高一个较小的百分比，绝对量也较大。假设高技能劳动者平均工资每月 10 000 元，经济增长使工资水平提高 5%，即每月增加 500 元。当经济增长时，厂商对低技能劳动者的需求不一定增加，反而可能还会减少，这些人的工资水平本身相对较低，即使减少一个较大的百分比，绝对量也不大。假设低技能劳动者平均工资每月 2 000 元，当工资水平下降 20%时，每月减少 400 元。最终的结果是：全社会的月平均工资增加 100 元，同时低技能劳动者可能因工资下降而成为贫困人口。

因此，经济增长时，如果伴随着劳动需求结构的变化，那么，一方面，高技能劳动者的收入以较大量增加，低技能劳动者的收入以较小量减少，从而使社会人均收入提高；另一方面，低技能劳动者的工资水平下降，收入减少，提高了贫困率。最终形成经济增长、人均收入提高的同时贫困也在增加的局面。

（三）劳动市场上的不公平

所谓劳动市场上的不公平是指劳动市场上存在的工资歧视和就业歧视。

工资歧视指的是生产能力完全相同的劳动者，被支付了不同水平的工资。按照经济学原理，在完全竞争的劳动市场上，工资取决于劳动的边际产品价值即劳动的边际产量乘以产品的边际收益，换句话说，一单位劳动的成本等于一单位劳动所带来的收益。就男工与女工来说，如果两类工人的边际产品价值相等，则其工资水平势必相等，一旦出现不相等，市场的力量就会发生作用进行调节。例如，假设男工和女工的边际产品价值均为 10 元，但劳动市场存在工资歧视，男工的工资为 10 元，女工的工资为 8 元，这种工资差异不会长期存在。追求利润最大化的厂商会争相雇用女工，导致对女工的需求增加，工资上升，均衡状态下男工与女工的工资水平相等。可见，只有在垄断的情形下，厂商之间不存在对廉价劳动的竞争时，才会有工资歧视。

就业歧视指的是尽管不同劳动者具有相同的劳动能力，但仍然会有一些类型的劳动者受到歧视而不被雇用。就业歧视主要来自劳动市场上的性别歧视和种族偏见，而这种歧视和偏见又是由信息不完全造成的。通常情况下，关于工人的生产能力厂商并不拥有完全的信息，当厂商在一名男性与一名女性，或者一位白人与一位黑人之间进行雇用选择时，如果对每个人的生产能力了如指掌，必然选择生产能力高的求职者而无视其性别与肤色。然而，当厂商没有这方面的信息时，一般是根据统计学上的平均状况做出判断。例如，平均来看白人的生产能力高于黑人，在没有其他信息来源的情况下，厂商将会选择白人。

总之，无论是工资歧视还是就业歧视，都会影响一部分劳动者的就业和收入状况，没有工作或者工资偏低都会造成这些人的贫困。

三、影响城市贫困的其他因素

（一）居住模式

不同国家城市居民的居住模式具有不同的特点，在美国，高收入家庭倾向于住在郊区，低收入家庭则选择居住在城中心，其中的原因已在第三章 3.2 节中进行了解释。这样的居住模式在很大程度上形成了美国城中心的贫困，并且产生了恶性循环。下面通过两个事实和三项研究结论来说明这一问题。

首先来看两个事实：第一，相比郊区来说，美国城中心的教育水平普遍偏低，城中心高中辍学率为郊区的 2 倍，在一些极度贫困的中心城区，能够熟练掌握数学和阅读的小学生数量占比极低，通常在 10%左右。第二，一个人的受教育程度影响其收入水平，从而决定其贫困状况，根据《美国的贫困：1997》，美国高中辍学者的贫困率为高中毕业生贫困率的 2.5 倍，为大学毕业生的 10 倍。基于这两个事实，可以推断美国居住模式对城市贫困的影响：城中心教育水平低，导致城中心居民受教育程度低，从而贫困率较高，较高的贫困率又进一步制约了城中心的教育水平，最终产生一个恶性循环的过程。

再来看三项研究：第一，拉斐尔 1998 年对 20 世纪 80 年代期间美国旧金山—奥克兰—圣约瑟一带的就业情况进行了研究，发现白人占大多数的地区，就业增长超过 20%，而黑人占大多数的地区，就业仅增长了 2%，20% vs. 2%，充分表明黑人居住地区就业机会偏少。第二，雷根与奎格雷 1998 年的研究则发现黑人的通勤时间比白人长，其研究结果显示，1990 年白种工人单程通勤时间平均为 26 分钟，黑种工人则需要 30 分钟。较长的通勤时间不仅减少了通勤者从事其他工作的时间，而且较长的通勤距离也会导致其丧失某些工作机会。第三，雷根与奎格雷的研究还发现，1990 年 45%的城中心黑人家庭没有私人汽车，缺少必要的通勤工具在一定程度上也减少了就业的可能性。基于这三项研究，可以从另一个角度推断美国居住模式对城市贫困的影响：城中心居住者以黑人家庭为多，本身面临较少的就业机会，加上通勤时间较长，又缺少必要的通勤工具，进一步降低了就业的可能性，最终导致城中心贫困。

（二）单亲家庭

基于社会、经济、法律、文化等各方面原因的综合作用，城市中以女性为户主的单亲家庭越来越多，成长于双亲家庭中的孩子越来越少。女性户主家庭的增加是城市贫困的一个重要原因：作为母亲，在孩子未成年以前，要负责照顾孩子，因此不可能从事全职工作，兼职工作的收入相对来说比较低；劳动市场上存在性别歧视，同工不同酬，使女性收入平均来说低于男性；有些单亲家庭不能及时得到父亲一方对孩子的抚养费，也会影响女性户主单亲家庭的收入。

资料卡

英国、美国、加拿大单亲家庭数

2011年，英国有近200万单亲家庭，占家庭总数的约26%，并且92%的单亲家庭由女方支撑。2011年，美国女性户主单亲家庭总数近490万，占家庭总数的比例为31%。加拿大则出现了一个新现象：单亲爸爸家庭数在过去10年中不断增加，根据加拿大统计局2011年的人口普查资料，单亲爸爸家庭从2001年的24.6万户增加到2011年的32.8万户，增长了1/3。

（三）无家可归者

每个城市都有一些流浪街头的无家可归者，他们或者露宿在大街小巷或者栖息在公共场所，城市越大，无家可归者的数量就越多。单纯从经济学上讲，只有当一个人的收入不足以购买或租住住房时，才可能成为无家可归者。城市越大，住房价格或房租就越高，买不起或租不起住房的人因此也就越多。当然，使一个人成为无家可归者的因素是多方面的，如果用函数来表示，可简单描述为：

$$无家可归者人数=f(福利支出，房租，疾病治疗，城市规模，经济增长，\cdots) \quad (7-1)$$

式（7-1）表明，针对无家可归者的福利支出、供低收入者居住的住房房租、对患有心理疾病者的治疗和收容、城市规模大小、城市经济增长和就业情况等都会在不同程度上影响无家可归者的人数。奥沙利文根据相关数据计算了上述因素对每十万人中无家可归者人数占比的影响弹性，如表7-5所示。

表7-5　无家可归者人数的影响因素及弹性大小

影响因素	福利支出	房租	疾病治疗	城市规模	经济增长
弹性	−1.54	1.25	−0.32	0.22	−0.15

资料来源：阿瑟·奥沙利文.城市经济学.4版.北京：中信出版社，2003：338.

可见，影响无家可归者数量的最主要的因素是福利支出和房租，福利支出与无家可归者人数负相关，福利支出增加1%，每十万人中无家可归者人数比例将下降1.54%，房租与无家可归者人数正相关，房租提高1%，每十万人中无家可归者人数比例将提高1.25%。

流浪在城市的无家可归者生活在社会的最底层，居无定所，没有工作，没有收入，通常还患有某些心理和身体上的疾病，是城市政府需要救助的人群，也是城市贫困的极端体现。

资料卡

美国20世纪七八十年代无家可归者人数激增之原因

20世纪七八十年代美国出现了所谓的“重返城中心”现象，一些高收入者入住经过翻修装饰的城中心住房，导致城中心低质量住房相应减少。同时期，多个城市改造和重建项目开始实施，许多低质量的住房被拆除。大城市的低质量住房骤然间大量减少，房租因此提高，使得更多的穷人住不起房子而成为无家可归者。

7.3 城市犯罪

犯罪问题之所以成为城市经济学的研究内容，主要基于两个原因：第一，城市不同区位的治安状况影响家庭的区位选择，第二，犯罪问题是城市面临的主要问题之一。犯罪和惩处以防止犯罪都是有成本的，因而从经济学的角度讲，存在一个最佳犯罪量，同样，从经济学的角度可以分析出哪些人容易犯罪。本节最后评价了针对犯罪的各项措施。

一、犯罪问题是城市经济学研究的一项基本内容

（一）治安状况影响家庭的区位选择

一方面，治安状况直接决定家庭的区位选择。家庭在城市安家落户，必然要考虑在城市的哪个区位居住，用城市经济学术语来说即家庭要进行区位选择。影响家庭区位选择的因素很多，其中包括不同区位上的公共服务。公共服务是个总称，它涵盖很多方面，其中就有直接决定城市治安状况的警察服务。如果相对于其他城市而言，某城市中政府提供的治安服务效果显著，致使该城市鲜有犯罪发生，城市居民享有充分的安全感，那么可以预期，该城市的吸引力必然超过其他城市。同样地，如果城市中的某区位相对于其他区位而言更加和谐安全，很少出现打架斗殴、行窃、抢劫等犯罪事件，这一区位也必定会成为家庭区位选择的目标。

在美国，城中心的各种社会问题不断凸显，主要体现为住房陈旧破损、学校教学质量差、税收负担沉重等，加上较高的犯罪率，促使很多高收入家庭迁出城中心而郊区化，从而在一定程度上催生了低收入家庭居住在城中心、高收入家庭居住在郊区这种美国大城市

所特有的居住模式。

另一方面，治安状况通过影响住房财产价值间接决定家庭的区位选择。第6章的图6-1将住房异质性简化为面积和位置差异，借以表明家庭的收入和偏好影响家庭的住房选择，从中可见位置对于住房选择的重要性。决定住房位置好坏的因素固然很多，诸如交通便利程度、空气质量状况、学校教育水平等，社会治安则因为关系到家庭成员的生命和财产安全而显得尤为重要。显然，在其他条件相同的情况下，治安状况好的区位，住房财产价值相对较高，家庭将更加青睐这样的区位。

资料卡

治安状况对财产价值的影响

国外学者研究了社会治安对财产价值的影响，较为著名的是格雷和乔尔松在《犯罪成本》中的研究。研究以20世纪70年代初美国明尼苏达州的明尼阿波利斯市为样本，考察了城市不同区位的犯罪率差异，以及犯罪率高低与财产价值之间的关系。研究发现，治安最好的地区与最差的地区，犯罪率相差十余倍。犯罪率每增加1个百分点，居民财产的平均价值减少336美元。

（二）犯罪问题是城市面临的主要问题之一

相对于乡村而言，城市的犯罪率较高，相对于中小城市而言，大城市的犯罪率较高。除了住房、拥堵、污染、贫困外，犯罪问题是城市面临的又一个主要问题。城市的最大特征是人口密集，而人口密度高恰恰是导致犯罪成为城市问题的根本原因：其一，身处同一城市的市民并不拥有相同的生活水平，大量的城市人口中必然有一部分人遭受着城市贫困，这些人在极端情况下为生活所迫很可能成为罪犯。其二，从犯罪分子的角度讲，在人口众多、富人云集的城市作案，与在人口稀少、相对不富裕的乡村作案比较起来，在城市作案目标更加集中，收益更大，被逮捕的可能性则相对较小。其三，人口密度大意味着有限的资源和空间要被更多的人分享，在彼此争夺过程中，极易引发人与人之间的摩擦，冲突在所难免，严重时可能导致犯罪。其四，人口密度大带来的诸多城市病，如高昂的房价、拥堵的交通、污浊的空气等，使生活在城市的人面临着巨大的精神压力，一些人因此患上心理疾病，或者自残，或者残害其他人而成为罪犯。

（三）城市经济学怎样研究犯罪

（1）关注犯罪率，以此判断城市犯罪的总体状况

犯罪率是指每十万人中的犯罪案件数或犯罪人数。如何对犯罪率进行细化和分类，不同国家有不同的方法。在美国，联邦调查局将犯罪分为暴力犯罪和财产犯罪两大类，其中暴力犯罪包括谋杀与误杀、强奸、抢劫、严重伤害，财产犯罪包括入室盗窃、扒窃、机动车盗窃。表7-6显示了1992年、1997年、2002年、2007年以及2011年美国的犯罪率。

表 7－6　1992 年、1997 年、2002 年、2007 年、2011 年美国的犯罪率

年份	人口	暴力犯罪量	暴力犯罪率	财产犯罪量	财产犯罪率
1992	255 029 699	1 932 274	757.7	12 505 917	4 903.7
1997	267 783 607	1 636 096	611	11 558 475	4 316.3
2002	287 973 924	1 423 677	494.4	10 455 277	3 630.6
2007	301 621 157	1 422 970	471.8	9 882 212	3 276.4
2011	311 591 917	1 203 564	386.3	9 063 173	2 908.7

资料来源：美国联邦调查局官方网站。

在我国，公安机关立案数、公安机关破案数、检察机关批捕数、检察机关提起公诉数、法院一审收案数、法院终审定罪数都可以用来计算犯罪率。国内学者界定并计算了我国的四种犯罪率，分别是毛被害率、毛加害率、重罪被害率、重罪加害率，四种犯罪率的计算方法和含义如表 7－7 所示。

表 7－7　毛被害率、毛加害率、重罪被害率、重罪加害率

犯罪率	基数	犯罪数或人数	含义
毛被害率	总人口	公安机关立案数	潜在被害人遭受犯罪侵害的概率
毛加害率	15 岁以上人口	公安机关立案数	潜在犯罪人实施犯罪的概率
重罪被害率	总人口	法院判决 5 年以上有期徒刑、无期徒刑、死刑的人数	潜在被害人遭受严重犯罪侵害的概率
重罪加害率	15 岁以上人口	法院判决 5 年以上有期徒刑、无期徒刑、死刑的人数	潜在犯罪人实施严重犯罪的概率

资料来源：白建军. 从中国犯罪率数据看罪因、罪行与刑罚的关系. 中国社会科学，2010（2）：10.

根据表 7－7 的界定，表 7－8 显示了 1988 年、1993 年、1998 年、2003 年、2007 年我国四种犯罪率的具体数据。

表 7－8　1988 年、1993 年、1998 年、2003 年、2007 年我国的四种犯罪率

年份	毛被害率	毛加害率	重罪被害率	重罪加害率
1988	75.5	105.8	10.4	14.5
1993	136.4	170.3	14.7	18.3
1998	159.2	213.1	12.0	16.0
2003	340.0	429.7	12.3	15.5
2007	363.9	443.2	11.5	14.0

资料来源：白建军. 从中国犯罪率数据看罪因、罪行与刑罚的关系. 中国社会科学，2010（2）：10.

（2）分析犯罪成本，从理论上确定最佳犯罪量

一起犯罪事件发生后，可以从不同当事人的角度考察其所产生的成本：首先，从受害

人的角度看，当受害人的财产或人身遭受侵害时，犯罪成本包括所丢失财产的价值、受害人与罪犯搏斗致伤后的医药费用支出、受害人的精神损失以及误工的机会成本等。其次，从审判系统的角度看，无论是警察立案侦查、实施逮捕，还是法庭审理判决，抑或监狱系统对罪犯进行劳动改造和教育，都需要支出一定的费用，这些都构成犯罪成本的一部分。再次，从犯罪人的角度看，被逮捕判刑的罪犯将面临监禁惩处，必然承担监禁的机会成本和失去自由的精神损失。即使是侥幸逃脱的罪犯，日后也将面对不停逃亡的生活，为此付出相应的代价，尤其是精神上的惶恐与痛苦。最后，从其他公民的角度看，为了进行自我保护，防止类似案件的再度发生，其他公民必然要采取一定的防范措施，从而支出相应的费用。

因此，犯罪的社会总成本包括受害人成本、审判系统成本、犯罪人成本、公众防范成本。美国学者研究了20世纪90年代初美国的犯罪总成本，其中，各项成本占GDP的比例分别为：受害人成本1.2%～1.6%，审判系统成本1.3%，犯罪人成本0.5%～0.7%，公众防范成本0.6%。从经济学的角度讲，做任何事情都是有成本的，以总成本最低为原则来寻找最佳量就成为经济学上的一个重要方法和思路。分析犯罪成本的构成和数量，其目的就在于从理论上确定最佳犯罪量。

(3) 考察罪犯的选择行为，以此探讨哪些人容易犯罪

以经济学的视角考察罪犯的选择行为，必定是以理性的罪犯为前提，所以，对于谋杀、强奸、严重伤害等出于非理性的暴力犯罪行为，经济学是无法予以合理解释的。换句话说，当从经济学的角度考察哪些人容易犯罪时，一定指的是财产犯罪。如果认定罪犯是理性的经济人，其在对某一犯罪行为进行权衡取舍时，就要比较成本与收益的大小，收益超过成本时选择实施犯罪行为，成本超过收益时放弃。

举例来说，某人预谋入室盗窃一台电脑，盗窃收益取决于电脑的价值和盗窃行为的得手率，盗窃成本则取决于遭遇逮捕并被监禁的概率、监禁的机会成本和精神损失。是否选择盗窃，就取决于两组数据的大小比较。通过改变相关数据，可以总结出哪些人更容易犯罪。

二、根据最小犯罪成本确定最佳犯罪量

从不同主体出发，可将犯罪的社会总成本概括为受害人成本、审判系统成本、犯罪人成本、公众防范成本。如果将受害人成本与犯罪人成本放在一起考虑，称为案件当事人成本，则犯罪量越大，该成本就越高，两者正相关。考虑到每增加同样1起犯罪案件所产生的当事人成本基本相同，可以将其视为一条斜率为正数的直线。

如果将审判系统成本与公众防范成本合在一起，称作防止犯罪成本，则犯罪量与该成本之间的关系是：在其他条件相同的情况下，犯罪量越少，审判系统支出和公众防范费用越多。考虑到将犯罪案件由1 000起减少到999起和由10起减少到9起相比，虽然均减少了1起，但前者相对来说较为容易做到，所需支出的成本低于后者，因此，将防止犯罪成本视为一条斜率为负数的曲线。

将案件当事人成本与防止犯罪成本垂直相加，可得到犯罪的社会总成本，如图7-1所示。

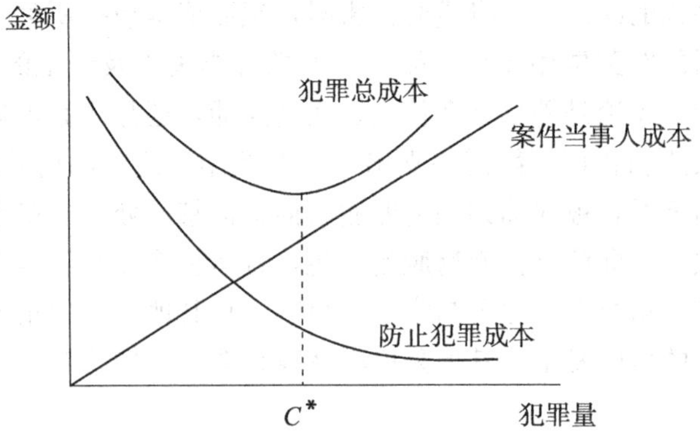

图 7-1　最佳犯罪量的确定（总成本方法）

图 7-1 中横坐标为犯罪量，纵坐标为金额，向右上方倾斜的直线表示案件当事人成本，向右下方倾斜的曲线表示防止犯罪成本，两种成本的和即犯罪总成本，以犯罪总成本最低为原则确定最佳犯罪量为 C^*。

也可以根据边际分析方法来确定最佳犯罪量。边际案件当事人成本指犯罪量每增加 1 起时所增加的案件当事人成本，如果案件当事人成本与犯罪量呈图 7-1 中的线性关系，则边际案件当事人成本即为一条水平线。边际防止犯罪成本指每减少 1 起犯罪量所增加的防止犯罪成本，根据图 7-1 中防止犯罪成本曲线的形状，可以推断边际防止犯罪成本为向右下方倾斜的直线。边际分析方法如图 7-2 所示。

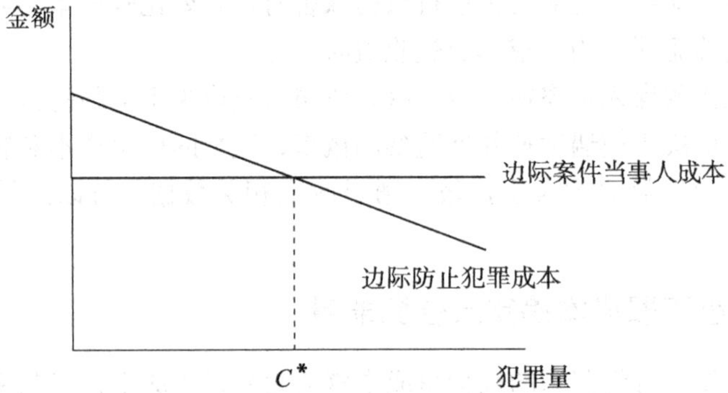

图 7-2　最佳犯罪量的确定（边际成本方法）

图 7-2 中边际案件当事人成本与边际防止犯罪成本的交点所确定的犯罪量 C^* 即最佳犯罪量，原因在于：在大于 C^* 的犯罪量上，防止犯罪成本都小于给当事人造成的损害成本，在此基础上继续减少犯罪量是有利的；在小于 C^* 的犯罪量上，情况相反，防止犯罪成本大于给当事人造成的损害成本，存在效率损失。

三、从经济学的角度看哪些人容易犯罪

从经济学的角度分析某人是否可能实施犯罪，首先，必须假定这个人是理性的经济人，换句话说，要将其看成追求个人利益最大化的经济主体。其次，需计算其某项犯罪行

为的预期收益，假定是盗窃行为，预期收益即目标猎物价值与盗窃行为得手率的乘积。再次，需计算其犯罪的预期成本，包括遭遇逮捕并被监禁的机会成本和精神损失。最后，通过比较犯罪行为的预期收益和预期成本，可以判断其是否实施犯罪。

举例来说，假设某人企图实施盗窃行为，已知数据有：其盗窃成功即得手的概率为0.1。盗窃不成功时可能面临两种情况，其一是成功逃跑，其二是被逮捕，被逮捕后又可能面临两种情况，其一是证据不足被释放，其二是被判刑，假设其被逮捕并被判刑一年的概率为0.08；遭遇逮捕并被判刑后，失去自由的精神损失为2 000元；此人每年预期工作300天，合法工作的日工资为50元；目标猎物价值6 000元。将这些数据进行梳理，汇总在表7-9中。

表7-9　某人某项盗窃行为的预期收益与预期成本

项目	数值
预期收益	600元(＝6 000×0.1)
目标猎物价值	6 000元
得手概率	0.1
预期成本	1 360元[＝(15 000＋2 000)×0.08]
被逮捕并监禁的机会成本	15 000元(＝300×50)
预期每年工作天数	300天
合法工作的日工资	50元
失去自由的精神损失	2 000元
被逮捕并被判刑一年的概率	0.08

通过计算可知，某人盗窃行为的预期收益小于预期成本，将会放弃实施盗窃。在此例基础上通过变换相关数据，可以推断出哪些人将选择盗窃从而容易犯罪。

变换1——其他数据不变，将盗窃成功的概率由0.1提高到0.8，易知预期收益将上升为4 800元，大于预期成本，此人将会选择实施盗窃。由此可以得出，犯罪成功率高的人，或者说得手概率高、犯罪熟练的人容易犯罪。

变换2——其他数据不变，将被逮捕并被判刑的概率由0.08降低到0.01，易知预期成本将下降为170元，小于预期收益，此人也将会选择作案。由此可以得出，作案失败后不易被逮捕判刑的人容易犯罪。

变换3——其他数据不变，将目标猎物的价值由6 000元提高到20 000元，易知预期收益将上升为2 000元，大于预期成本，同样会导致此人选择盗窃。由此可以得出，所看中的猎物价值越高，人们越愿意为目标猎物铤而走险。

变换4——其他数据不变，将工作天数由每年300天减少到每年100天，同时将合法工作的日工资由50元降低到20元，易知预期成本将下降为320元，小于预期收益，结果将促使盗窃发生。由此可以得出，工资收入低的人、工作机会少的人、失业的人容易犯罪。

变换5——其他数据不变，将失去自由的精神损失由2 000元减少为－10 000元，精神损失为负数可以理解为不厌恶犯罪，对犯罪后果麻木不仁，甚至还会从中找到乐趣，易知预期成本下降为400，小于预期收益，必然引起犯罪发生。由此可以得出，对犯罪不厌恶、因犯罪而精神痛苦小的人容易犯罪。

综上所述，五类人容易犯罪：作案时得手概率高的人、作案失败后不易被逮捕判刑的人、所盯目标猎物价值高的人、收入低的人、犯罪精神痛苦小的人。

四、针对犯罪的各项措施

在城市生活，面对相对较高的犯罪率，无论是城市政府还是居民个人，都必须采取应对措施。就政府来说，一方面应加强经济职能，增加就业，增加合法活动的收入，通过提高犯罪的机会成本来减少犯罪；另一方面应加强立法司法职能，提高警察、法庭、监狱的效率，借助审判系统的力量减少犯罪。作为城市居民个人，则应在知法懂法，会用法律保护自己的同时，学习一些防范措施，避免由潜在受害者变成犯罪活动的真实受害人。

失业作为宏观经济学研究的主要问题之一，一直受到各国政府的普遍重视，充分就业历来是政府所追求的重要政策目标。政府花大力气避免高失业率，除了经济方面的考虑外，高失业率所产生的大量不良社会后果也是重要原因，其中就包括犯罪。居民实际收入与城市犯罪量之间是一种负相关关系，实际收入增加，犯罪量减少；实际收入减少，犯罪量增加。数据显示，20世纪七八十年代，美国低技能工人的实际工资下降了20%～30%，同时期，美国的犯罪逮捕量增长了18%。现实生活中，很多初次犯罪或者年轻人犯罪，或是由于失业引发生活贫困所迫，或是因为没有工作，无所事事，游手好闲而引起的。因此，政府通过运用多种宏观经济政策，避免经济衰退和失业，保证居民的实际收入水平不断提高，同时，借助收入分配政策，对一些收入低的贫困家庭予以救助和补贴，都能够在很大程度上减少城市犯罪量。

犯罪事件发生后要借助警察、法庭、监狱等审判系统的力量来抓捕、审判、惩罚罪犯，这些国家机器的运转效率，对于打击和预防犯罪有着重要影响。

(1) 警察

一个城市的警力支出与城市安全密切相关，生活在没有警察的城市里，居民的安全感是难以想象的。2011年11月，澳大利亚新南威尔士约5 000名警察因不满政府削减对伤残警察的赔偿金而举行罢工抗议，在罢工期间只对紧急事件采取行动，对于诸如偷窃和交通违规一类的违法犯罪行为一律不管不问，可想而知社会治安因此受到的影响。2012年2月，巴西第三大城市萨尔瓦多的警察为要求加薪进行了12天的大罢工，在警察罢工期间，当地共发生了130多起凶杀案，案发率较平常翻了一倍。诸如此类的例子不胜枚举，充分表明了警察工作的重要性。一个城市所拥有的警察数量、警察的执法力度、警察的巡逻方式、警察对所服务社区居民的了解程度、警察对先进破案技术的掌握程度等，都影响到警察的工作效率。

(2) 法庭

法庭量刑的轻重直接决定犯罪成本高低。对于严重程度不同的案件，法庭量刑时应遵循边际威慑的原则，即越严重的犯罪处罚越严厉，否则将会导致犯罪升级。举例来说，假设某人合法工作一年的收入为8 000元，因持枪抢劫和入室盗窃而被逮捕并监禁的概率相同，均为0.1，由于持枪抢劫的严重程度超过入室盗窃，根据边际威慑原则，假定判处持枪抢劫2年监禁，入室盗窃1年监禁，相关数据如表7-10所示。

表7-10　　边际威慑原则

项目	持枪抢劫（2年监禁）	入室盗窃（1年监禁）	入室盗窃（2年监禁）
犯罪预期收益	2 000	1 500	1 500
犯罪预期成本	1 600(＝16 000×0.1)	800(＝8 000×0.1)	1 600(＝16 000×0.1)
监禁的机会成本	16 000	8 000	16 000
监禁概率	0.1	0.1	0.1
犯罪净收益	400	700	−100

表7-10中，犯罪净收益等于犯罪预期收益减去犯罪预期成本。如果遵循边际威慑原则，即持枪抢劫的刑罚超过入室盗窃的刑罚，罪犯比较预期收益和预期成本后，选择犯罪净收益相对较高的入室盗窃。相反，如果不遵循边际威慑原则，对于持枪抢劫和入室盗窃做出相同的判罚（参见表中第4列），因为持枪抢劫的净收益较高，罪犯将会选择持枪抢劫，导致犯罪升级。

（3）监狱

法庭量刑后罪犯可能面临由轻到重的一系列刑罚，相对于罚款、监外执行而言，监禁是较为严厉的一种惩罚，由监狱系统负责执行。研究发现，罪犯的监禁比例与犯罪率之间呈显著负相关，表明监狱系统对于降低犯罪率有很重要的作用，这种作用大致通过以下四个方面体现出来：其一，监狱的威慑作用，监禁本身对罪犯就是一种威慑，考虑到会因监禁而失去合法工作和收入，失去自由和家庭生活，一些人可能会打消犯罪的念头。其二，监狱的隔离作用，监禁使得潜在受害者远离罪犯尤其是那些丧失理智的暴力罪犯，从而在一定程度上避免一些犯罪的发生。在美国，公认将一名罪犯监禁1年可以避免17~21起犯罪案件的发生。其三，监狱的惩罚作用，罪犯必须因自己的犯罪行为而受到惩罚，那些屡教不改、一错再错的罪犯要受到更为严厉的惩罚，包括延长刑期。通过惩罚罪犯，也使其他人不敢以身试法。其四，监狱的劳动改造作用，通过对罪犯进行教育劝告，使其改过自新，避免重新犯罪。再犯率是衡量监狱系统是否将罪犯改造成功的指标，实践中这一指标并不乐观，表明通过对罪犯进行教育改造来减少犯罪的做法，效果并不理想。

资料卡

我国的刑罚种类

根据《中华人民共和国刑法》第三章第一节规定，我国的刑罚分为主刑和附加刑，主刑的种类包括管制、拘役、有期徒刑、无期徒刑、死刑，附加刑的种类包括罚金、剥夺政治权利、没收财产。

面对城市犯罪，除了政府有所作为外，城市居民个人也应学会自我保护，从而免遭生命和财产损失。就财产保护来说，具体办法有：一方面，对于价值较高的财产，投资购买保护装置，加强防范；另一方面，学会给财物做标记，目的是使被偷物容易辨认，降低被偷财产的转售价值。

下面以某人为其自行车选择防范措施为例，说明消费者在防范措施上的决策。假设某人拥有一辆价值 2 000 元的自行车，表 7－11 列举了四项可能的防范措施，按照严密程度由低到高分别是无措施、使用普通车锁、使用极为牢固的车锁、雇人看守，显然，防范措施严密程度越高，自行车丢失概率越低。表中防范措施的总成本为防范成本与丢失成本之和，其中防范成本是所对应防范措施的费用支出，丢失成本是某项防范措施下丢失概率与自行车价值的乘积。

表 7－11　　自行车防范措施决策

防范措施	防范成本（元）	丢失概率	丢失成本（元）	总成本（元）
无措施	0	0.3	600	600
使用普通车锁	15	0.1	200	215
使用极为牢固的车锁	30	0.01	20	50
雇人看守	300	0	0	300

根据表中数据，如果以总成本最低为原则进行决策，某人将会为其自行车选择极为牢固的车锁，因为在这一防范措施下总成本最低。如果某人拥有的自行车价值不是 2 000 元而是 100 元，其他条件都不变，结果会有所不同吗？经过计算可以得出，当自行车价值为 100 元时：无防范措施下，防范成本为零，丢失成本为 30 元，总成本为 30 元；使用普通车锁的总成本为：15＋10＝25 元；使用极为牢固车锁的总成本为：30＋1＝31 元；雇人看守的总成本为：300＋0＝300 元。根据总成本最低原则，选择使用普通车锁。可见，当自行车价值 2 000 元时，最优的选择是使用极为牢固的车锁，当自行车价值 100 元时，最优的选择是使用普通车锁，表明财产价值高的人花更多的钱来保护财产是一种理性的选择。现实生活中，人们安装牢固的防盗门和敏感的报警器、使用保险箱、为财产投保等，都是可行的财产保护措施。

面对价值相等的现金和财物，盗窃者通常会选择现金，因为偷盗财物后必须经过转售才能获利，同时，在转售财物的过程中，也有可能会被认出是赃物，从而影响转售价值。从这个角度讲，居民个人通过为财物做标记，容易使之被识别和辨认，也不失为一种自我保护的方法。19 世纪中后期，美国中西部畜牧业发展迅速，牧场主为了防范盗牛贼偷走牲口，或者防止自家的牛与邻近牧场的牛混在一起不好辨认，就用烧红的烙铁在牛的腰间烙上印记。随着科技进步，如今的牛仔们为了防止牛丢失，通常是将微电路安置在牛的身体内，以确定牛的位置。人们在日常生活中，为银行存折设置密码、在钻石项链上刻上自己的名字等等，都是为财物做记号，能够间接保护财产。

本章小结

1. 机动车的使用是一把双刃剑，它在提高公众生活水平的同时，也不可避免地带来环境负外部性，引起城市空气污染。针对机动车排放污染，可采取如下应对措施：监测车辆尾气排放量，据此征收污染税；消费者购车时，向其一次性征收污染税；征收汽油税；鼓励乘坐公共交通工具等。

2. 2010 年美国生活在贫困线以下的人口为 4 618 万人，贫困率为 15.1%。在美国，以女性为户主的单亲家庭贫困率较高。18 岁以下人口的贫困率相对较高。城中心的贫困率高于城中心外。65 岁及以上人口的贫困率相对较低。长期以来，我国的贫困问题主要集中在农村，20 世纪 90 年代以后，我国城镇贫困人口数量呈现出不断上升的趋势。

3. 引起城市贫困的原因是多方面的：第一，经济增长速度放慢或经济衰退时，失业增加，家庭收入减少，贫困增加；第二，经济增长但伴随经济结构变革时，劳动需求结构发生变化，一些人收入增加，另一些人收入减少，也会导致收入减少者的贫困；第三，劳动市场上存在不公平，表现为工资歧视和就业歧视，引起被歧视者的贫困；第四，居住模式会影响城市特定区位上人口的贫困，美国的城中心贫困很大程度上是由其居住模式引发的；第五，以女性为户主的单亲家庭日益增多，是导致城市贫困的一个越来越突出的原因；第六，无家可归者是城市贫困的极端表现。

4. 治安状况直接和间接决定家庭的区位选择，使犯罪问题成为城市经济学研究的一项基本内容。犯罪率是指每十万人中的犯罪案件数或犯罪人数，城市规模越大，犯罪率越高。犯罪的社会总成本包括受害人成本、审判系统成本、犯罪人成本、公众防范成本，可运用犯罪总成本最低的方法来确定最佳犯罪量。

5. 容易犯罪的人通常包括：作案时得手概率高的人、作案失败后不易被逮捕判刑的人、所盯目标猎物价值高的人、收入低的人、犯罪精神痛苦小的人。

6. 针对城市犯罪，就政府来说，应通过增加就业、增加合法活动的收入来减少犯罪，应加强立法司法职能，提高警察、法庭、监狱的效率，借助审判系统的力量减少犯罪。就居民个人来说，应学习一些防范措施，保护自己的财产，避免由潜在受害者变成真实受害人。

思考题

1. 针对机动车排放污染可采取哪些应对措施？
2. 以美国城市贫困为例说明城市贫困形成的原因。
3. 分别从犯罪总成本和边际成本的角度解释最佳犯罪量的确定。
4. 从经济学的角度看，哪些人容易犯罪？
5. 如何减少城市犯罪？

参考文献与补充阅读

1. 美国人口普查局. Income，Poverty and Health Insurance in the United States：2011.
2. Rafael S. The Spatial Mismatch Hypothesis and Black Youth Joblessness：Evidence

of the San Francisco Bay Area. Journal of Urban Economics，1998，43（1）：79－111.

3. O'Regan K M，Quilgley J M. Cars for the Poor. Access，1999（12）：20－25.

4. Gray C M，Joelson M R. Neighborhood Crime and the Demand for Central City Housing//Gray C M. The Costs of Crime. Calif.：Sage Publication，1979.

5. Freeman R B. Why Do So Many Young American Men Commit Crimes and What Might We Do About It. Journal of Economic Perspectives，1996，10（1）：25－42.

6. 朱庆芳. 城镇贫困群体的特点及原因．中国党政干部论坛，2002（4）：17－19.

7. 潘家华，魏后凯. 城市蓝皮书：中国城市发展报告 No. 4——聚焦民生．北京：社会科学文献出版社，2011.

8. 白建军. 从中国犯罪率数据看罪因、罪行与刑罚的关系．中国社会科学，2010（2）：10.

9. 阿瑟·奥沙利文. 城市经济学. 4 版. 北京：中信出版社，2003.

附录

1. 完全竞争厂商的劳动决策

当完全竞争厂商决策是否继续雇用工人时，遵循如下原则：劳动的边际产品价值＝工资。所谓劳动的边际产品价值是指劳动的边际产量与产品价格的乘积，而劳动的边际产量是指厂商多雇用 1 个工人时多生产的产品数量。如果你是厂商，面对表 7－12，你的劳动雇佣决策是什么？

表 7－12　　完全竞争厂商的劳动雇佣决策

工人人数	劳动的边际产量	产品价格	劳动的边际产品价值	工资	是否雇用
1	10	5	50	40	是
2	15	5	75	40	是
3	10	5	50	40	是
4	5	5	25	40	否
5	2	5	10	40	否
6	0	5	0	40	否

显然，只要你所雇用的最后一个工人所带来的收益即劳动的边际产品价值大于你为这个工人支付的成本即工资，你的雇用都是合理的。最优状态下劳动的边际产品价值等于工资。

2. 弹性系数

弹性是一个数学概念，它是指因变量对自变量变化的反应程度。例如，当产品和服务的价格变化时，家庭对产品和服务的需求量随之变化，需求量对价格变化的反应程度即需求价格弹性。又如，当家庭收入变化时，家庭对产品和服务的需求量也随之变化，需求量对收入变化的反应程度即需求收入弹性。

弹性的大小可用弹性系数（E）来测度，它等于因变量的变动率除以自变量的变动率。以需求价格弹性为例，根据弹性系数取值不同，可将弹性分为完全无弹性（$E=0$）、缺乏弹性（$0<E<1$）、单一弹性（$E=1$）、富有弹性（$E>1$）、完全有弹性（$E=\infty$）五种情况。如果产品和服务的需求价格弹性系数为0.75，表示当产品和服务的价格提高（降低）1%时，需求量减少（增加）0.75%。

3. 经济学教人们如何做出决策

美国经济学家曼昆在其《经济学原理》中提出了经济学最基础的十大原理：第一，人们面临权衡取舍；第二，某个东西的成本就是为了得到它所放弃的东西；第三，理性人考虑边际量；第四，人们对激励做出反应；第五，贸易使每个人的境况更好；第六，市场通常是组织经济活动的一种好方法；第七，政府有时能改善经济结果；第八，一国的生活水平取决于其生产能力；第九，当政府发行了过多的货币时，物价上升；第十，社会面临通货膨胀与失业之间的交替关系。其中，前四大原理都是在教人们如何做出决策。所谓决策就是在不同方案之间进行选择，权衡之后或取或舍。经济学如何教人们决策呢？方法有很多，例如：其一，比较备选方案的成本与收益，尤其不要忘记机会成本，即为了得到某种东西所放弃的东西。其二，思考边际量，即学会比较边际成本和边际收益。其三，成本和收益会发生变化，要对成本和收益的边际改变做出反应，边际收益等于边际成本的方案才是最理性的选择。

4. 失业的代价

第一，产品和服务的直接减少。失业增加，意味着厂商雇用更少的工人，生产更少的产品和服务。奥肯法则认为，失业率每高于自然失业率1%，实际GDP将低于潜在GDP 2%。美国20世纪30年代大萧条时期，失业率由3%猛增到25%，同时期，实际GNP减少了30%。第二，引起未来产出的减少。失业增加不仅会直接减少现期产出，还会降低经济预期，迫使人们减少投资，从而引起下一期产出减少。第三，产生大量不良社会后果，诸如生活贫困、犯罪、酗酒、自杀等。一位研究大萧条的历史学家曾说过："要充分理解大量失业，你就必须既看数字，又体验饥饿感。"

图书在版编目（CIP）数据

城市经济学/周文编著．--2 版．--北京：中国人民大学出版社，2019．11
新编 21 世纪经济学系列教材
ISBN 978-7-300-27633-5

Ⅰ．①城… Ⅱ．①周… Ⅲ．①城市经济学-高等学校-教材 Ⅳ．①F290

中国版本图书馆 CIP 数据核字（2019）第 240847 号

新编 21 世纪经济学系列教材
城市经济学（第二版）
周　文　编著
Chengshi Jingjixue

出版发行 中国人民大学出版社			
社　　址 北京中关村大街 31 号		**邮政编码** 100080	
电　　话 010—62511242（总编室）		010—62511770（质管部）	
010—82501766（邮购部）		010—62514148（门市部）	
010—62515195（发行公司）		010—62515275（盗版举报）	
网　　址 http://www.crup.com.cn			
经　　销 新华书店			
印　　刷 北京捷迅佳彩印刷有限公司		**版　　次** 2014 年 5 月第 1 版	
开　　本 787 mm×1092 mm　1/16		2019 年 11 月第 2 版	
印　　张 12.75		**印　　次** 2024 年 8 月第 2 次印刷	
字　　数 290 000		**定　　价** 32.00 元	

教学支持说明

1. 教辅资源获取方式

为秉承中国人民大学出版社对教材类产品一贯的教学支持，我们将向采纳本书作为教材的教师免费提供丰富的教辅资源。您可直接到中国人民大学出版社官网的教师服务中心注册下载——http://www.crup.com.cn/Teacher。

如遇到注册、搜索等技术问题，可咨询网页右下角在线 QQ 客服，周一到周五工作时间有专人负责处理。

注册成为我社教师会员后，您可长期根据您所属的课程类别申请纸质样书、电子样书和教辅资源，自行完成免费下载。您也可登录我社官网的“教师服务中心”，我们经常举办赠送纸质样书、赠送电子样书、线上直播、资源下载、全国各专业培训及会议信息共享等网上教材进校园活动，期待您的积极参与！

2. 赠送“经管之家”论坛币

经管之家（http://www.jg.com.cn）于 2003 年成立，致力于推动经济学科的进步，传播优秀教育资源，做最好的经管教育。目前已经发展成国内最大的经济、管理、金融、统计类在线教育平台，也是国内最活跃和最具影响力的经济类网站。

为了更好地服务于教学一线的任课教师，凡使用中国人民大学出版社经济分社教材的教师，注册成为我社教师会员后，可填写以下信息调查表，发送电子邮件或者邮寄或者传真给我们，我们将会向您赠送经管之家论坛币 200 个。

教师信息表
姓名：
学校：
论坛 ID：
教授课程：
使用教材：
论坛识别码：pinggu_com_1501511_8899768

3. 高校教师可加入下述学科教师 QQ 交流群，获取更多教学服务

经济类教师交流群：140105952

财政金融教师交流群：182073309

国际贸易教师交流群：162921240

税收教师交流群：119667851

4. 购书联系方式

网上书店咨询电话：010－82501766

邮购咨询电话：010－62515351

团购咨询电话：010－62513136

中国人民大学出版社经济分社

地址：北京市海淀区中关村大街甲 59 号文化大厦 1506 室　100872

电话：010－62513572　010－62515803

传真：010－62514775

E-mail：jjfs@crup.com.cn